弥生のなりわいと琵琶湖

―近江の稲作漁労民―

守山市教育委員会 編

▲下之郷遺跡の環濠
一番内側に掘られた環濠は幅約８m、深さ約1.5mあり、弥生時代には水が溜まっていたことがうかがえる。環濠の底からは、周辺に繁茂していた樹木や動物、魚や貝などが多く出土する。弥生人たちの食べ物や生活環境を復原する絶好の現場である。

▲弥生時代中期（今から約2100年前）の稲籾
環濠や井戸跡からは弥生人が栽培していた稲籾が発見された。稲籾の中には炭化していないものが多く含まれていて、DNA分析には最適である。

▼弥生人も食べていたゲンゴロウブナ
下之郷遺跡の環濠から、たくさんのフナの頭骨が発見された。詳しく調べた結果、フナのほとんどがゲンゴロウブナであった。

下之郷遺跡　古環境復原画

〈原画〉中井　純子 氏

周辺植生

①ケヤキ林（原植生）
②ハンノキ林（原植生）
③コナラ林（二次植生）
④林縁植生（二次植生）
⑤裸地植生（二次植生）
⑥水生植物群落（二次植生）
⑦水生植物群落（原植生）
⑧水田
⑨シイ・カシ林（はなれた高台）

2100年前の下之郷遺跡周辺には、どんな景色が広がっていたのでしょうか？

環濠から出土した木材や植物、昆虫は琵琶湖博物館で種類を調べました。

分析を行った布谷知夫氏・山川千代美氏・八尋克郎氏・宮本真二氏との意見交換をふまえて、琵琶湖側の上空から見た秋の風景を描いてみました。

▲伊勢遺跡の祭殿　（CG製作協力：兵庫職業能力開発促進センター　大上直樹氏）

伊勢遺跡の調査では、直径約220mの円周上に大型建物が並び建っていることが推定される。独立棟持柱付の高床建物は祭殿と考えられる。現在も東南アジアの島嶼部では同じような建物を見ることができる。

▲伊勢遺跡の中心部で発見された大型建物

平成４年の調査で確認された大型建物は、長辺（桁行）11.3m、短辺（梁行）7.8m、床面積が88㎡を測る大規模な高床建築である。

ごあいさつ

守山市教育長　川端　弘

守山市は、近江太郎と呼ばれる野洲川の下流に形成された豊かな平野に位置しております。昭和四六年からはじまった野洲川河川改修工事で、本市の中洲小学校の児童が県下最大の遺跡を市内服部で発見し、足かけ五年にわたる発掘調査が行われました。弥生時代の水田跡や住居跡などが発見され、多くの貴重な成果が全国に報道されたことは今でも記憶に新しいところです。

服部遺跡は最終的に川底に没しましたが、その後、市内各地で弥生遺跡が発見されるきっかけとなりました。平成四年には伊勢遺跡で国内最大の大型建物が、つづいて平成八年には、下之郷遺跡で多重環濠と銅剣が発見され、滋賀県はもとより全国から注目されるようになりました。いまや守山市の弥生遺跡は研究において欠くことのできない存在になっていると聞いております。こうした状況のもと、現在本市では、弥生時代の村の姿や国の成り立ちを探る上で重要な手掛かりをもつ下之郷遺跡と伊勢遺跡につきまして、その保存を推進しているところでございます。

このシンポジウムは、守山市が市制三〇周年を迎えたことを一つの節目として、企画いたしました。今回、その記録集を発刊することにより、より多くの方々にその内容と成果をお伝えできるのは、喜びに堪えません。今後とも関係各位のご指導とご協力を賜りますよう、切にお願い申し上げます。

目次

＊本書は、守山市制施行三〇周年を記念して、二〇〇〇年十一月二十五日に開催したシンポジウム『弥生のなりわいと琵琶湖―近江の稲作漁労民―』の内容をまとめたものである。

＊刊行にあたり、シンポジウム当日資料をもとに各著者が改稿した。

＊第一部のコラムは小川正巳（元三共株式会社農業科学研究所）、村上由美子（京都大学大学院生）による。

＊本書の編集はシンポジウム事務局　川畑和弘（守山市教育委員会）、村上が行った。

＊編集に際して、光谷拓実氏（奈良文化財研究所）、布谷知夫氏（琵琶湖博物館）はじめ同博物館の学芸員諸氏から協力をいただいた。記して感謝いたします。

＊表紙写真は寿福滋氏の撮影によるもので、本書の作成にあたり同氏から提供をいただいた。

第一部

基調報告

毎日、私たちが何気なくあたり前のものとして見ている田んぼ。この田んぼは、いつごろ誰が何を思って開発したのでしょう。水はどこから、どんなふうにひいたのでしょう。農具はどんなものを使っていたのでしょう。そして、当時の人たちが食べていた米は、私たちが今食べる米と味は違うのでしょうか。このような疑問に答えてくれるのが、考古学という学問です。

土器など、遺跡で発掘した道具類を研究することがねらいであった考古学も、最近では科学分析の発達のおかげでずいぶん難しいことも教えてくれるようになりました。米の品種を遺伝子により分析する方法や、木材、動物遺存体などから当時の環境を復原する方法が生まれつつあります。

そうしてわかってきたことのひとつが、守山では弥生時代以来「米と魚」を中心とした生活様式が大変重要であったということです。難しい言葉では、多様な生産の方法が組み合わさった「生業複合」といいます。琵琶湖で育った魚類は、産卵のために内湖や河川を通って水田にあがります。その恵みをうけて、人びとは琵琶湖辺ならではの農漁業の複合的な文化をつくってきました。米と魚が発酵しあってできたフナズシは、その象徴といえます。

このシンポジウムは、最新の考古学研究の成果が、私たちの郷土理解にどのような「深い意味」を与えてくれるのか、市民と学者、そして文化財行政をになう人たちが共に考える場として計画したものです。まずは、八人の基調報告からはじめます。

琵琶湖のほとりの生活史
——環境社会学の視点から——

嘉田由紀子

「生活復元」とは？

「ご先祖さま」の暮らしに興味がありますか？

あなたの一日の暮らしを少しふりかえってみてください。朝起きてからトイレに行き、顔を洗って、朝食の準備をして、食事をして、自転車や車で学校や仕事にでかけ…。季節によって、食べ物、仕事にちがいがあるでしょうか。そして、生まれてから今までの人生の来し方をふりかえってみてください。子ども時代から今まで、食べ物、すまい、仕事、そしてあなた自身の意識はどう変わったでしょうか。

あなた自身の具体的な暮らしを頭に描きながら、想像力をたくましくはたらかせて、もしあなたが二〇〇〇年前、守山市の、今の同じ場所に暮らしていたとしたら、一日の暮らし、一年の暮らし、そして一生の暮らしはどうなっていたでしょう。そもそもあなたの周りの風景はどうだったでしょうか。今、目の前にもし水田や河川があったら、それはいつ頃、だれがつくってきたものでしょうか。

そのようなことを、単なる空想ではなく、学問的な根拠をもとに、さまざまな研究の成果を土台に、皆でいっしょに考えてみようとするのがこの本のひとつのねらいです。言い換えたら守山のご先祖さまの暮らしをさぐることです。そして、ふたつめのねらいは、私たちの暮らし方をふりかえってみることです。もしご先祖さまの暮らしを深く知る中で、今の私たちの暮らしに欠けていること、私たちの暮らしに取り入れたら私たちの暮らしがより豊かになることがあるだろうか、そのような方向を考えていきます。

日常生活は、意外とモノにも記録にも残りにくい

皆さん自身のご家族の先祖を考えてみてください。家系図をつくって、何世代前にどういう人がいた、という名前や生まれ年、亡くなった年などは、過去帳やお寺の記録などでたどれるかもしれません。でも、たとえば明治時代に生きていたひぃおばあちゃんが、ふだん何を食べて、どんな仕事をしていたのか、どんな遊びをしていたのか、意外と知らないのではないでしょうか。極端にいうと、平安時代の天皇家の食事は文字記録などがあり、再現できても、私の家の、明治時代のおばあちゃんの食事内容は再現がむずかしい。おばあちゃんの時代の食事や遊びのことはわからない。

嘉田由紀子《かだゆきこ》

現職：京都精華大学教授・琵琶湖博物館研究顧問
専門：環境社会学・文化人類学

おもな著作

1984年　「水利用の変化と水のイメージ」『水と人の環境史』(共著)御茶の水書房
1995年　『生活世界の環境学　―琵琶湖からのメッセージ』農山漁村文化協会
1997年　「都市化にともなう環境認識の変遷―映像による『小さな物語』」『環境の人類誌』岩波講座　文化人類学 第2巻　岩波書店
1997年　「写真が語る環境の変遷」『私とあなたの琵琶湖アルバム』琵琶湖博物館
2000年　『水辺遊びの生態学』(共著)農山漁村文化協会
2001年　『水辺ぐらしの環境学－琵琶湖と世界の湖から』昭和堂
2002年　『環境社会学』岩波書店

なぜでしょうか。日常の具体的な暮らしを記録にするという習慣がほとんどなかったからです。

口伝えの伝承や生活用具などから、市井の人の歴史を復元しようという試みが、民俗学という学問です。柳田国男が、日本人の歴史が大きくかわりつつある明治末期から大正時代にかけて、日本文化の伝統が失われるという危機感をつのらせて創始した学問です。柳田国男は、民俗学が対象とする資料を三つに区分しました。目でみてわかる「生活外形」資料、耳で聞いてわかる「生活解説」資料（社会組織や行事など）、感覚や感情など心にかかわる資料を「生活意識」資料（規範や価値観）と言いました。私自身は、このような資料の違いを、「モノ」「コト」「ココロ」と象徴的に表現してきました。

民俗学の研究によって、「モノ」、つまり生活道具や農具、漁具、住居など「生活外形」と言われる領域はだいぶ記録が蓄積してきました。同じように「生活外形」の研究蓄積が進んでいるのが、考古学が対象とする時代です。

今回テーマとなっている弥生時代の守山の遺跡からは、水田跡、住居跡、集落をとり囲む濠跡（環濠）などの生活環境、農具、土器などの道具類、米粒、魚の骨などの動植物など、さまざまなモノが掘り出されています。そのような物的根拠をもとに、稲の遺伝子分析、魚の骨の分析などから、これまでに知られていなかった新しい歴史が明らかになりつつあります。佐藤洋一郎さんの稲の遺伝子型、中島経夫さんの魚の骨の研究は、湖辺の生活史を物的に復元する上で大変重要な示唆を与えてくれます。また大沼芳幸さんの漁具・漁法の研究からは、湖辺の漁業のありさまを、物的根拠をもって知ることができます。

しかし、考古学では文字や言葉の発掘は限定されており、「コト」（生活解説）の資料には限界があります。まして、人間の感情や精神の働き、「ココロ」についての直接資料はもっと限られています。

そこで、多くの考古学の人たちが、現在、地球上に現存していて、あまり工業文明などの影響を受けていない生活をしている人たちの研究をする人類学者が書いた「民族誌」の記録などをたどりながら、直接に記録のない時代の人びとの暮らしにかかわる「生活解説」や「生活意識」（規範や価値観を含む）をさぐろうとしています。つまり、現在、地球上にある多様な生活文化の資料から、過去の人びとの暮らしの意識などを演繹的に推測しようというものです。そのひとつの事例を次に紹介しましょう。

弥生時代の性別分業と女性の役割は？

弥生時代の仕事の性別分業を推測する

考古学の都出比呂志さんは、弥生時代の専門家です。都出さんは、考古学で扱うことが可能な資料からいかに記録に残りにくい社会構造などをおしはかるかという方法にこだわっています。そして古代の性別分業を推測するのに、まず、人類学者のマードックが整理をした全世界の二二四の民族を対象として文化タイプの結果を分析します。

マードックは、狩猟や漁労などの四六種類の労働について、（1）男性のみがかかわる、（2）男性が優位で女性は稀にしかかかわらない、（3）男女ともそれぞれ別々にかかわるか男女が共同して行う、（4）女性が優位で男性は稀にしかかかわらない、（5）女性のみがかかわる、という五つの区分にわけて、労働の種類ごとの「男性優位指数」を示しました。

この図を元に、狩猟・漁労というような、労働の「基本形態」、そこから派生する「活動」（漁具の製作）、関連した製品を「製作物」（網）とに分類して、表1のような整理を行いました。そして、男性優位労働

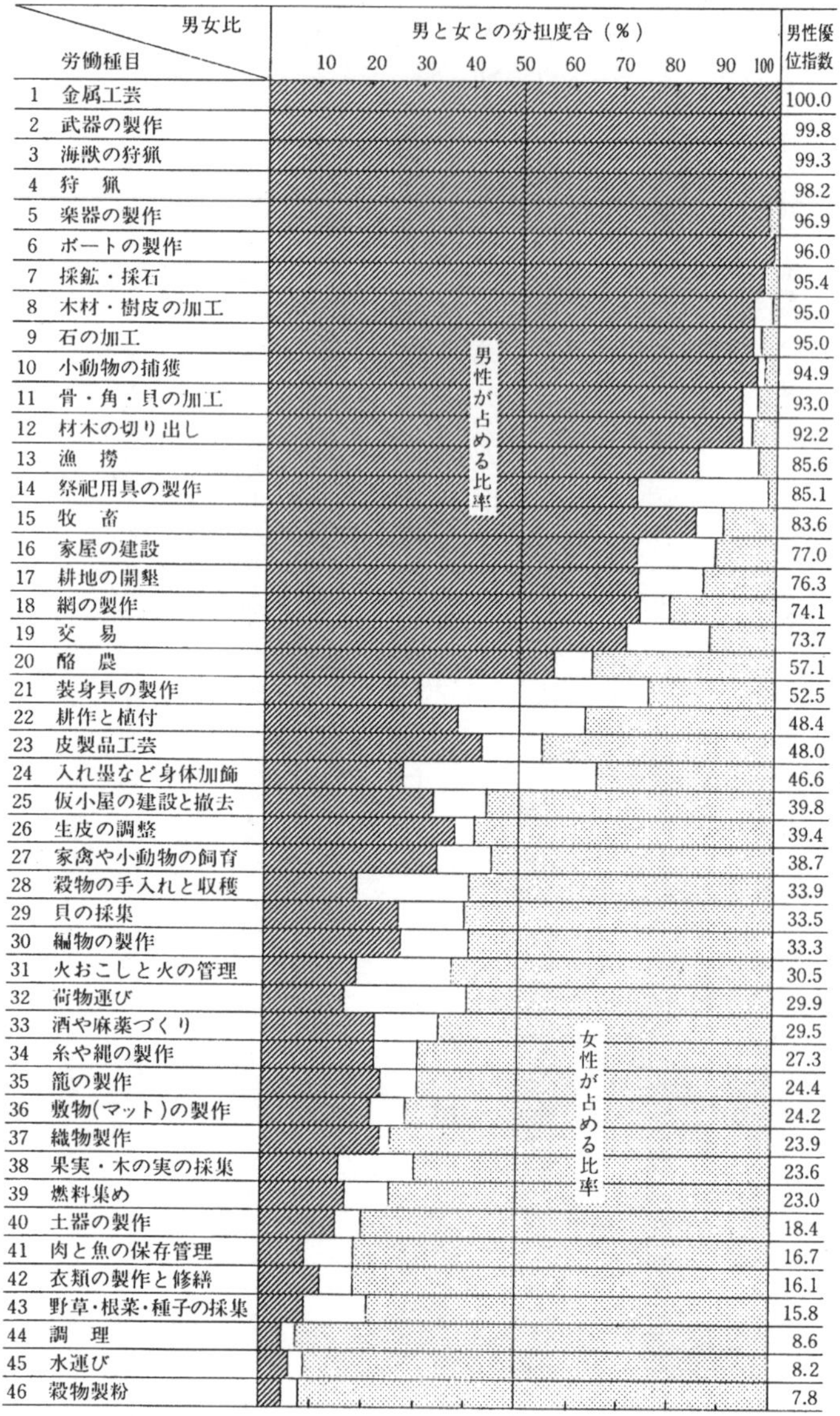

男女比 労働種目	男と女との分担度合（％） 10 20 30 40 50 60 70 80 90 100	男性優位指数
1 金属工芸		100.0
2 武器の製作		99.8
3 海獣の狩猟		99.3
4 狩猟		98.2
5 楽器の製作		96.9
6 ボートの製作		96.0
7 採鉱・採石		95.4
8 木材・樹皮の加工		95.0
9 石の加工		95.0
10 小動物の捕獲		94.9
11 骨・角・貝の加工		93.0
12 材木の切り出し		92.2
13 漁撈		85.6
14 祭祀用具の製作		85.1
15 牧畜		83.6
16 家屋の建設		77.0
17 耕地の開墾		76.3
18 網の製作		74.1
19 交易		73.7
20 酪農		57.1
21 装身具の製作		52.5
22 耕作と植付		48.4
23 皮製品工芸		48.0
24 入れ墨など身体加飾		46.6
25 仮小屋の建設と撤去		39.8
26 生皮の調整		39.4
27 家禽や小動物の飼育		38.7
28 穀物の手入れと収穫		33.9
29 貝の採集		33.5
30 編物の製作		33.3
31 火おこしと火の管理		30.5
32 荷物運び		29.9
33 酒や麻薬づくり		29.5
34 糸や縄の製作		27.3
35 篭の製作		24.4
36 敷物（マット）の製作		24.2
37 織物製作		23.9
38 果実・木の実の採集		23.6
39 燃料集め		23.0
40 土器の製作		18.4
41 肉と魚の保存管理		16.7
42 衣類の製作と修繕		16.1
43 野草・根菜・種子の採集		15.8
44 調理		8.6
45 水運び		8.2
46 穀物製粉		7.8

図1　マードックによる労働の性別分業〔都出1989〕

表1　労働の性別分業の整理〔都出1989〕

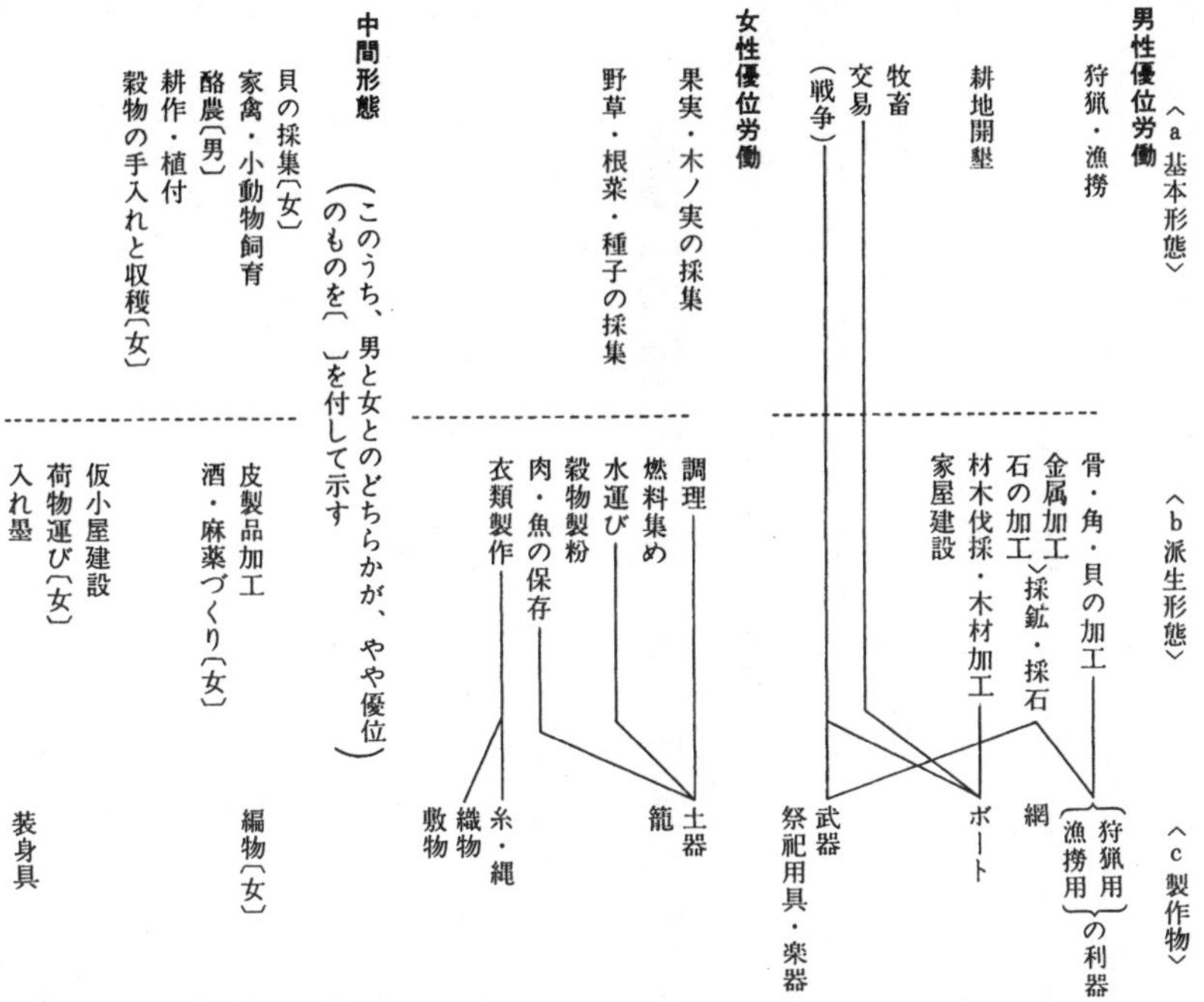

は「体力が要求され、かつ遠隔地に出かける必要のある労働」であり、女性優位労働は「筋肉労働の比重が相対的に低く、居住地の近隣で営みうる労働」という解釈を行っています。

都出さんは、さらに注意深く古代の文献に記録された男女の性別分業資料や銅鐸に描かれた場面の分析などをも紹介しながら、弥生時代後期に、男性優位の思想が深まったと推測をします。さらに、都出さんは、遺跡から出土する土器の製作者の性別分業を推測し、多くが女性であったこと、そこから女性の移動としての通婚圏、集団の編成原理、物質が移動する交易圏を導き出し、古代の政治権力の分析にまで及びます。

都出さんの分析結果の妥当性を吟味す

るだけの考古学的な見識を私はもちあわせていません。しかし、都出さんの研究手法に潜む問題意識は、さきに紹介した柳田国男とつながると言えないでしょうか。つまり表1の、「製作物」「派生形態」「基本形態」は、柳田が分類した「生活外形」(モノ)、「生活解説」(活動)、「生活意識」(規範)に、ゆるやかではありますが、対応するといえないでしょうか。つまり、都出さんも、柳田さんも、特定の学問分野がもっている資料の限界をこえて、いかに、人間の社会現象を考察するか、その学問的手続きを工夫したといえるでしょう。

この中で、水利用や水くみにかかわる仕事は、どこの社会でも女性とかかわりが深いということがみえてきます。次にその点について琵琶湖辺の生活史とからめて展開してみましょう。

水使いの環境史：考古学的には井戸しか残っていない

生活の場での水使いの研究は空白領域

長々とこのような学問の方法について述べたのは、実は、私たち自身の悩みを紹介したかったからです。一九八〇年代初頭、琵琶湖の環境保全のための基礎的研究として、私たちは、湖岸の村むらを訪問し、湖辺の地域社会での生活史の変遷をたどろうとしました。当時、赤潮などがでて、琵琶湖の水質悪化が問題とされていましたが、いつ頃、どのような形で水質悪化がもたらされたのか、意外と科学的データはなかったのです。水質を系統的にはかり始めたのは昭和四〇年代であり、すでにその時代、琵琶湖ではかなり富栄養化がすすんでいました。その前の科学的データはほとんどありません。行政もデータをもっていません。郷土史や民俗学でもこの分野を扱っている人たちは皆無でした。そこで、自らの水の文化の昔をたどることにしたわけです。都出さんが異なった民族の事象を参考にしたように、自らの文化の歴史をたどることにしたのです。

表流水を飲んでいた昭和三〇年代：「使い川」、「里川」、弥生時代への入り口か？

そこで、昔を経験している人びとに直接に尋ねてみる、ということで始まったのが湖岸集落の水利用調査でした。いくつかの集落での予備調査から、琵琶湖岸に水道がはいりはじめたのは昭和三〇年代から四〇年代以降で、それ以前は湖水、河川、わき水、井戸水など、自然の水を生活に使っていたことがわかりました。そこで、湖岸から二キロ以内に立地する三一四集落を対象に、昭和三〇年代、三一項目の水使いの場面でどのような水を使っていたのか、アンケート調査を行いました。また一九九〇年代にはいってからは、地域の人たちに呼びかけて、湖岸以外の地域の水利用の調査を六〇〇集落で行いました。その結果の一部が図2です。

これをまとめてわかったことはたくさんありましたが、三点だけとりあげて詳しく紹介しましょう。一点は、湖水や川水など、いわゆる表流水を直接飲み水に使っている集落が二〇%以上あったことです。昭和三〇年代、電気やラジオはすでに戦前から普及し、テレビも入ろうという時代に湖水や川水を直接飲み水に使っていた集落が少なからずあったわけです。しかも、その水使いの場は、川べりに二―三段石段をしつらえただけの「カワト」や、湖岸ならば簡単に木の板をおいただけの「サンバシ」など、大変単純な技術でした。家の中で必要な水は、バケツや桶などを使って、人力で汲んで運びます。その仕事は主に女性の役割でした。前にみたように、世界の多くの民族と共通でした。

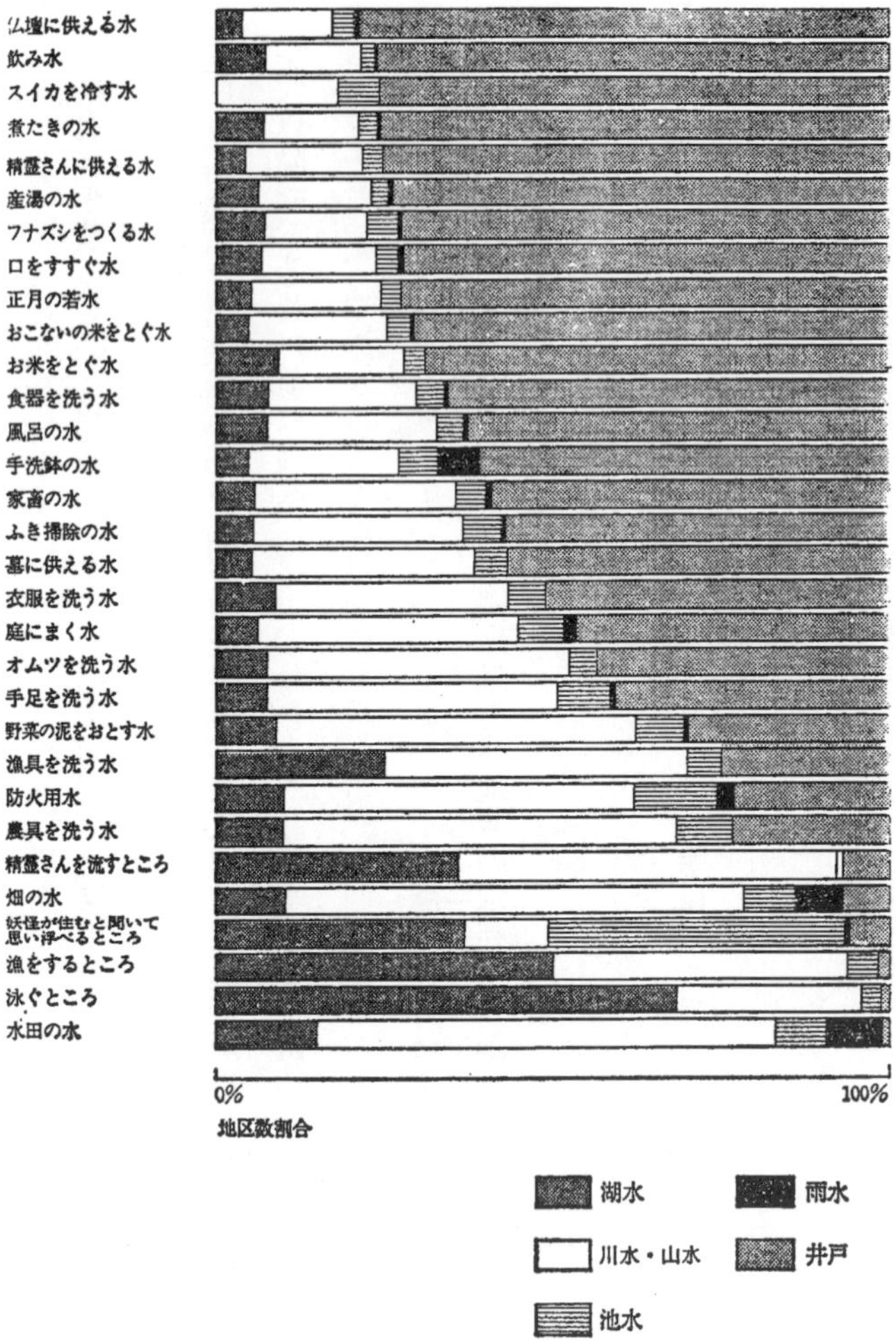

図２　水利用の用途と水源〔嘉田1984〕

その中で、日常生活に使う川のことを「使い川」あるいは「里川」と表現しておられる女性がいました。この言葉に私はいたく感心しました。この調査の中で、直感的に感じました。専門の方から批判をいただくのを覚悟で申し上げますと、このような水使いの場面は、もしかしたら縄文、弥生の時代から連綿と数千年続いてきたのかもしれない、と。昭和三〇年代の水使いの場面は弥生時代の入り口かもしれないと。

表流水が飲めるための社会文化的しくみ

図３　今のカワト〔岸井紀子氏　撮影〕（2001年：守山市吉身にて）

二点目は、表流水をろ過せずに直接に飲んでいたということは、それだけ当時の川水や湖水が「きれい」だったということです。これは物質として危険物がはいっていない、というだけではなく、それらの水を飲もうとする人びとの意志があり、そこでは人びとはその水を「信頼」していたということを意味します。この背景には水の清浄さを保つための、社会的、文化的工夫があるにちがいないと思いました。

そこで、表流水を飲み水に使っていた地域での濃密な調査をやりました。わかったことは、地域で水を汚さないしきたりや社会組織が生きていたということでした。たとえば河川や湖水の汚れとなる台所排水や人間や家畜のし尿などは、「養い水」（肥料）として野菜畑や水田に還元され、「排水」はほとんど水域に流さ

図4　湖岸の洗い場〔前野隆資撮影、琵琶湖博物館所蔵〕
（1956年：近江八幡沖島にて）

れていなかったということでした。つまり、栄養分の再循環がなされ、琵琶湖や河川には流さなかったのです。排水を邪魔者とせず、栄養分として再利用するという物質循環のシステムが、水の清浄さを保っていたと解釈できます。

しかもこれらの物質循環システムの背景には、水の神さまをまつり、水の清めを行う年中行事などとあわせ、子どもたちには「川には神さまがいる。川におしっこをしたらおちんちんがはれる」といいきかせ、川の清浄さを保つ文化が生きて伝承されていました。これは地域社会のココロの文化として生きていたわけです。

緻密な水の使いわけと身体感覚を満たす水使い

三点目は、生活の中ではさまざまな水の使いわけがなされていたということです。飲み水だけでなく、衣服の洗濯、風呂水などですが、それぞれの用途に応じて、水源を使いわけていたということです。図2に戻りますと、飲み水は井戸水が多いですが、洗濯やお風呂などの用途では、川水や湖水など、表流水の利用率が高くなります。つまり、井戸があるところでも、用途によって、川水や湖水を使っていたということです。これは現場での水使いへの聞き取りをしたらわかります。また私たちは自分でも井戸をつかっていましたので経験があります。井戸水は、電動ポンプが導入されるまでは、人力でくみあげないといけません。手間がかかります。また水温も、夏などは川の水などに比べて低い。それゆえお風呂などの目的には燃料を節約するためにも、川水が好まれました。冬は逆のこともありました。また洗濯も井戸水をくみ上げてやるよりも、流れ水の方が効率的で、「洗濯をした後気分がよい」ということもあったようです。

琵琶湖の真ん中にある沖島では、上水道、下水道がはいった今でも、洗濯のすすぎを湖水でする女性がたくさんいます。その方たちに尋ねると「すすぎは湖水でやらないときれいになった気にならない。洗濯機での洗濯はじじむさい」といいます。湖岸の洗濯は冬など大変です。寒くて冷たくていやだといいます。水道がはいった時は「カラン（蛇口）ひねったら水がでる。天国にきたようにうれしかった」という言葉をききます。それでも、水使いは単なる労働ではなく、水に触れるという身体感覚を満たす場面でもあったようです。特に「流れ水ですすぐ」ということは気分としても大事な洗濯の要素だったようです。このような文化的な特色は、たとえば洗濯機でも、日本では水流式が多い一方で、ヨーロッパなどでは撹拌式で、しかもお湯を使える洗濯機が多いというところにもあらわれているようです。フランスでは、洗濯は熱湯のような高温で洗濯することが昔から習慣としてありました。

生活用水の考古学がほしい

さて、突然弥生時代に想像をひろげてみます。歴史の専門の人たちからは、乱暴な議論と批判されることを覚悟で、ここでは疑問だけをださせてもらいます。この疑問は、前述のような昭和三〇年代の水使いの場面の記憶と、現在、水と文化研究会の仲間とすすめているアフリカ、マラウイ湖という湖辺の村での水文化の調査や、ヨーロッパにおける洗濯や水使いの歴史などとの比較研究から考えています。アフリカの村では、電気も水道もない、水に近い暮らしが今の日常です。フランスでは、十九世紀に水道は都市部でひろまりますが、大きな洗濯物などは、二〇世紀中頃まで、川や湖で洗濯されていたようです。

図５　アフリカの水汲み水運び（1946年）〔嘉田ほか編2001〕

さて、今回話題となっている、下之郷や伊勢遺跡では、生活用の水はどのように使われていたのでしょうか。たとえば飲み水ですが、のどが乾くごとに井戸まで行ったのでしょうか。水を飲む容器は何かあったのでしょうか。それとも手で汲んで飲んだのでしょうか。あるいは、家の中に水瓶のようなものをおいて、そこから飲めるようにためておいたのでしょうか。その水は誰がどこから汲んだのでしょうか。米を炊いたりする、煮炊きの水はどこからを汲んだのでしょうか。もし頻繁に煮炊きをした土器は洗っていたのでしょうか。もし頻繁に洗うとしたら、誰がどこで洗ったのでしょうか。魚の保存処理

図6　スイス、レマン湖での洗濯（1900年頃）〔嘉田ほか編2001〕

をする時の洗い場はどこだったのでしょうか。洗うという行為には、「衛生」に関する思考はあったのでしょうか。何をもって「きれい」と考えたのでしょうか。

　下之郷遺跡からは井戸が出土していますが、井戸だけが水使いの場だったのでしょうか。食器はどんなものが使われ、それはどれくらいの頻度で洗われたのでしょうか。個人用の食器はあったのでしょうか。衣服は皮製品としたらその洗濯はないにしても、皮なめし作業を行うには、水や、場合によっては小便が必要だったのではないでしょうか。そもそも小便などどこかにためたのでしょうか。便所はどうしたのでしょうか。水田作業をした後の木製農具はどこで洗ったのでしょうか。洗う必要はなかったのでしょうか。大雨の時の「雨はらし」の儀式、干ばつの時の「雨乞い」などの儀式はあったのでしょうか。そもそも、水神さんのような信仰はあったのでしょうか。

　佐原真さんの指摘のように、弥生時代の環濠は、つくる目的は防衛のためだったかもしれません。でも、生活現場での感覚からするとこの環濠は「使い川」あるいは「里川」の役割を果たしていたという想像も可能です。洗い物をしたり、水を汲んだり、という生活利用はなされていなかったでしょうか。

遺跡の発掘において、井戸や石組の水利施設などはその気になってしっかりと掘りだされています。しかし、水路の横の洗い場などは万一残っていたとしてもこれまでは、考古学の分野ではほとんど注意がはらわれていないようです。井戸だけが、生活用水施設と思いこんでいる考古学者が多いせいでしょうか。川であっても多くの場合人工的にしつらえられた可能性が高く、特に水田農耕のための水路は人工度が高いでしょう。そのような意味では立派な水利用施設です。水田がひかれた後では生活用水も豊かになった、ということもここで同時に想定できることです。灌漑用水路は、生活用の「使い川」であるということが十分考えられるからです。

図7　環濠に打たれたしがらみ坑（下之郷遺跡42次調査）

一九八〇年代以降、その気になって目をこらしてみるとそれまで見逃してきた、という遺跡の例としてトイレ（便所）があります。生物としての人間の身体的自然が太古からあまりかわっていないという基本にたてば、衣食住の中での水とのかかわり行動やその意味と役割にもうすこし注意が払われることを期待したいものです。手法的に、「水に流れてしまう」資料で困難なことは十分承知しつつ、門外漢として期待をするわけです。

湖辺水田の水害と水田漁労、遊び

水害に悩まされた湖辺の水田

本書の中で、中島経夫さんは、魚の立場から、湖辺の水田は産卵場や稚魚の育つ場としていかに有利かを説明しています。大沼芳幸さんも、弥生時代の遺跡から網の錘《おも》りと丸木舟が出土しないことから、弥生時代には、琵琶湖の沖合の漁業ではなく、水田や水路、湖辺に、ウケやヤナ、小型のエリなどを設置した「待ちの漁法」が優勢であったことを考察しています。そして大沼さんは、この弥生的漁法がつい近年まで近江では見られたことを主張しています。

水田に魚が入る、ということは逆にいえば、水田が〝水込み〟(湖水の溢水被害)にあいやすかったということを意味しています。琵琶湖は自然流出河川がひとつしかなく、いつも水込みで悩まされてきました。江戸時代から明治時代、湖辺の水田は、水位があがって米が収穫できないこともしばしばで、そのような時には、年貢の減免を要求する記録が残されています。その減免要求を「水腐引高《みずぐされひきだか》」とよび、正規の年貢から減免されます。湖西マキノ町の知内村の記録からは、平均して約三〇%の「水腐引高」が記録されています。年貢の減免要求の文書にはいかに農民が困っているかということが綿々と書かれています。

融通無碍《ゆうづうむげ》な空間利用意識があったのでは?

しかし、地元で聞き取りをしていて気がついたのですが、水田に水がつく時には、コイやフナなどの魚類を水田で追いかけた、という話がなされ、それが嬉々としてうれしそうに語られます。確かに米が収穫できないのは困る。年貢を徴収するおかみへの上申書ではいかに困っているか、ということを強調して書きます。でもかわりに魚がつかめる。「悪いことばかりではない」というのが多くの人たちの意識でした。

つまり、湖辺の水田はもともと米だけをとるために作られていたのではなく、水込みで冠水した時には魚をつかむ、というようないわば「融通無碍な空間利用」とでも言うような感覚があったのではないか、と推測されます。

逆に、魚をとるために設置したエリ場などでも、水位がさがって地面が現れると稲を植えるという感覚があったようです。事例は少ないのですが、江戸時代のことです。天保年間、今の草津市の志那地先のエリ場に稲を植えた農民がいて、その稲の収穫は植えた人のものか、エリの権利をもつ人のものか、という紛争がおき、その記録が残されています。

さらに昭和にはいっての余呉湖での事例ですが、昭和三四年、余呉湖から導水トンネルをつくった時に、湖水が四、五メートル下がるという事件がおきました。秋口におきたその水位低下で干上がった湖底に、地域の女性たちはほうれん草の種をまいて収穫をした、ということです。

湖から内湖、水田への魚の導水路が作られた

しかしこのような融通無碍の空間利用は、単に一方的に受け身であっただけではないようです。これも江戸時代から明治時代の記録ですが、図8、図9に草津市志那の湖岸と内湖、守山市幸津川《さづかわ》の湖岸の様子

をしめしました。湖から内湖、そして水田にむけて、あきらかに、多数の人工水路がつくられています。志那では、この川は二四本あったということで、「ニジュウヨンカワ」とよばれ、この川をつたって、志那の柳平湖や平湖には、コイ、フナ、ナマズ、モロコ、など大変多くの魚が琵琶湖からあがってきたということです。この内湖では昭和三〇年代まで、春と秋、年二回の祭りの前に「ツケシバ漁」という、内湖を干し上げて魚をつかむ共同漁業が行われていました。この魚はおまつりのご馳走になりました。

また守山市幸津川の湖岸の河川は、湖側に川ごとにたくさんのエリがしかけられていました。エリの形は片方だったり両側だったり、流れに応じて多様です。このような小河川を伝って、魚を内側の繁盛沼《はんじょうぬま》やさらにその内側の水田によびこんだわけです。水路は三三もあったといいます。ここで呼び込まれたニゴロブナは地元でのスシ切り祭りで使われました。

湖辺の水田の垂直的管理

このような平面的な水の流れは、垂直な水のあり方とも深くかかわっていました。湖岸の水田は、上流の河川からの水路の末端にあたり、河川灌漑は困難なところが多かったのです。干ばつを受けやすいわけです。目の前には満々と水をたたえる琵琶湖があるのに、それは高低差により使いにくい。そこで、湖岸集落では、水田の周囲のクリークの水位を地域全体として高く保ち、そこから人力で「水車」(みずぐるま)という用具で、逆水灌漑を行いました。幸津川での昭和三〇年頃の逆水灌漑の模様は図10にしめしておきましょう。

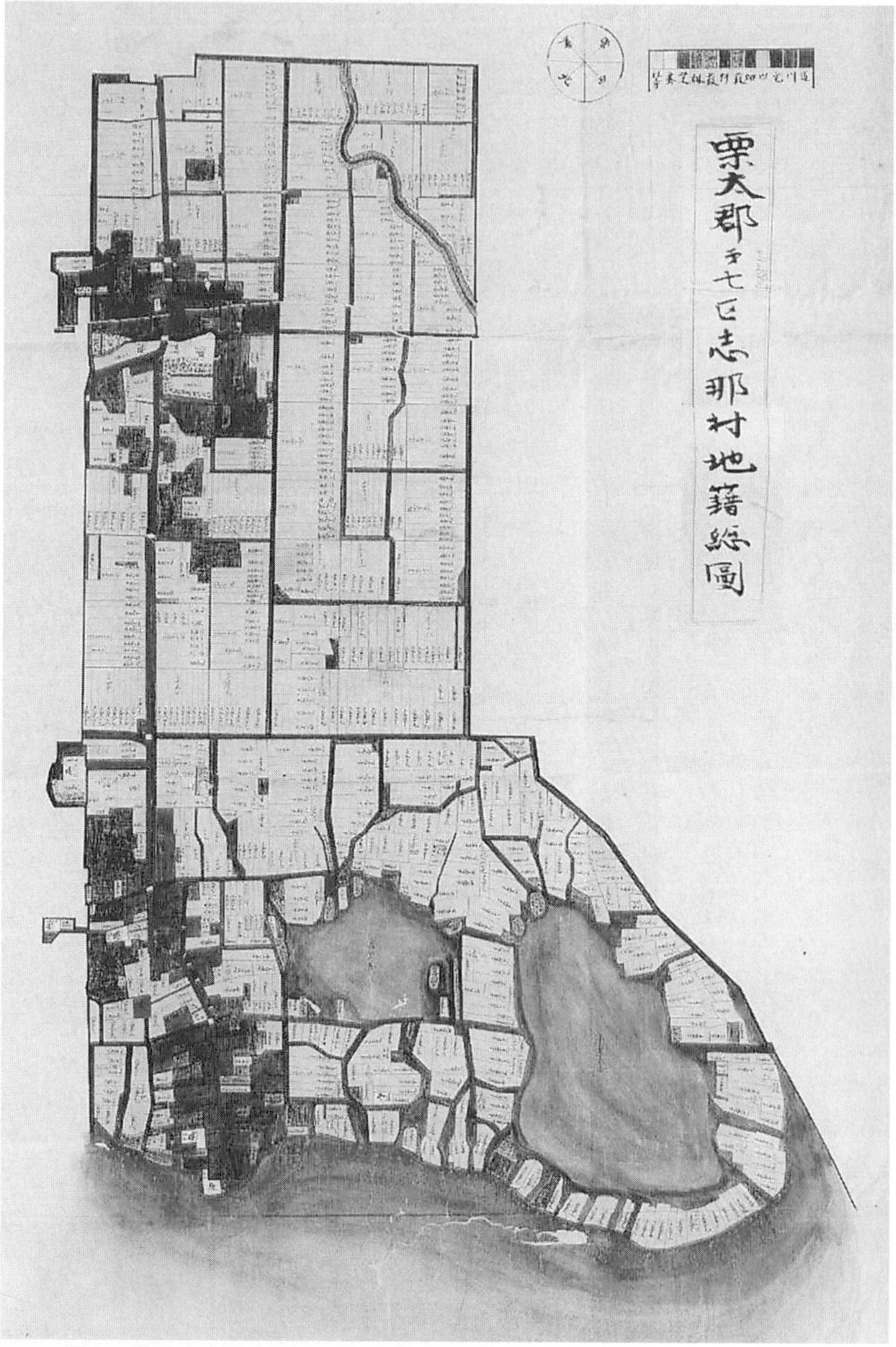

図８　草津市志那の平湖、柳平湖と琵琶湖とのつなぎの水路図（明治初期）
『古地図に描かれた草津』1994年、草津市発行

図９　野洲川河口部（大日本帝国陸地測量部　大正９年、11年）

明治三八年の南郷洗堰の完成後、湖岸水田周辺の水路の水位を保つために、各集落は閘門や樋門をつくり、水田灌漑用に水位を保ちながら、同時に湖と内陸水との間で舟が行き来できるようにさまざまな工夫をしていました。この舟を通すという人びとの水管理は、湖と内陸水との魚の行き来も促したはずです。

舟は交通として、あるいは漁業用だけでなく、藻とりとしても重要でした。なぜ藻とりだったのか。ほ場整備前の湖辺の水田について一筆ごとの状態を聞き取りしました。草津市の志那、志那中、下寺、下物の四集落での聞き取りによると、湖辺の水田は一筆ごとに高さに違いがあった、ということです。高い水田は「タカタ」、低いところは「ヒクタ」とよばれ、タカタは水込みでも水がつきにくく稲の収穫は多かったが魚ははいりにくかった、といいます。それに対して「ヒクタ」には、すぐに魚がはいったという。また「ヒクタ」はクリークからの水をいれやすく、水利作業には有利でした。

下物《おろしも》村では、タカタが好まれ、「タカタ」をつくるために、湖岸の藻や底土（泥）を舟でとりあげ、水田にいれて肥料にするとともに、盛んに土壌づくりをしたということです。下物村では、「一寸高」といい、たとえ一寸でも高くすることが水害を防ぐ方法であったということです。

図10　湖岸クリークでの水汲み作業
（藤村和夫撮影）

生態の多様性に合わせた所有権の重層性

では水田に入った魚は誰のものになるのでしょうか？土地所有の歴史とあわせて、魚を捕る権利については、漁業権という権利があり、昔からいろいろな研究蓄積があります。しかし、水田に入る魚についての研究の前例はありません。そこで、私たちは、やはり湖辺のいくつかの村で、水田の魚は誰のものと思われているのか、その慣習について聞き取りをしました。その結果、今のところ次の三つのタイプが見られました。（1）自由漁業型、（2）個人所有型、（3）集落共有型です。

水田の地面は、明治時代の地租改正以降、公式には個人（家）所有になっています。地面は個人所有ですが、その中にはいりこんだ魚は稲などに害を与えない限り誰が捕ってもよい、とするのが「自由漁業型」

です。梅雨時に、ウオジマといい、老いも若きも、大人も子どもも水田にフナなどを追いかけたというのは、この自由漁業型の地域と考えられます。ここでの論理は「自分が育てたのではない天然の魚はみんなのものだ」という考え方です。ここでは土地は個人、水は集落共有、魚はもっとひろくみんなのもの、という所有と利用の重層性がみえます。

「個人所有型」は、当該の水田の所有者（家族員）以外、たとえ自然に水田はいりこんだ魚であっても捕ってはいけない、という論理です。土地の境界を水面境界、魚の境界にまでひろげた、ある意味で近代的な所有感覚といえるでしょう。法律用語でいうと「ローマ法的」な所有感覚です。

「集落共有型」は、特に水田周辺の水路に見られますが、水路の魚を集落全体の共有財産と考え、そこでの捕獲権利を入札などで決めてその金額は集落の協議費などに組み込まれ、集落全体で管理するという方式です。集落管理型地域でも、集落として入札する水域と自由漁業として開放される水域が混在している地域もありました。そのようなところではウオジマに魚を追う、というようにぎやかな光景が可能です。

以上のような形態の違いがなぜ生まれたのか、今その分析まではできていませんが、隣あう集落であっても、所有権のタイプが異なるケースがあります。草津市の湖岸では、志那と志那中は自由漁業型、下寺は個人所有型、下物は集落共有型です。生態的、社会的、歴史的条件などがかかわっているものと思われますが、今後の研究課題です。

労働と遊びが一体となったおかずとり漁業

水田での漁業は、漁業というには少し気はずかしいような、定型化されていない活動であったということも、湖辺での聞き取り調査からみえてきました。漁業というとつかんだ魚を市場にもっていきお金にするというように、より商業化されたイメージがありますが、湖辺の魚つかみは、いわば「おかずとり」というような、自給的色彩の強いものでした。

自給的漁業の典型は、子どもたちがつかむ魚です。昭和三〇年代まで、水田や周辺の水路は子どもたちの遊び場であり、とくに魚つかみの場でした。現在の子ども世代、その父母世代、その祖父母世代という三世代にわたる六千人に、水辺の遊び調査を行った結果、祖父母世代と父母世代は、つかんだ魚のすべての種類を食用にしており、その比率も高かったのですが、それが今の子ども世代になると急速に減少し、食用にされるのは、わずかにアユだけです。

また水田での魚つかみは、子どもでなく、大人であっても、労働というよりは、魚の捕獲自体を楽しむ遊びの要素が強かったといえます。特に、前述の〝ウオジマ〟や、水路をせき止めて水をかいだして手づかみで魚をつかむ〝かいどり〟などは、大人であっても遊びの要素が強く、何十年か昔のことでも、大変楽しそうに語る人たちがたくさんいます。生き物を捕獲するという行為のもつ遊び、身体感覚は、今でも、子どもたちの感性の発達などに重要な意味をもつものともいえます。私自身はそれを「フロー体験」とよび遊びの真髄と考えています。

共同体文化をになう魚たち

水田や周辺水路で捕獲した魚を集落のお祭りのお供えにする、というような共同体的な文化的意味も指摘しておきましょう。たとえば、前述の守山市幸津川、草津市下寺では水田や周辺水路で捕獲したニゴロブナでつけたフナズシを神社に奉納する「スシ切り祭り」や、栗東市大橋では水田ドジョウをナレズシにした「ドジョウズシ祭り」や、スシにはしないが、ボテジャコを神饌として備える志那中町のお祭りなどがあります。水田や湖辺の魚は、共同体の祭祀を通して、社会的文化的な意味ももっていたわけです。大沼さんも、フナズシは単なる食物ではなく、文化的に重要な意味をもっていたと指摘されています。

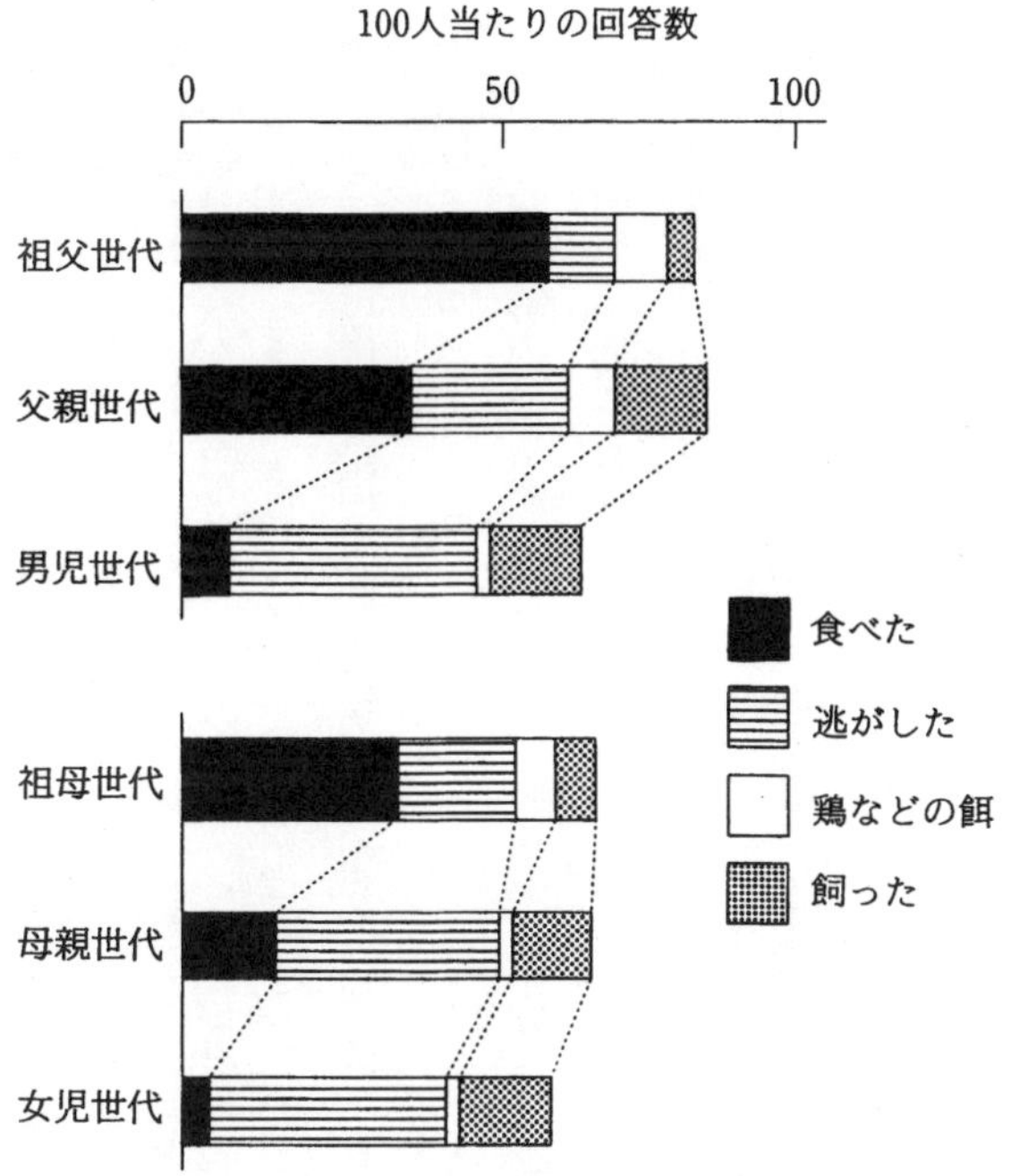

図11　魚遊びでつかんだ魚の世代別利用法〔嘉田・遊磨2000〕

守山ホタルも水田文化複合の中で育まれた

守山というとホタルです。日本で最初にゲンジボタルの天然記念物が指定されたのが大正十三年の守山ホタルです。このホタルの生息条件を考えてみましょう。大正時代、大阪などから列車をしたてて見物人が訪れたというホタル銀座は、守山町の真ん中をながれる金ヶ森川でした。ホタルの研究をはじめた一九八〇年代末、私自身「なぜ町の真ん中にホタルが！」と驚き、現場を最上流から下流まで歩き、また古文書を調べて納得しました。野洲川の伏流水を水源とする金ヶ森川は、下流の金森《かねがもり》、欲賀《ほしか》、三宅の三町の水田を潤すために人工的に開削された水路で、水田用水を供給するために、水量や水位はきめこまかく管理されていました。

また、守山町内や下流農村でも、昭和三〇年代に水道がはいるまでは「使い川」や「里中川」「里川」としてこの川で洗濯もし、風呂水も汲まれていたため、水田用水としての利用がなされない冬場もかかさず水が流されていました。つまり一年中水がながれる「常水」（じょうすい）の川だったわけです。ゲンジボタルの生息には、水質以上に一年中枯れることのない水量が大事だということが十年間の滋賀県全域のホタル調査でわかってきました。つまり、水田の水を確保し、生活用の水を確保するという人間の都合にあわせて、ホタルも生息していたということです。ホタルの生息に水量が大事だということは、一九九九年に、守山市内の中学生たちが行ったホタルの生息調査によっても証明されました。言い換えたら弥生的な水田文化がホタルも育んできた、ということです。

生業複合ということ：人の戦略、魚の戦略

大槻恵美さんは、琵琶湖の北部、マキノ町知内《ちない》という湖岸の村での、明治時代以降の漁業の変化を研究

して、水田や内湖のような陸域も水がつけば魚をつかむ「水界」であったことを描きました。また安室知さんは、守山市の木浜における昭和三〇年代以前の水田や内湖の利用を民俗学の立場から研究をして「生業複合」という考え方を提示しました。つまり、水田というと稲だけをつくるようにみえますが、実はそこでは、魚も重要な意味をもっていた、ということです。

一方、魚の視点からみると中島さんや大沼さんが主張するように、琵琶湖辺の生業の基層文化は、弥生時代に形成されたものが連綿と近年まで受け継がれてきたのではないか、という歴史イメージを私自身も最近ますます強くもっています。水が増えたら魚を追う、水がひいたら米をつくる。そのような融通無碍な重層的な空間利用感覚は、高谷好一さんが指摘するように、東南アジア的な感性をひいているのではないかとも思われます。

そのような基層文化の上に、佐原真さんが説明してくださる「国」ができあがってきたといえるのではないでしょうか。大変あらっぽい言い方ですが、統治する人、政治権力をにぎる人の価値観とは異なる、市井の人の生活感覚は、かなり連綿と現代にまでひきつがれているのではないか、とさえ思っています。つまり、「ココロ」の文化の継承です。

魚には、魚としての生存戦略があり、それは中島、大沼さんの主張にありますが、人間の側にも、生存戦略があったわけです。それが、各種の捕獲漁具の工夫であり、水田の高さや水路づくりの工夫であり、そしてそこで捕獲する上での社会的関係としての所有慣行であり、そして祭祀での魚類やフナズシなどの文化的意味づけです。

明治時代以降の近代化の中でこのような水陸一体の融通無碍な感覚が次第に変質していきます。その変質のベクトルは思想的な流れでみるとヨーロッパからの輸入的な「西欧近代思想」といえるでしょう。より具体的には、それは近代工学技術を伴った「水陸分離の思想」としてあらわれてきます。陸は陸、湖は湖、水田は水田というように、特定の空間が特定の単一目的に集約化されていくプロセスです。

このような空間分離の思想を所有論的にささえたのが、それまでの日本の基層文化であった生態の多様性にあわせて編み出された重層的な「共同的集団所有」ではなく、「公私」二元論にもとづく「ローマ法的」私有・公有思想です。一筆の水田でも、稲は個別の家に、水は共同体としての集落に、そして魚も皆のものに、というような重層的な利用慣行がつくられてきました。それが、一ヶ所には一つの権利しか認めない、という「一物一権」という考え方が明治初期の地租改正以降、制度として固定していきます。そして人びとの考え方も次第にそのような制度を受け入れるようになります。

この水陸分離の思想がまず具体的にあらわれるのが、明治三九年に完成する南郷の洗堰《あらいぜき》による、湖水位の人為的管理です。この建設により、確かに湖辺の水害は減少しましたが、全体としての水位低下は、湖辺の水田の土手崩れをもたらし、舟の運行に支障をきたし、魚の移動もさまたげました。それらの状況に対応するために、湖辺の各地域社会では、水漏れを防ぎ、水田周辺の水路の水位を保ち、さらに湖と内陸部の水路の舟を航行させるためのさまざまな工夫をしてきます。湖と内陸水の間に閘門や樋門をつくり、それが結果として魚の通行も許したのでしょう。

第二のエポックは昭和一〇年代末からはじまる内湖の干拓による農地化です。これにより総計二六〇〇ヘクタールの内湖が干され、農地とされます。特に、産卵場として重要な大中の湖や、松原内湖、津田内湖などの干拓は、水陸分離の大きなエポックとなりました。

第三のエポックは、昭和四七年に始まり、昭和五〇年代から六〇年代に具体的な工事が行われた琵琶湖総合開発による琵琶湖のダム化です。「水ガメ」という言葉に象徴されるように、水資源という単一目的としてのみ琵琶湖が位置づけられました。これにより、内陸水路と湖は一五〇の水門により分離されただけでなく、湖岸堤防の建設、ほ場整備による用排水分離により、魚の生息場と移動は致命的な影響を受け、湖岸の生態系はずたずたに破壊されました。

琵琶湖総合開発そのものが下流の水需要の増大にこたえるために、琵琶湖をダム化しようという目的でなされたものですから、その目的は達成したことになります。しかし、その間に予想せざる影響を与えたようです。それが琵琶湖の魚類、特に固有種の減少であり、これらの生き物の多様性に支えられた祭り文化や遊び文化の多様性の喪失です。

守山にとっての弥生文化　―遊びココロが育ってほしい

琵琶湖の湖辺における生業複合を考える時に、守山は原点となる場所です。守山は地形的に河川と湖が交差する場所にあり、水の文化がたいへん豊かな場所です。そこで育まれた生物が人びとの営みとセットになり、長い間に、いわゆる「生命文化複合体」をつくってきたということになるのではないでしょうか。それは琵琶湖、日本だけでなく、世界の環境文化を考える時の原点にもなりえます。高谷さんの研究に見えるように、アジア的な柔軟性をもった弥生的水田文化の復権でもあります。

これから守山では歴史とどうつきあっていったらよいのでしょうか。下之郷遺跡は国指定の文化財になりました。国の指定になり、お墨つきを与えられることは、一面地域の誇りともなるでしょう。ただ、同時に、その遺跡を単に囲い込んで、保存するだけでいいのでしょうか。

たとえば、下之郷や伊勢遺跡など、弥生遺跡の保存などが考えられますが、遺跡を保存し、大きな建物をたてて、観光客をよぶという発想だけでは、多くの人の共感を得ることは難しいかもしれません。そのような建物、ハコモノ、観光主義から脱却し、地域に暮らす人たちの日常の生活に根ざした弥生文化の再生を考えたいものです。私自身は、やはり「生活復元」がひとつの鍵概念ではないか、と考えています。私たちは、暮らしにかかわる物事には、社会的立場や思想の違いなどを超えて、興味をもつ傾向にあります。食べて、飲んで、排泄して、そして、子どもを育て、家族をつくり…、そのようなあたり前の生活を、今の自分たちと弥生時代の人とつないでみることです。

また具体的な実践の入り口としては、子どもたちとのかかわりを焦点にしたらどうでしょうか。今、子どもたちの生活環境や生活意識が大きくかわりつつあります。かつて、米を研ぐには川の水をつかい、米を炊くには薪をもやす、というあたり前だった生活技術が伝承されていません。水は蛇口から、米を炊くのは電気のスイッチひとつでという現在の生活は自然の仕組みから大きく切り離されています。水や太陽や生き物が、私たちの暮らしの原点にある、ということを学ぶことは、歴史を学ぶだけではなく、これからの人類の生き方を考える上にも大事なことなのです。

戦後の五〇年、いえ、明治維新以降の百年の近代化のツケが今の子どもたちの問題にあらわれているように思えてなりません。特に精神文化、ココロの問題は深刻です。米づくりをとりいれた食農学習や、水田魚類を元にした遊び文化の再現などが具体的なヒントにならないでしょうか。弥生稲作文化の息吹を肌で体で記憶している人たちが元気な間に、是非とも次の世代への伝達をはかってほしいものです。

水田を軸に、米づくりや魚つかみができる空間の復元は、二〇世紀、「早く」「大きく」と単一的思想のもとに、環境に多大な負荷を与え、生活の場での水や生き物の営みをずたずたにしてしまった私たちの世代が、次の世代に残せる数少ないメッセージではないでしょうか。それは世紀がわりの今だからこそ皆で考えられることではないでしょうか。あなたのお子さん、お孫さんに、昔の楽しかった、と同時に怖かった水遊び、魚つかみを伝えたいと思われませんか。それも行政や博物館が音頭をとるというよりは、個人個人の家、家庭、地域からはじまってほしいものです。遊びココロは、行政文化やプログラム化された制度の中では、育ちにくいからです。

〔参考文献〕

大槻恵美　一九八四「水界と漁撈―農民と漁民の環境利用の変遷」鳥越皓之・嘉田由紀子編著（改定版一九九一）『水と人の環境史―琵琶湖報告書―』御茶の水書房
嘉田由紀子・遊磨正秀　二〇〇〇『水辺遊びの生態学』農山漁村文化協会
嘉田由紀子　二〇〇一『水辺ぐらしの環境学』昭和堂
嘉田由紀子ほか編著　二〇〇一『今昔写真でみる世界の湖沼の一〇〇年』（財）国際湖沼環境委員会・滋賀県

立琵琶湖博物館
嘉田由紀子　二〇〇二『環境社会学』岩波書店
佐藤洋一郎　一九九九『森と田んぼの危機―植物遺伝学の視点から―』朝日新聞社
佐原真　一九九六『食の考古学』東京大学出版会
滋賀県立琵琶湖博物館編（小笠原俊明、嘉田由紀子、芳賀裕樹、中藤容子）一九九七『私とあなたの琵琶湖アルバム』（琵琶湖博物館開館1周年企画展）
高谷好一　一九八七「アジア稲作の生態構造」『稲のアジア史』第一巻　小学館
高谷好一　一九九三『新世界秩序を求めて』中公新書
都出比呂志　一九八九『日本農耕社会の成立過程』　岩波書店
鳥越皓之・嘉田由紀子編著　一九八四（改定版一九九一）『水と人の環境史―琵琶湖報告書―』御茶の水書房
水と文化研究会編　二〇〇〇『みんなでホタルダス』新曜社
安室知　一九九八　『水田をめぐる民俗学的研究―日本稲作の展開と構造』慶友社
柳田国男　一九六七　『郷土生活の研究』筑摩書房

昭和二五年、埼玉県の養蚕農家生まれ。江戸時代の新田村で水がなく、麦と陸稲と「にぼうと」うどんばかりの食事の中で、母の実家からもらう水稲白米のおいしさにあこがれたのが田んぼへの憧憬の始まりだったようだ。昭和四〇年、中学校の修学旅行で、昭和四二年にも高校の修学旅行で関西旅行に来る。比叡山からみる琵琶湖の風景、石山寺の前の苔むした水路で大根を洗うおばあさんの姿、東海道線の列車からみた「安土駅」あたりの情景。絢爛豪華とイメージしていた安土桃山文化と目の前の水田との落差に歴史の面白さを感じる。同時に、アフリカへのあこがれたちがたく、大学を京都に選ぶ。

昭和四四年、入学した大学では授業はなく、連日討論とデモばかり。自分が生まれ育った日本農村に興味をもち農学部で農学原論という講座を選ぶ。アフリカにも行きたくて単身タンザニアにでかけ半年暮らす。なぜアフリカなのか？人間の生活や農の原点があるように思えたからかもしれない。

大学卒業と同時に結婚をして、アメリカ中西部の湖のある田舎町で留学生活。その大学院の修士論文のフィールドに近江の農村を選ぶ。昭和四九年のこと。その時歩いた彦根市の稲枝地区には、庭に自噴の井戸があり水があふれていた。土山、伊吹では山水を飲み水にし、安曇川ではクリークの舟を農作業に使っていた。昭和五四年には中主町の農村家族の調査で湖南地区を歩く。そこでも川で洗いものをしていた。

昭和五六年大学院の博士課程をおわり、滋賀県琵琶湖研究所の研究員に応募。環境問題に社会学・人類学の立場からアプローチするというテーマを選ぶ。滋賀県内を歩き、地元の人たちにいろいろなことを教えていただく。地元に隠されている生活文化の奥深さを知るが、それがほとんど外に知らされていないことに気づく。昭和五九年の世界湖沼会議で、琵琶湖を海外に知らせる場がないことを痛感。昭和六〇年、琵琶湖の多面的な価値を地元で知り、同時に外に知らせるための地域博物館の構想をまとめる。

平成にはいって、滋賀県当局が博物館構想を具体化する中で、準備室に参加させてもらい、主に、運営企画、生活環境と生活文化の基礎調査と展示を担当。地域の人たちといっしょに身近な環境調査を企画、シロウトサイエンスという新たな魅力をみつける。

最近は、アフリカやヨーロッパの湖沼にでかけ、そこでの人びとの暮らしを日本と比較することで、世界の湖や水辺について思いをめぐらしています。

（嘉田　由紀子）

イネと稲作の新・日本史

佐藤洋一郎

はじめに

私たちは学校で、「縄文時代は狩りと採集で生活する農耕のない世界、そして弥生時代は大陸からの水田稲作が広がる農耕社会」と習ってきました。しかし最近のデータは、縄文時代の日本列島にはいろいろな時期、いろいろな地域に、すでに農耕があったことを示しています。また、縄文農耕の要素の中には、日本列島でうまれた要素と海を越えてやってきた要素の二つの要素があったこともあきらかになりつつあります。前者の例、つまり日本列島で生まれた要素の例としては三内丸山遺跡などで見つかったクリの栽培化があげられます。そして後者の要素としてイネが含まれることもいまや動かし難い事実です。

では、縄文時代から弥生時代への移り変わりによって、農耕の姿はどう変わったのか。とくにイネと稲作はどう変化したのか。下之郷遺跡から出土したイネはこういう問題について考える重要なきっかけを提供しています。今回はこれについて考えてみようと思います。

縄文稲作

縄文稲作の存在はもはや疑いようがない事実です。一九九九年には岡山市朝寝鼻貝塚で六〇〇〇年ほど前の地層から稲のプラントオパール（註1）が見つかりました（図1）。これに先だって縄文時代の遺跡・遺構からは、他にも三〇を越えるプラントオパール発見の事例が報告されていて〔外山一九九八〕、朝寝鼻貝塚での発見が決して突飛なものではないことを教えています（図2）。

朝寝鼻貝塚のプラントオパールは縄文時代の地層から見つかったものでしたが、同じ岡山県の姫笹原遺跡や南溝手遺跡の場合には縄文土器の胎土の中からプラントオパールがみつかっています。地層中から検出されたプラントオパールの場合、上の新しい地層からの流れ込み、つまり新しい時代のプラントオパールの誤入という可能

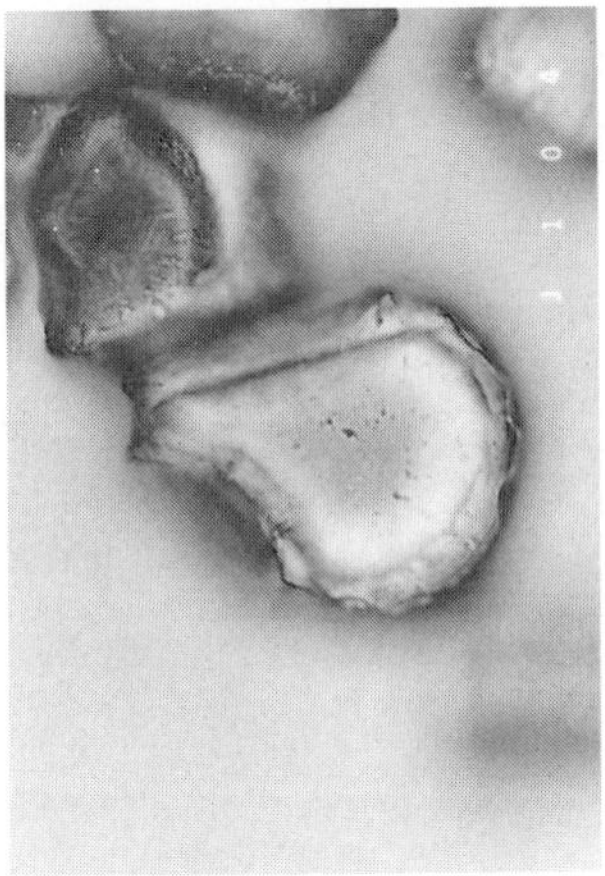

図1　遺跡から出土したイネ・プラントオパール
（提供　高橋護氏）

佐藤《さとう》　洋一郎《よういちろう》
現職：静岡大学　助教授
専門：農学

おもな著作

1990年　「日本におけるイネの起源と伝播に関する一考察」『考古学と自然科学』22
1992年　『稲のきた道』　裳華房
1996年　『ＤＮＡが語る稲作文明』ＮＨＫブックス　日本放送出版協会
1999年　『森と田んぼの危機(クライシス)』朝日新聞社
1999年　『ＤＮＡ考古学』東洋書房
2000年　『縄文農耕の世界』ＰＨＰ新書
2002年　『新・イネの日本史』角川選書

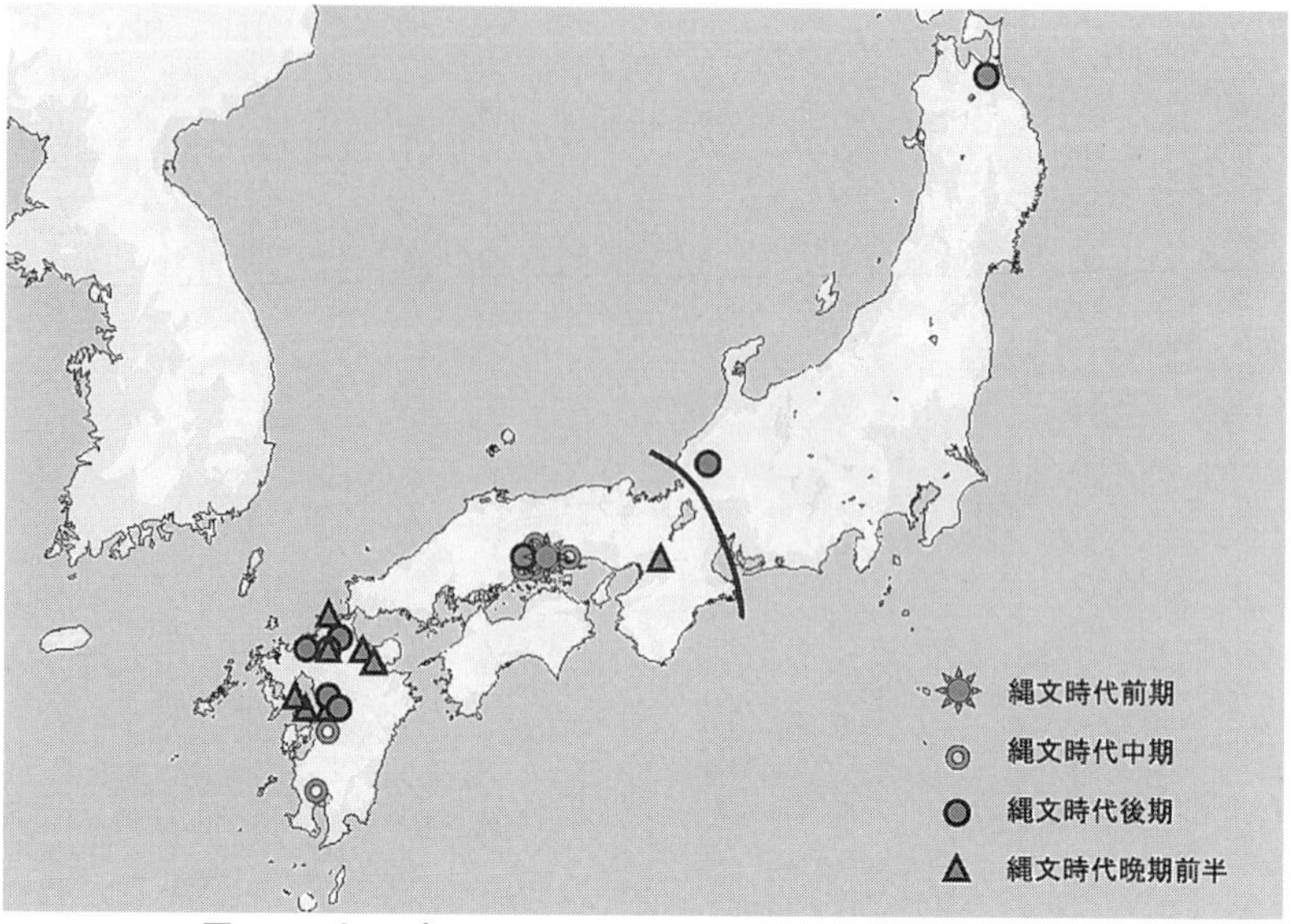

図2　イネ・プラントオパールが検出された縄文時代の遺跡
＊各遺跡を、時期ごとに異なる記号で示してある。なお〔外山1998〕に示された遺跡のうち、詳細な情報に欠ける3遺跡は図から省いてある。

性が否定しきれませんが、土器の胎土中のプラントオパールはそうした誤入の可能性を限りなくゼロに近づけています。

それにもかかわらず多くの考古学者は縄文稲作の存在に懐疑的でした。その大きな理由は、縄文時代に水田の跡が見つからないからです。と言っても、縄文時代晩期後半になると多くの水田がみつかるようになりますが、それらは弥生時代との関わりが疑われるものです。だから「縄文時代の晩期後半より前の時代には水田がなかった」というのが正確な言い方です。では晩期後半以前の縄文時代の日本列島に稲作はなかったのか。おそらくその答えはノーだと思います。

「稲作＝水田稲作」というのが現代の日本人には常識ですが、全アジア的にみると、現代日本の水田稲作が、あまたある稲作のタイプの一つに過ぎないことがわかります。とくにアジア山中深くの地域では、稲作は多くの場合焼畑のような粗放な環境で行われています（図3）。水田がないことは稲作がないことの証拠ではないのです。こう考えると焼畑の要素を強くもつ稲作が縄文時代にあったと考えるのは自然なことと思われます。

図3　焼畑の様子
＊このような土地を開いて畑をつくる。
（2001年４月：ラオス・ルアンパバン）

縄文のイネ

焼畑に適応する稲はどんなイネでしょうか。日本のイネの歴史を考える時、インディカのことはほとんど考えなくてよいので、ここでもジャポニカに的を絞って議論を進めることにします。

ジャポニカには温帯ジャポニカと熱帯ジャポニカの二つがありますが、焼畑に適応するのは熱帯ジャポニカのほうです。一方よく管理された水田に栽培される稲は温帯ジャポニカの稲です。両者は同じジャポニカに属しますが、形態的にもまたＤＮＡレベルでも違いが認められます。なおジャワニカという名前が使われることもありましたが、それは熱帯ジャポニカに相当するものと考えてよいと思います。

まず熱帯ジャポニカは温帯ジャポニカより背が高く、穂も大きく、その代わり株あたりの穂の数が少ないのが特徴です。こういうタイプのイネを「穂重型」のイネといいます。反対に背が低くその代償作用として多くの穂をつけるタイプを「穂数型」といいます（図４）。熱帯ジャポニカはまた、一般に、苗の時代の成長が早く、雑草との競争にも強いほか、低温、乾燥などさまざまなストレスに強いことが知られています。こうした性質が焼畑のような粗放な環境にあっているのだと思われます。

一方水稲である温帯ジャポニカは、焼畑のような環境下では、収穫があがらないどころか生きて行くことさえむずかしくなります。

二つのジャポニカを、肥料も十分で管理の行き届いた田んぼで栽培するとどうなるでしょうか。おもしろいことに温帯ジャポニカはよく生育し十分な収穫をあげるのに、熱帯ジャポニカは、ワラはよくできるのですがコメの収穫高は下がってしまいます。適地適作の原理が働いているのです。

図４　穂重型（おもに熱帯ジャポニカ）のイネ（左）と
穂数型（おもに温帯ジャポニカ）のイネ（右）
（『日本文化の起源』講談社より佐藤作図）

このようなことを考えると、縄文時代の日本列島にあったのは焼畑などにみられる粗放な稲作で、そのイネは熱帯ジャポニカであった可能性が最も高いということになります。

出土するイネ種子の分析

ただし残念なことに、縄文稲作の直接の証拠となる「縄文イネ」はまだ出土していません。ただ、遺跡から出土した種子からＤＮＡが採れればその種子がどちらのジャポニカであったかを正確に判定することが可能です。縄文のコメの出土を待ちたいと思います。

弥生時代以降の遺跡から出土した米粒のＤＮＡ分析はだいぶ進んできました。次にそのいくつかの事例をお話しますが、今のところ分析にかけた種子の四割くらいから何らかの形でＤＮＡがとれています。この確率は、私にはまだ満足できるものではありませんが、佐原真さんからは「イチローの打率より高い」となぐさめられたことがあります。

ＤＮＡのレベルで熱帯ジャポニカと温帯ジャポニカを区別するのは比較的簡単です。例えば葉緑体ＤＮＡ（註２）のＰＳ―ＩＤと呼ばれる領域の塩基配列（註３）を調べると、ジャポニカの中に「６Ｃ７Ａ」、「７Ｃ６Ａ」という二つのタイプがあることがわかります。このうち「７Ｃ６Ａ」は熱帯ジャポニカにだけ見られるものですが、「６Ｃ７Ａ」はその約七割が温帯ジャポニカ、残り三割が熱帯ジャポニカであることがわかっています。「７Ｃ６Ａ」タイプの葉緑体ＤＮＡを探し当てれば熱帯ジャポニカがあったことがわかるわけです。

ほかにもまだ、二つのジャポニカを区別するＤＮＡの領域が知られています。詳しくは書きませんが分析の精度はずいぶん高くなってきています。

水稲渡来のシナリオ

さきにも書いたように、水田稲作の稲は水稲です。だから、弥生時代に水田稲作が渡来したとき同時に水稲が渡来したのだと、多くの研究者が考えました。もっともイネがどこを通って来たかについて、意見は以前から分かれていました。考古学者の多くは水稲が朝鮮半島を経由してきたと考えました。一方、安藤広太郎さん（故人）ら農学者や樋口隆康さんら考古学者の一部は、水稲が中国大陸から直接日本列島に渡ってきたと考えました。いずれにしても水稲を運んできた人びとは水田稲作の技術はじめ弥生文化を持ちこんだ人びとであると考えられたのです。

水稲の渡来の規模はどれほどだったのでしょうか。今までこれについて詳しく研究した研究者はありませんでした。ただ、渡来人が水田稲作の技術を運んできたものとして、その渡来人がどれほど来たかについては盛んに研究が行われてきました。

人類学者である埴原和郎さんは「日本人二重構造説」という説を発表しています。これによると日本列島には以前からいたいわゆる「縄文人」とあとからきた「渡来人」との間に混血が起こり、それによって今の日本人ができたと考えられます。渡ってきた渡来人の数については、数百年という弥生時代の間に一〇〇万人にも達するだろうという推定もあります。

下之郷遺跡のイネ

「二重構造説」の影響もあって、幾重もの環濠を伴う下之郷遺跡は渡来人が作った大集落のあとと考えられてきました。だから、その環濠や井戸の中から出土種子が見つかったと聞いたとき、私はそれらが温帯ジャポニカであると信じて疑いませんでした。渡来人のムラであった下之郷の人々が、自ら携えてきた温帯ジャポニカを植えていたと考えるのはごく自然だからです。

ところが予想に反して、分析した出土種子の約四〇％が熱帯ジャポニカのＤＮＡをもっていることがわかったのです。純粋に温帯ジャポニカと思われたイネは二〇％ほどしかなく、残りはどちらともつかないイネ、または二つのジャポニカの中間的な性質をもつイネでした。

最初私はこのデータにひどく戸惑いました。何かの間違いではないかとさえ考えたほどです。この奇妙なデータについて、私ははじめ、周囲に「縄文人」たちの集落があって下之郷の人々と彼らとの間に交易があったのかとも考えました。あるいは縄文人を支配した渡来人が「年貢」にとったものかとも考えました。もちろん当時年貢などということばがあったはずもないのですが、とにかく事実は下之郷の人びとが相当量の熱帯ジャポニカを植えていたことを示しています。何かが変です。

そこで私は、下之郷遺跡のイネが縄文時代から引き継がれたものではなかったかと考えたのです。これは常識はずれな考えですが、ほかによい説明が見つからなかったというのが本当のところです。このように、イネだけをみると、下之郷遺跡には熱帯ジャポニカといういわば「南方の要素」の色合いが濃厚です。

南方の要素といえばだれもが柳田国男さんの「海上の道」や安田徳太郎さんの「万葉集の謎」を思い浮かべられることでしょう。安田さんによれば、日本人は紀元前にはヒマラヤ山ろくに住んでいたのだそうで、そこに今も残る少数民族の言語（レプチャ語）と日本語の間には驚くほどの類似度があるのだそうです。例えば「近江」の語源はレプチャ語ではア（無）＋フミ（塩）で、これは琵琶湖のことを言っているのだそうです。すると下之郷の人びとも、琵琶湖のことを「塩のない海」と呼んでいて、後にそれが「淡海」に転じたことになります。

ほかの遺跡でも

「弥生時代の遺構から熱帯ジャポニカが出た」というニュースは新聞などを通じてあっという間に広まりました。実はこの半年ほど前、青森県・高樋Ⅲ遺跡（田舎館村）の出土種子の中にも熱帯ジャポニカが見つかっていたのですが、西日本の遺跡関係者の間ではあまり話題にならなかったのです。古い時代のイネの話題はやはり西日本のものです。

下之郷遺跡での発見を契機に、「うちの遺跡で出てきた出土種子中に熱帯ジャポニカがないか」という分析の依頼がずいぶん増えました。今までに分析が済んだ事例は一〇を越えています（図5）。これによると、どの遺跡・遺構からも熱帯ジャポニカが出ています。またその割合も幅はあるものの、地域や時期に大きな違いは認められませんでした。このように日本列島では弥生時代に、東北北部から九州北部までの広い範囲で熱帯ジャポニカが相当量あったことがわかります。

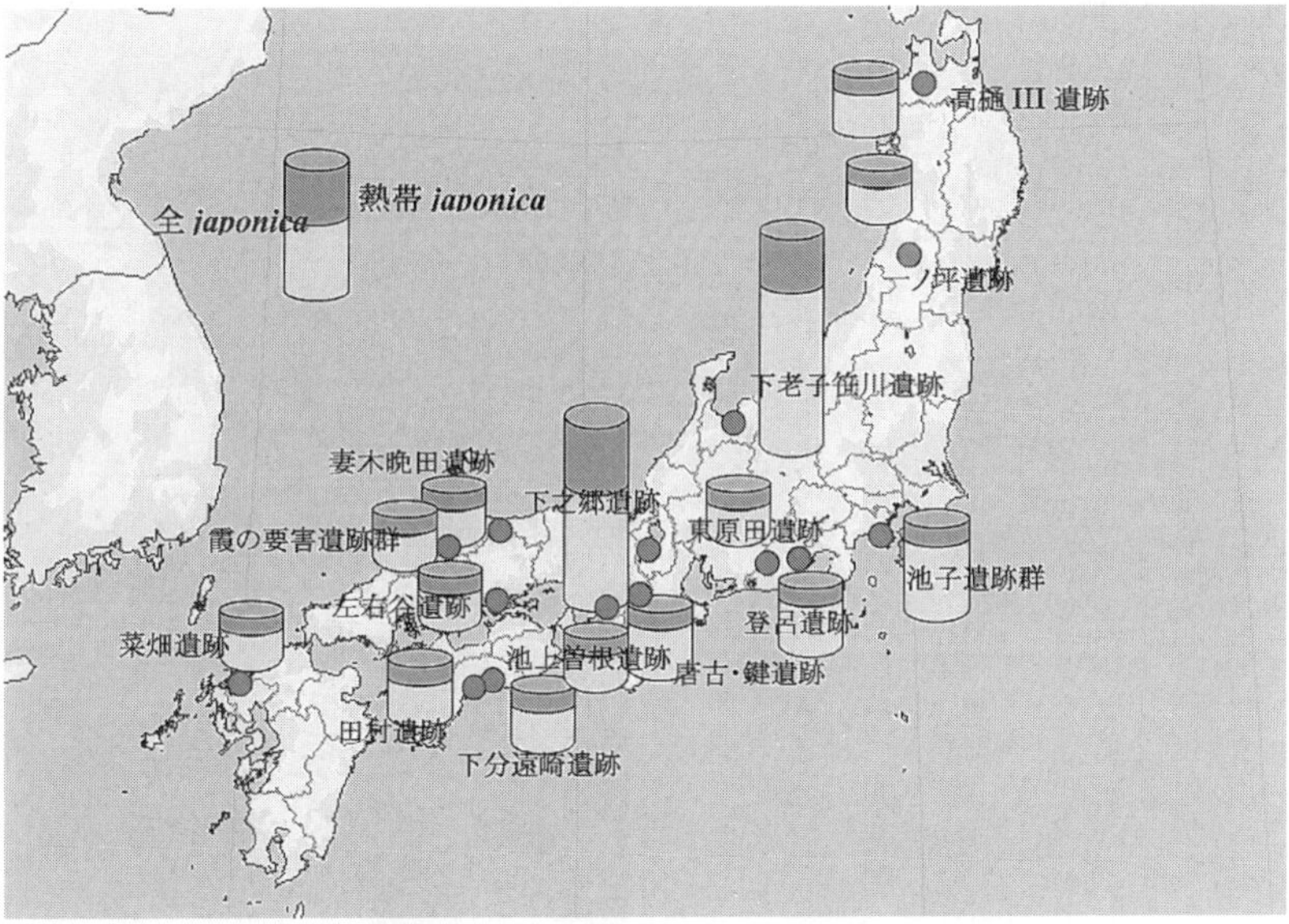

図５　出土種子にDNA分析を行った弥生時代以降の遺跡

図５では弥生時代のデータだけを示しましたが、熱帯ジャポニカは古代以降、近世までの遺跡からも出土しています。熱帯ジャポニカは弥生時代に温帯ジャポニカにとって代わられて姿を消したのではなく、近世まで田んぼに残り続けていたのです。

休耕田の存在

もうひとつ私が「変だ」と思ったことがあります。静岡市の曲金北遺跡（古墳時代）から一九九六年に見つかった大きな水田あとでのことです（図６）。何と数万平方メートルに及ぶ水田あとがみつかったのでした。しかもその筆数は一万にも及びます。

プラントオパール分析の結果から、そこは全面がきれいに揃った水田あとであったと考えられました。しかしこんなにも広大な水田を運営するの

図6　静岡県・曲金北遺跡の水田跡
＊大きさが数平方メートルの小区画の水田が1万枚も出土した。

は、肥料、田植えや草取りの手間、病気の発生などを考えると困難な作業です。私は農学部の出身なので、そのあたりの事情はよく理解できるのです。

　これも変だと思った私は、当時の水田がどんなものであったかを知りたくなりました。とくに雑草の管理はどうしていたのかが不思議でした。そこで私は、九七区画ほどの水田の表面から土を採り、残された雑草種子の種類と量を調査することにしました。その結果、一〇〇のうち七〇あまりの区画からは多量の雑草種子やヨシの茎が発見されました。雑草種子がもっとも多かった区画では、タデ一種だけで一平方メートルあたり四万個を超えるほどの量になりました。四万個のタデ種子があったとなると、それを個体（株）に換算すると一〇〇個体ほどになります。しかし一平方メートルに一〇〇株ものタデが生えている環境にイネが植わっていたと考えるのは困難です。

　一方、先にも書いたように、プラントオパール分析の結果は、そこが全面の水田であった可能性を強く示唆しています。多量の雑草種子がありながらもイネがあったという調査結果をどう考えればいいのでしょうか。

私は、雑草種子が多かった区画は休耕された直後の区画ではなかったかと考えました。耕作を放棄した翌年の田には多量の雑草が生えていたはずです。それらが生産する種子は相当量にのぼるはずです。休耕をさらに続けると、そこには多年生の草が侵入してきます。かれらは雑草ほど種子を残さないし、―それに彼らは水田に雑草として侵入してこないので―休耕後の年数が経つと雑草種子はまた減ってきます。だから、雑草種子の少なかった区画はイネが植えられていた区画か、または休耕後相当の時間が経過した区画かのどちらかです。

こうしたことから、私は古墳時代の曲金北遺跡にはまとまった休耕田があったと想像したのです。雑草種子がたくさん出た区画は、遺跡が廃絶するちょっと前に耕作を止めた土地で、廃絶時には水田雑草がぼうぼうに生えていたのだろうと考えたわけです。

水田というと、私たちはすぐ土地の全面が水田にされた、極めて集約的な水田を考えます。しかし当時の「水田」の運営は、私たちが考える水田とはほど遠く、極めて焼畑的で粗放であった可能性が高いように思われます。

このように書くと、きっちり区画された水田をはうようにして発掘した考古学者からは強いおしかりを受けます。でも生態学の観点からは、当時の技術をもって現代の水田のように極めて集約的な水田を維持しようとするのはほとんど不可能であるといわざるを得ません。現在のような常畑で稲だけを長期にわたって続けるには相当のエネルギー（農薬や化学肥料など）のもち込みが必要です。化学肥料も農薬もなかった当時の稲作にあって、今のように常畑で稲を作りつづけることは実際上不可能であったと思われます。

ではどうしたのか。二、三年耕作を続けて地力が落ちたり雑草が増えた土地は休耕して土地を休ませるのが一番です。ある程度の時間にわたって土地を休ませてやれば、生態学でいう「遷移《せんい》」（註4）が起こり、草ぼうぼうの段階をへて潅木などが生い茂る土地に戻っていることでしょう。そうなればいつかまた火入れをして土地を開くことができるようになります。土壌中の雑草種子も分解されてなくなっていて、初めてのときのように豊かな生産をあげることができるでしょう。

こう考えれば、曲金北遺跡における休耕田の事例は、当時としてはかなり一般的な事例であったとも考えられるのです。全面が見渡す限りの水田、という風景は、少なくともその当時にはみられなかった光景ということになるでしょう。

縄文時代から弥生時代へ

ここに示したデータは、弥生時代のイネと稲作が縄文時代のそれの延長にあるとの可能性を強く示唆しています。これまで私たちは、縄文のイネは焼畑の熱帯ジャポニカ、弥生時代以後のそれは水田の温帯ジャポニカというふうに思ってきました。縄文の要素は弥生の要素に塗り替えられ消え去ってしまった、と思ってきたのです。でも事実はそうではなさそうです（図7）。

当時の「水田」が今のような水田になるのには、さらに数百年の歳月が必要だったようです。常畑としての水田が拡大する大きな動機になったのは、一義的には土地の不足があげられるでしょう。休耕できるよい土地がなくなれば嫌でも常畑化せざるを得ません。

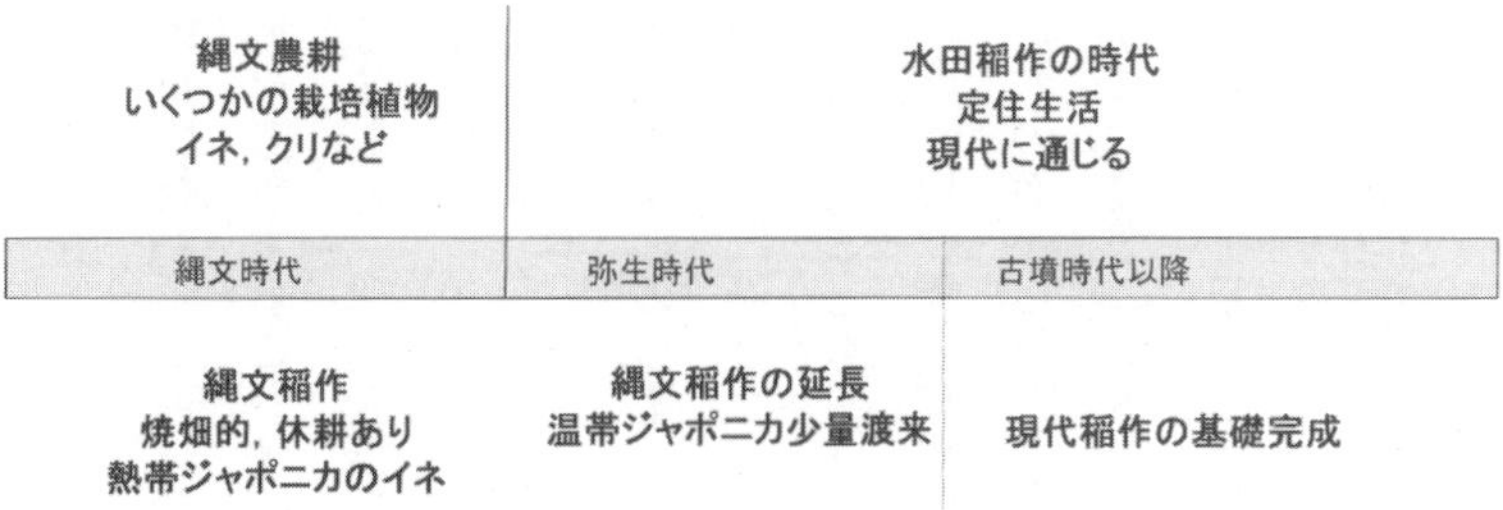

図７　イネと稲作に関する縄文と弥生の要素

常畑化を支えたものに鉄器の導入や肥料の開発があげられると思います。鉄製の農具や、鉄器で作られたさまざまな道具が生産方法におおきな刺激を与えたと考えられるからです。また、連作は地力、つまり土地の力を低下させますが、肥料の発明はそれを補うものでした。

仏教が広まったことも常畑化に大きな役割を果たしたようです。日本の仏教は国家が積極的に布教したという歴史を辿りました。「仏を信じてコメを食べる」生活の普及が、「日本」、「日本人」意識をかたちづくるのに有効と考えられたのでしょう。また、常畑化のひとつのきっかけにもなった荘園もその多くが寺の運営になるものでした。

「イネ、鉄、仏教」—何やら本の題名になりそうなテーマですが、三者の間には意外に強い関連性があるのかもしれません。

縄文の要素はいつまで残ったか

休耕を伴うような稲作は、いつごろまで続くのでしょうか。古代から中世に入る頃になると遺跡以外にも文書からの情報が入るようになってきます。

『荘園の考古学』を著した宇野隆夫さんによると、絵図に描き出された各地各時代の荘園には休耕田を思わせる記録や記述が見られるといいます。こうした見解は今までにはほとんどないものでしたが、私には荘園のような経済追求型の人為生態系のなかにさえ休耕田があったという事実こそ当時の稲作の様子を伝えるものだと考えています。

中世の終わりころには、あらかたの土地は田に開かれ、地割りされ、台帳に記載されてしまい、新たに土地を開墾することは困難になっていました。人々はやむなく既存の土地にしがみつき、田は常畑化してゆきました。常畑化は、「土地生産性」という発想を芽吹かせました。常畑での生産は時を経るにつれて低くなっていったはずです。肥料の改善、新しい草とり法、害虫の駆除法などはこのころに発達した技術ですが、それはせっぱつまった人々が考え出したものだったのでしょう。

土地生産性の高まりに呼応するかのようにイネの単作化も進みました。その理由として租税としての地位が確立したこともちろんあげられますが、それ以外にもイネが他の作物より土地生産性を上げるのに適していたこともあげられます。同じ常畑でも、水を張った水田の場合には連作障害が起きにくいのに対し、畑作物の多くが連作障害を引き起こします。水稲は目立った連作障害を起こさない稀有の作物なのです。

稲作の面から言えば縄文の要素がなくなるのは近世に入ってからというのが適当でしょう。先に述べたように、縄文のイネである熱帯ジャポニカは、近世以降もなお残っていました。縄文の要素は意外にも長期にわたって日本列島に生き続けたのです。

近世稲作事情

近世に入ると飢饉が発生するようになってきました。天候不順に加えて病害虫が大発生し、イネの収穫に大打撃をあたえたのです。それは生態系が一時的にブレイクダウンした状態だったと考えられます。水田で飽和した平地は常畑としての水田を確立させ、またイネの単作化とあいまって生態系の一様になってしまったのです。大凶作の直接の原因は冷害だったかもしれませんが、背景にはこうした人為的問題が潜んでいたとみるべきでしょう。凶作は、このころからすでに人災の要素をもっていたことになります。

中世以前の日本に飢饉があったかどうかはわかりません。近世が中世よりは寒かったことは確かながら、飢饉の発生した時期が特別に寒い時期だったというわけではありません。飢饉についての記録が中世にはなかったのだという意見もありますが、私はむしろ、イネだけに頼らない複雑な生業体系が危機的な状況を救った最大の要因ではないかと思っています。網野善彦さんがいうように、「農民」ではなく「百姓」としての暮らしこそが危機に対する安全弁であったと思えるのです。

飢饉が発生しないまでも、常畑化された水田での稲作は近世「農民」の暮らしをきついものにしていました。毎年イネを作り続けることで、地力はどんどん低下します。一方雑草は増え続けます。今のように化学肥料や除草剤があるわけでもありません。いきおい、さまざまな肥料が開発されました。害虫が発生すると田に油をまいて、イネ葉をたたいて虫を落とすといった駆除法が発明されたりもしました。除草のために田をはいずりまわって草とりに精出さざるをえなくなります。「農民の勤勉な心」というといかにも聞こえはいいのですが、その実、そうせざるを得なかった事情があったからなのです。

これからの稲作と暮らし

コシヒカリ神話に代表されるように、現代のイネと稲作はあまりに一様です。まるで日本の社会を反映しているかのように。品種ばかりか、田の中には一本の雑草の存在も許されないのです。稲作には水がつきもので、周囲には水溜りができるのが普通ですが、水溜りにはボウフラが湧くといって駆除の名のもとに農薬がどんどん撒かれた時代さえありました。それほどまでに私たちは、田とその周囲の環境を完全にコントロールしようとしてきたのです。

だが、そうした行ないは田んぼだけでなくその周囲の生態系を一様なものとし、皮肉なことにそれでかえって害虫や病原菌が流行する素地を作り出してきました。病害虫が流行するとますます薬に頼る農業にならざるを得なくなるわけで、薬の多用と一様化という悪循環がおこります。いわゆる生態系の危機です。

下之郷の当時の集落で行われていた稲作は、その対極的な性質をもっていました。つまりそれはアバウトではあったが多様性を保った、生態系に優しい稲作でした。よく「水田は地球を護る」というようない方をしますが、心情的にはともかく内容としては賛成できません。今の水田稲作は決して生態系に優しくはないと私は思っています。よく二〇〇〇年来の水田稲作といいますが、繰り返し述べてきたように、今私たちの目に展開する水田稲作の風景は、せいぜい五〇〇年ほどの歴史をもつに過ぎないのです。その前の五五〇〇年ほど、稲作の歴史全体の九割以上は、焼畑的要素を多分におびた、じつにアバウトな稲作の時代であったことを忘れるわけにはいきません。

図８　弥生時代の水田風景（佐藤原画）

アバウトなことは何も悪いことではありません。生活を弥生時代に戻せなどというむちゃくちゃなことを言うつもりはありませんが、弥生時代を生きた人びとのもっていたアバウトさや自然観、暮らしぶりのようなものを、一度真摯《しんし》に見つめてみる必要があるのではないかと私は思っています。

〔用語解説〕

註１　プラントオパール
イネ科植物などは土壌中の珪酸《けいさん》（ＳｉＯ２）を吸収しそれを葉の特殊な細胞に溜め込む性質がある。珪酸が細胞の中にぎっしりと詰まってできた構造物を珪酸体という。珪酸体は、葉が落ちて朽ちた後も土中に残るが、それは物理的、化学的な破壊に強く、そのかたちを大きく変えることなく千年の単位で土中に残る。土中から発掘された珪酸体のことをプラントオパールと呼ぶ。アメリカなどではプラントオパールと呼ばずファイトリスと呼んでいる。

註2　葉緑体DNA

植物のDNAは、その多くが核に存在するが、一部がミトコンドリアと葉緑体にもある。葉緑体やミトコンドリアのDNAをオルガネラDNAと呼ぶこともある。オルガネラDNAは、核の外の細胞質と呼ばれる部分にあるので、母親からだけ子に伝わって行く。オルガネラDNAは、核DNAに比べて、持っている情報量はずっと少ないが、同じDNAをたくさんもっており、分析が易しいという性質がある。

註3　塩基配列

DNAは四種類の塩基の並びで遺伝情報を暗号化して伝えている。四種の塩基とは、アデニン（Aと略記）、チミン（T）、シトシン（C）、グアニン（G）である。四種の塩基の並びが遺伝子の機能そのものであり、したがって最近の遺伝学はさまざまな生物のさまざまな遺伝子について、四塩基がどう並んでいるか――つまり塩基配列――を調べることに力を注いできた。

註4　遷移《せんい》

生態系の構成する植物の種は、時間とともにつねに動いている。どんな植物がどういう順で現れるかには、ある種の法則がある。こうした法則に従った植生の変化を遷移という。遷移は、一年生の草→多年生の草→潅木→より大型の樹木と進む。遷移の終点は、深い森であり、終点の状態を極相という。遷移の過程で植生がもとにもどることがある。例えば山火事で森が焼失するなどがそれにあたるが、こういうふうに遷移の流れをさえぎる力を「撹乱《かくらん》」と呼ぶ。

〔参考文献〕

外山秀一　一九九八　「稲作の始まりと地形環境」『歴史九州』一九九八年三月号

もともとは稲の起源などを調べるフィールドワークで、東南アジアを中心に一〇〇回近い調査をこなしてきました。DNAの分析技術を使って、考古遺物のDNAをとり、それでむかしの生態系や生産力、作物の渡来の時期や経路などを調べています。

なぜ今の仕事をするようになったか、考えてもいい答えがありません。「あっと気がついたらここにいた」という感じです。子どもの頃からきかん坊で、親は手を焼いていたようです。算数と鉄棒がきらいな小学生でした。理科は化学と生物が嫌いで（覚えることが多すぎる）、だから大学は物理と地学で受験できるところを選んだのです。何で今ごろこんな仕事をしているのかと自分でも思います。

ゆくゆくは、DNA考古学のデータを総合して、縄文園、弥生園などの擬似生態園をつくってみたいと思っています。そこではボランティアの人たちと九時―五時の間は昔の暮らしをして、レストランもつくって生態園で採れた素材だけで「古代食」を復元してお出しするわけです。

ぼくは「関西人」なので、いずれは関西に住もうと思っています。縄文文化にも愛着を感じるので縄文の要素のある関西、になるのですが、守山など琵琶湖東岸や奈良盆地はじつにいいところだと思っています。「住んでみたい町」のひとつでしょうか。

（佐藤　洋一郎）

コラム

百年前の近江守山の稲

小川　正巳

琵琶湖東岸に位置する守山には長年にわたって水田地帯が広々と展開し、近江米が生産されてきた。江戸時代中期の地誌『近江輿地志略《おうみよちしりやく》』（文献1）には良質の米の産地は近江、丹波、播磨国であって、なかでも近江国の米が一番であり、さらに近江国では現在の守山市播磨田《はりまだ》町にあたる播磨田村で取れる米が最良であるとの記述が見られる。

しかし、この守山の地で営々と続いてきた近江米の生産も他地域と同様、昭和四〇年前後から状況が一変した。田植機による移植、育苗センター、コンバインによる収穫、カントリーエレベーターおける種籾の乾燥・貯蔵、ほ場整備、稲作兼業化など目を見張るものがある。

琵琶湖の増水による湖岸の水田の被害、灌漑水を供給する各地の湧水池、野洲《やす》川の堤防決壊など半世紀前の出来事は、記録や一部の住民の記憶に残っているにすぎない。そして、近世はおろか明治時代の稲作を取り巻く状況は、もはやはるか彼方のこととして忘れ去られようとしている。例えば明治二五（一八九二）年測図の二万分の一の地形図に描かれた速野村や玉津村の畦畔のハンノキの並木について、詳しい記録は残っておらず、現在それを語る人もいないと思われる。

ここでは、百年前の守山で栽培されていた稲の品種を中心に当時の稲作の一端を見てみよう。当時、現在の守山市の大半は野洲《やす》町・中主《ちゅうず》町などと共に野洲郡に属していた。明治中期に約一万一〇〇〇ヘクタール（一一〇平方キロメートル）の面積を有した野洲郡において、水田面積は約四七%の五一七〇ヘクタールを占めた。明治三六（一九〇三）年の資料には、一八五種もの品種の稲が記録されている（文献2）。そのうち現在の守山市に該当する六村の品種を抜粋し、表1に整理した。守山村では五種、小津村で二九種、玉津村で四九種、河西村で四三種、速野村で二一種、中洲村で八種という非常に多くの品種が栽培されていた（註1）。

表中の品種名の字体は原本に従ったため、旧字体の漢字が散見される。品種名には導入元の地名と思われ

表１　守山の各村で栽培された稲の品種（明治36年）

村名	品種名
守山	雄町、川田物、宅屋物、溝物、神力　《計5種》
小津	今長者、六兵衛、欲賀、雄町、岡田物、大林早稲、渡舟、早稲、勘右衛門、吉崎、高砂、田中、中稲神力、奈良物、中稲糯、中野早稲、九年隠、町屋、舞鶴、荒川、木部物、神力、白玉、神力（早稲）、支那、新堂、糯、善光寺、關取　《計29種》
玉津	因幡、石部、六地蔵、半刈(早稲)、播磨田、欲賀、綛、忠兵衛物、雄町、大穂、渡舟、堅田物、笠原物、川田物、高木物、中稲神力、奈良物、直八、中村、太秦、野村物、九年隠、山吹、宅屋物、山科、野洲、八幡、古高、弘法、小天狗、木濱（中稲）、赤ノ井、幸津川物、木部物、木林、溝物、三宅物、三上、神力、下寺物、下笠物、滋賀物、神力(早稲)、日吉物、平松、廣島、糯、善光寺、關取《計49種》
河西	石田物、今濱物、一本千本、六助、欲賀、チンコ、雄町、大穂、岡田物、大岡物、長田、ヲカンチヨ、渡舟、早稲、早稲糯、川田物、大平物、高砂、大黒、中稲神力、奈良物、中稲物、中稲糯、九年隠、熊谷、山科、弘法、小天狗、權兵衛物、芦浦（早稲）、赤目、溝物、神力、白玉、下笠物、白鬚、彼岸糯、肥後物、比江物、糯、善光寺、世帯越、膳所物　《計43種》
速野	半刈（早稲）、欲賀、長田、渡舟、堅田物、笠原物、川田物、吉崎、高田早稲、中稲神力、奈良物、中稲物、九年隠、五ノ里、弘法、芦浦、芦浦（早稲）、溝物、神力、白玉、彼岸　《計21種》
中洲	渡舟、高島、奈良物、矢島、芦浦(早稲)、神力、白玉、糯《計8種》

るものが見られ、特にそれらには異名同種の品種が多数あったに違いない。また、「川田物」「奈良物」「忠兵衛物」「権兵衛物」のように「(地名や人名)＋物」という品種名が見られるが、この〝物〟は〝稲〟に相当する意味で、近世以降の品種名にしばしば使われてきた。こうした種々雑多な在来稲以外に、当時県下あるいは西日本で広く栽培されていた「雄町《おまち》」、「神力《しんりき》」、「渡船《わたりぶね》」（表中では「渡舟」と記載）、「中稲神力《なかてしんりき》」、「白玉《しらたま》」、「善光寺《ぜんこうじ》」、「関取《せきとり》」などの著名な品種も見られる。

表中の数品種を取り上げ、その来歴を述べてみよう。まず、晩生《おくて》の「渡船」（五村で栽培）は明治二八（一八九五）年に滋賀県農事試験場が福岡県から導入した品種である。明治期の西日本一帯の著名品種「雄町」に極めて近い性質を有し、滋賀県においては大正時代に入るとこの「渡船」から次々に新品種が作出され、普及した。

晩生の「善光寺」（四村で栽培）は、寛政一二（一八〇〇）年に阪田郡神照村（現　長浜市神照町）の善兵衛が「光寺」から選出した品種である。明治期に近江地方で広く栽培され、明治末期の記録では滋賀県の水田作付け面積の約五％を占めたという。

「九年隠《かくし》」（別名「九年」、四村で栽培）は岐阜、滋賀、愛知、三重、大阪、石川などの府県で栽培されていた。その種籾は明治維新前後に弘法大師関連の参拝の際に訪れた地で入手したものだという。優秀な品種であったため他家に知られないように九年間も隠して栽培していたことが、品種名の由来だといわれている。

中生《なかて》の「関取」（二村で栽培）は嘉永元（一八四八）年は三重県三重郡菰野村の佐々木惣吉が「千本《せんぼん》」から選出した品種である。倒伏し難い稲ということで当時の大関の名にちなみ「雲龍」と名付けられ、のち「関取」と改名された。明治末期の記録では、県の水田作付け面積の約五％を占めたという。

最後に、表中では玉津村一村だけの栽培だが「平松」は甲賀《こうか》郡三雲《みくも》村平松《ひらまつ》（現　甲西《こうせい》町平松）で選出され、明治時代に県内で人気のあった品種である。

以上の品種のうち、現在他県において「雄町」と「渡船」の二品種が酒米《さかまい》として復元栽培されている（註2）。他方「九年隠」と「平松」は資料上に名をとどめるだけで、再び栽培が可能な種子はもはや現存しない。

さて、作付け品種の記録には、次のような意味のコメントがついている。〝本郡内に栽培する稲の名称は非常に多数で、煩雑を極めている。これは貯蔵上不便をきたし、近江米の評価にも悪い影響を及ぼす。今後耕作者は良質の稲の種子を選択するように注意する必要がある〟多数の品種が無秩序に栽培されていたことに対して、すでに当時から問題が指摘されていたのである。

表中の品種のうち、多くについて、その早晩性や粳《うるち》と糯《もち》の区別、さらには病虫害抵抗性や土壌適性などの特性は明らかでない。また、各品種の作付け面積など詳しい栽培状況も知られていないが、明治三二（一八九九）年には野洲郡の稲の栽培面積と収量の記録がある（文献3）。守山の六村について水稲を糯と粳に分け、まとめたものが表2である。

表2 守山の各村における稲の作付状況
（明治32年）

村名	作付面積（ha）				収量（kg/10a）		
	粳《うるち》	糯《もち》	陸稲	計（%）	粳《うるち》	糯《もち》	陸稲
守山	179.5	5.0	0	184.5（8.2）	330	300	－
小津	355.7	21.2	0	376.9（16.7）	288	281	－
玉津	327.0	25.5	0	352.5（15.7）	256	254	－
河西	389.1	20.5	0	409.6（18.2）	270	240	－
速野	387.2	37.5	4.3	429.0（19.1）	150	120	120
中洲	478.0	20.5	0	499.4（22.2）	270	240	－
合計	2116.5	130.2	4.3	2251.9（100）			
平均					261	239	120

1町歩＝1ha、1石＝150kgに換算

当時から、糯は粳に比べて一割ほど収量が低かった。

そして速野村に注目すると、興味深い点が読み取れる。陸稲《りくとう》が栽培されていたことと、水田の粳と糯稲も収量が低いことである。水稲の反当り収量は一五〇から一二〇キログラムで、かなり粗放的な栽培と考えざるをえない。養蚕業との兼業的な稲作だったためだろうか。

表2に示したように、百年前の守山六村における水稲（粳稲《うるちいね》）の一〇アールあたりの平均収量は二六一キログラムだが、極端に低い速野村を除くと二八三キログラムとなる。これらの値は現在の我国における水田稲作の収量の約半分であり、百年かけて稲作の収量は二倍になったことがわかる。

〔註〕

註1　調査の粗密により品種数は変わる。大正一〇（一九二一）年の農家一軒ごとの調査によれば、野洲郡において粳《うるち》三〇四種、糯《もち》七八種という多くの品種が挙げられている。

註2　これらの著名な在来稲は明治後期以降に純系分離されて、何種類もの品種が作出されているので、現在の品種は厳密には「雄町」系、「渡船」系と言うべきかもしれない。

〔引用文献〕

1. 寒川辰清編　一七三四（享保一九）年　近江輿地志略（大日本地誌大系、第三・六冊、一九一五年、大日本地誌大系刊行会　所収、他に小島捨市の校定頭註本もある）

2. 滋賀縣野洲郡報　一九〇三（明治三六）年　第一四九号一〇八―一一二頁および第一五〇号一一八頁

3. 滋賀縣野洲郡報、一九〇〇（明治三三）年 第一号五頁

淡海の魚から見た稲作文化

中島経夫

はじめに

私が専門としているは魚の形態学、具体的にはコイ科魚類の咽頭歯《いんとうし》というノドの奥にある歯（図１）を扱っています。個体の一生での個体発生と生物の進化の中での系統発生という二つの側面から咽頭歯がどのようにできあがるかを研究しています。

五ミリほどの孵化《ふか》したばかりの魚の赤ちゃん（仔魚）も一メートルをこえるおとなの魚（成魚）も餌を食べるために歯をもっています。生長にともない歯を大きくする必要があります。しかし、萌出して機能している歯は生長しませんから、歯を大きくするためには歯を交換しなければなりません。そこで一生の間に歯は何回も生え替わることになります。体長が二センチほどの稚魚になると、コイ科魚類では、歯の配列や本数が決まります。それからも歯の形は変わってゆきますが、成魚になると歯の形もあまり変わることがありません。したがって、コイ科魚類の成魚では、歯の配列や本数、形がある程度決まっており、

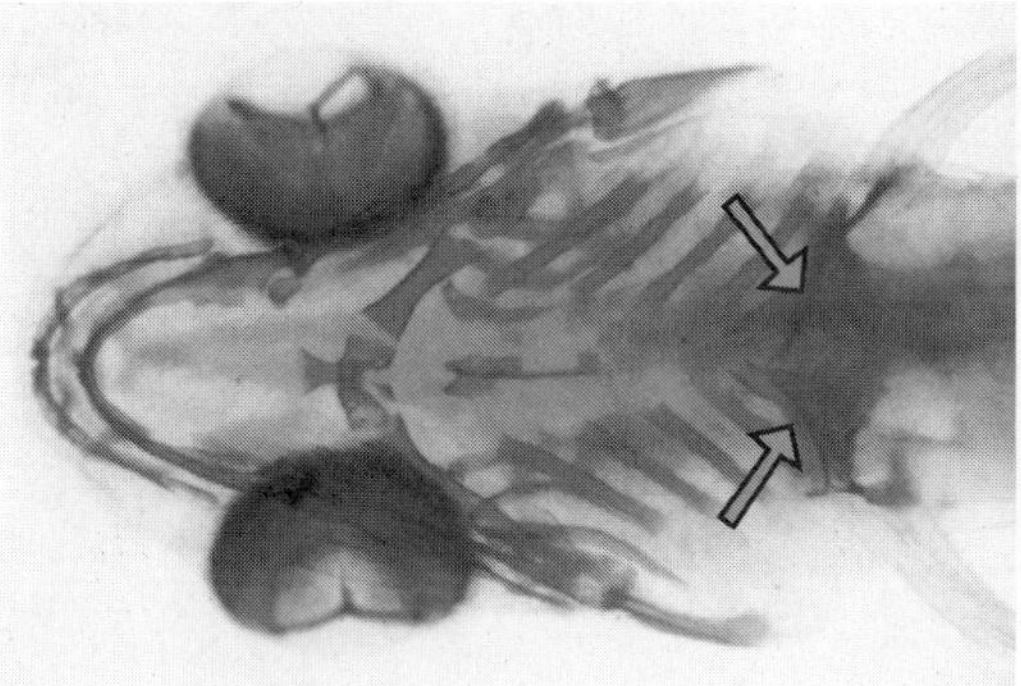

図1a　コイ科魚類稚魚を腹側からみた骨格。アゴの骨格、舌の骨格、エラの骨格（４対）、咽頭骨と弓状の骨格が並ぶ。最後のものが咽頭骨（矢印）で、そぼ上に咽頭骨が定着している。

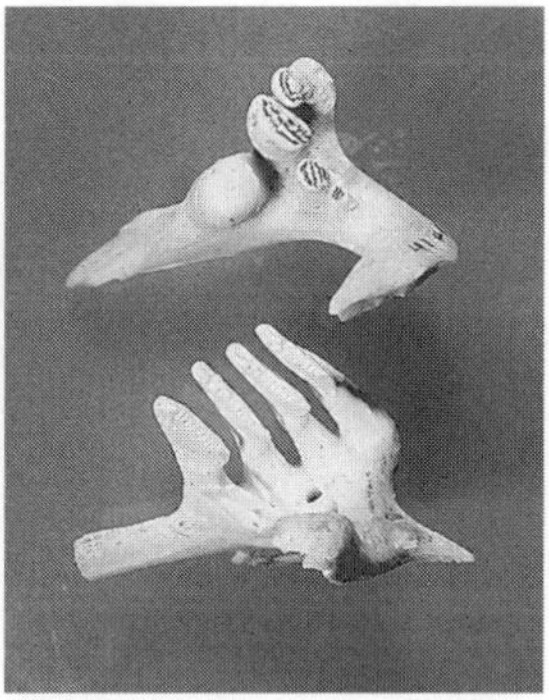

図1b　咽頭骨と咽頭歯の例。上はコイ、下はソウギョ。コイ科魚類の咽頭歯は、種類毎に形、数、配列が異なる。

しかも種類ごとに違っているのです。

その特徴をいかして、咽頭歯はコイ科魚類を分類するための基準に使われます。咽頭歯の個体発生からは、コイ科魚類がどのように進化してきたのかを知る手がかりを得ることができます。また、歯は硬いので地層の中に化石としてよく残ります。遺跡にも咽頭歯が遺体として残っています。その咽頭歯がどの種類かを正確に判断することによって、コイ科魚類の具体的な進化や当時の環境、当時の人々の暮らしを知ることができるのです。小さなコイ科魚類の咽頭

中《なか》島《じま》　経《つね》夫《お》
現職：琵琶湖博物館総括学芸員　研究部長
専門：魚類形態学

おもな著作

1977年　「大氷河時代の琵琶湖のコイ」『大氷河時代』東海大学出版会
1987年　「琵琶湖における魚類相の成立と種分化」『日本の淡水魚類』東海大学出版
1992年　「東アジアの中の琵琶湖」『湖国と文化』第61号
1997年　「粟津遺跡のコイ科魚類遺体と古琵琶湖層群」『化石研究会会誌』第30巻第1号
2000年　「コイの咽頭骨と地球の歴史」『水と生命の生態学』講談社ブルーバックス
2001年　「琵琶湖周辺の淡水魚の分布－自然と人間の営みの重層的な歴史の結果として－」
滋賀県立琵琶湖博物館5周年記念企画展示『鯰－魚がむすぶ琵琶湖と田んぼ－』

図2a　湖岸近くの水路にはブルーギルなどの移入種が生息している。（守山市山賀町）

図2b　市街地の水路にはタモロコなどの在来種が生息している。（守山市古高町）

歯からどのようなことが見えるのかを紹介したいと思います。

琵琶湖周辺域の魚の分布

湖岸堤や親水公園が整備され、人々は容易に琵琶湖湖岸に近づけるようになりました。湖岸堤でバス釣りに興ずる人々の姿は現代の琵琶湖の景観を代表しています。いま、琵琶湖の沿岸帯はブルーギルやオオクチバスに占拠され、琵琶湖の在来種はめっきり数が減ってしまいました。琵琶湖博物館では、「うおの会」を組織して、県民のみなさんと湖岸から山の中までの魚の分布がどうなっているのかを調査しています（図2）。

その調査によって、琵琶湖沿岸帯につながるデルタ帯の河川や小水路、内湖といった場所がブルーギルに占拠されている実態が明らかにされました（図3）。それと同時に、それより内陸の扇状地帯の平野部には、タモロコに代表されるような在来種がまだ広く分布していることも明らかにされました。タモロコの他にも、カワムツA型、メダカ、ヤリタナゴやアブラボテも広く分布していいます（図4）。市街化が進みつつある地域にある三面コンクリ

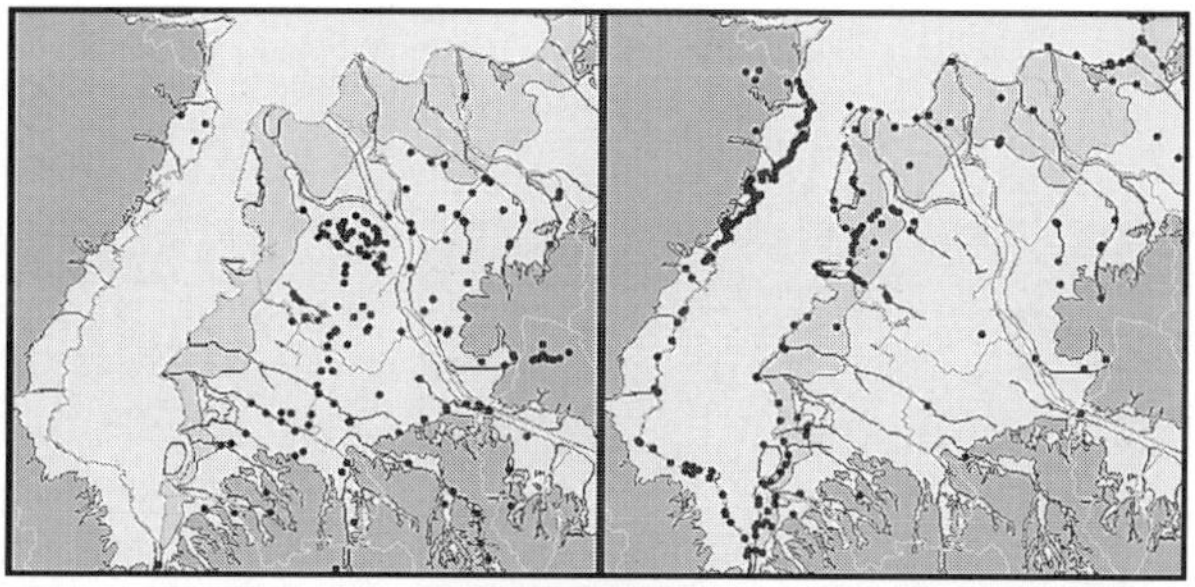

図３　タモロコとブルーギルの採集地点、デルタ帯にブルーギル（左）、それより内陸にタモロコ（右）がというようにすみ分けている。ちょうど浜街道が境になっている。

ート張りの水路や田んぼの用排水路に、これらの魚たちは分布しているのです。（註１）。タモロコやメダカは、外来魚によって、本来のすみかである琵琶湖の沿岸帯やデルタ帯から扇状地帯のすみづらい水路に追いやられたかのように見えます。しかし、それは間違いだと思います。この分布の様子には、魚たちの悲しい「したたかな生活の戦略」があったように思えてなりません。

琵琶湖の魚類のおいたち

琵琶湖やそのまわりの水系には固有種をふくむ七〇種ほどの魚が分布しており、日本列島で最も豊かな淡水魚類をはぐくんでいます。その理由は、琵琶湖が大きく多様な環境があることとともに、その地史的な背景が重要であることをいくつかの著書で述べてきました（註２）。そのことは詳しく述べませんが、その大きな理由の一つとして、琵琶湖が糸魚川・静岡構造線（フォッサマグナの西縁）以西の西日本に位置していることを挙げておきます。この地域は日本列島が現在の位置に落ち着いた中期中新世（約一五〇〇万年前）から現在まで、東日本とは対照的に、大規模な海進をこうむることなく陸地が継続して存在してきました。また、鮮新世（約五〇〇万年前）には、中央構造線の北側にそって古琵琶湖をはじめとする第二瀬戸内湖沼群と呼ばれる大

オオクチバス

ブルーギル

カワムツ

タモロコ

図４　移入種のオオクチバス、ブルーギル、在来種のカワムツＡ型、タモロコ
（写真提供　琵琶湖博物館）

ニッポンバラタナゴ

アユモドキ

図５　近年、琵琶湖から絶滅したと思われるニッポンバラタナゴ、アユモドキ
（写真提供　琵琶湖博物館）

規模な淡水系が存在していた地域を含んでいます。

琵琶湖やその魚類相は、七〇〇〇万年にもおよぶ新生代の時間の流れと東アジアという空間の中で、その地質構造発達史に密接にかかわりながら形成されてきたのです。そして、その自然環境と深くかかわって、そこに暮らす人々の文化は生まれます。淡水魚が豊かな西日本の自然環境もその地域の文化に大きく影響を与えたはずです。淡海地域の文化が自然環境とどのようにかかわってきたのかを古代の遺跡に残るコイ科魚類の遺体から考えてみたいと思います。

琵琶湖の絶滅種

前置きがつづきますが、自然環境と文化について考える前に、琵琶湖でのコイ科魚類の絶滅について紹介しておきます。古琵琶湖にはたくさんの絶滅種がいたことは明らかです。しかし、大規模な絶滅が起こったと考えられるのは、今のような琵琶湖ができはじめた頃です。現在の琵琶湖ができはじめたのは約四〇万年前ですが、それより少し前あたりから、山

表１　更新世以降の琵琶湖の魚たちの絶滅とその契機となった出来事

絶対年代	相対年代	コイ科魚類のまわりにおこった出来事	琵琶湖の魚の絶滅
百数十万年前	更新世	近畿地方の地殻の変動が激しくなる 大阪平野に海水が入り始める	古琵琶湖の時代から生息していたクルター、クセノキプリス亜科魚類の多くが絶滅 琵琶湖の固有種の多くが誕生する
50〜40万年前	更新世	琵琶湖が深くなり始め、比叡山などが隆起する	
2万年前	更新世・旧石器時代	人類が琵琶湖のまわりに住み始める	
5〜6千年前	完新世・縄文時代	赤野井湾遺跡や粟津湖底遺跡が成立する	クルター、クセノキプリス亜科魚類の一部が遺存的に生息
BC1世紀	完新世・弥生時代	下之郷遺跡が成立する	
8世紀	完新世・古代	条里制による水田の開発	水田魚類の繁栄と遺存的魚類の絶滅
20世紀	完新世・現代	湖辺環境の改変	アユモドキ、イタセンパラなどの絶滅
21世紀	完新世・現代	外来魚の爆発的増加	アブラヒガイ、ワタカなど沿岸魚の絶滅危機

地の上昇と盆地の沈降という大規模な地殻の変動が起こり、古琵琶湖を含む西日本の淡水環境は大きく変わりました。

古琵琶湖の時代には中部山岳地帯を水源とし、古琵琶湖盆、大阪堆積盆を通り、第二瀬戸内湖沼群をつなぎ、九州から西へと流れる古瀬戸内河湖水系という長大な淡水系がありました（註3）。この水系は中国の黄河や長江ともつながっていたかもしれません。琵琶湖の時代になると、琵琶湖を除いて、第二瀬戸内湖沼群は、沈降や隆起によって、海や陸地に姿を変え消滅してしまいます。東は伊勢湾や濃尾平野、西は京都盆地や大阪平野、大阪湾や瀬戸内海に変わりました。河川は伊吹山地や鈴鹿山脈を水源とし、大阪湾で海に注ぐようになります。河川の景観は古琵琶湖の時代とは変わり、流程が短く高度差が増し急流になったのです。もはや長江のようにゆっくり流れる河川や洞庭湖のような広くて浅い湖はなくなりました。淡水環境が大きく変わる中で、琵琶湖の固有種が誕生する一方、大陸的環境に適応してきたクルター類（ワタカの仲間）やクセノキプリス類といった列島の誕生から古琵琶湖の時代まで、魚類相の主役であった魚たちの多くは絶滅していったのです（註4）。この頃、大陸からいくつかのルートで人類は

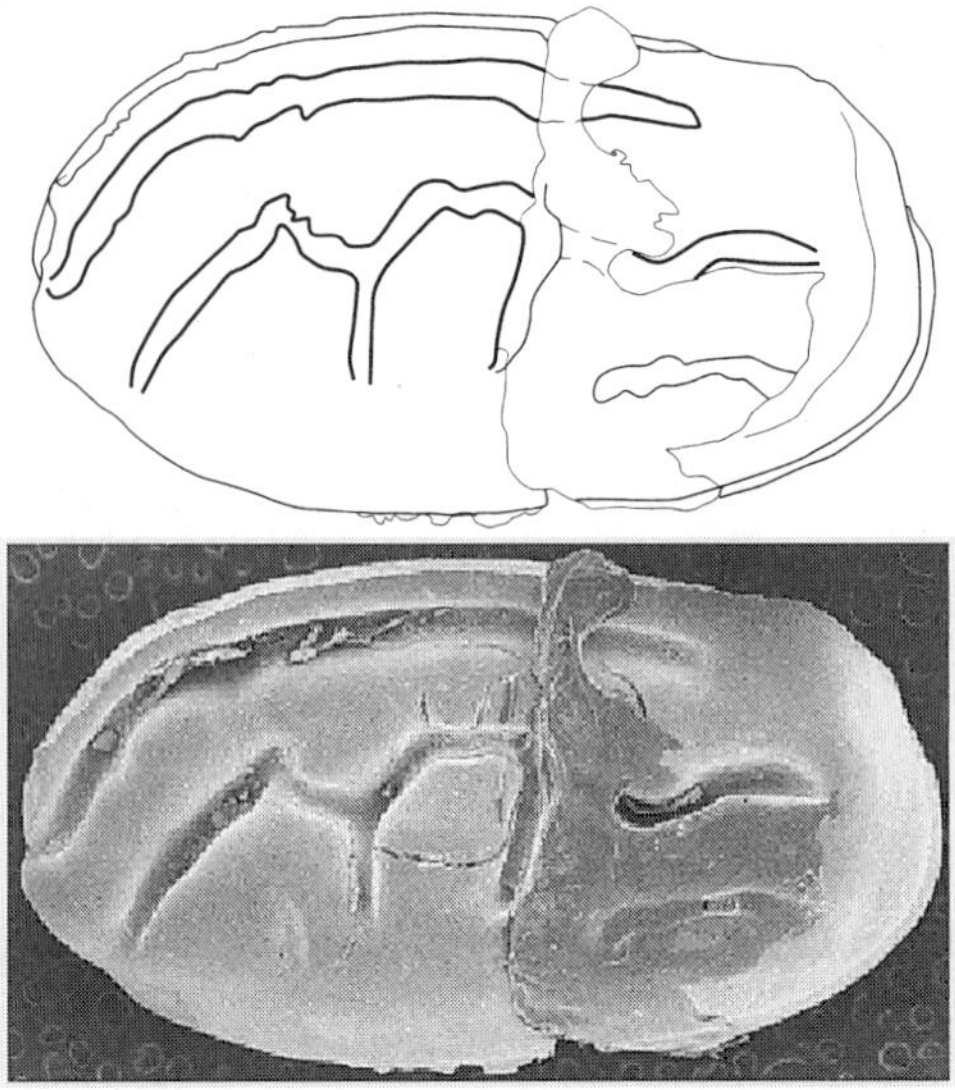

図6　縄文時代の遺跡から見つかった絶滅種コイ属の咽頭歯（赤野井湾遺跡出土）

列島に渡ってきました。琵琶湖のまわりにも人々は住みつき、琵琶湖の豊かな魚たちを資源として利用を始めたはずです。自然の歴史では更新世、人間の歴史では旧石器時代とよばれる古琵琶湖から琵琶湖に変わる時代に起こった大規模な絶滅は、人々の営みというより、自然環境の変化によるものであったと考えられます。

今からおよそ一万年前、氷河時代が終わり後氷期（完新世）を迎え気候は温暖化し、自然環境も穏やかになります。その時代にも絶滅する琵琶湖の魚たちがいます。最近の例では、ニッポンバラタナゴやイタセンパラ、アユモドキが、琵琶湖から絶滅しました（図5）。この他にも後氷期に絶滅した琵琶湖の魚たちがいます。縄文時代の遺跡に残る魚類遺体の調査によっていくつもの魚たちが、縄文時代以降、絶滅していることが明らかにされました（図6）。粟津湖底遺跡第三貝塚からは、クセノキプリス類の *Xenocypris* sp.と *Distoechodon* sp.さらにワタカとは異なるクルター類の咽頭歯が見つかっています。また、赤野井湾湖底遺跡からは絶滅種のコイ属が発見されました（註5）。これらの魚たちは、自然環境が比較的安定している後氷期（縄文時代以降）に琵琶湖から姿を消したわけですから、人々の営みに絶滅の原因を求めなければなりません。

縄文遺跡の魚類遺体

琵琶湖周辺には、大規模な貝塚をともなう縄文時代の遺跡がいくつかあります。その代表の一つが大津市の粟津湖底遺跡第三貝塚です（図7）。この貝塚は縄文時代中期初頭（五〇〇〇―四五〇〇年前）のも

表2　粟津第3貝塚から水洗選別によって検出された咽頭歯

種　類	数
ダニオ亜科	
オイカワ　*Zacco platypus*	5
ハス　*Opsariichthys uncirostris*	2
カワムツ　*Zacco temmincki*	4
タナゴ亜科	
ヤリタナゴ属　*Acheilognathus* sp.	1
ウグイ亜科	
ウグイ　*Tribolodon hakonensis*	20
クルター亜科	
ワタカ　*Ischikauia steenackeri*	87
属種不明　Cultrinae,gen.et sp.indet.	2
カマツカ亜科	
ニゴイ　*Hemibarbus barbus*	20
ホンモロコ　*Gnathopogon caerulescens*	1
コイ亜科	
コイ　*Cyprinus carpio*	91
フナ属　*Carassius* sp.	431

のです。この遺跡から取り上げられて保存されている貝層の一％を水洗選別して得られた咽頭歯は、およそ七〇〇点でした。それらを鑑別した結果を表2に示します（註6）。この表を見ながら粟津の縄文人はどのようにして魚を捕っていたのだろうかと想像してみました。最も多いのがフナ属です。この中にはゲンゴロウブナがかなり含まれています。ゲンゴロウブナは、豊富な植物プランクトンを餌に琵琶湖の沖合いに生息しています。沖合いのフナを捕ることは難しく、あえて沖合いに魚を捕りにいかなくても、雨季にはたくさんのフナが産卵のために接岸します。それを漁獲すれば、あまるほどのフナが捕れたはずです。その他の魚も同じように産卵のために岸辺近くにやってきます。人々は雨の多い産卵期（四月〜六月）に琵琶湖の沖合いからやってくる産卵群を捕っていたと想像されます。一年のサイクルの中で決まった時期に大量に魚が捕れることを縄文時代の人々は知っていたはずです。大量に漁獲された魚を加工処理することによって保存食にできれば、定住生活が可能です（註7）。

魚の保存処理についての証拠が、縄文時代早期末（七〇〇〇―六〇〇〇年前）の赤野井湾湖底遺跡浚《しゅん》渫《せつ》A調査区から見つかっています（図8）。この調査区からは、集石炉と土坑の遺構が発掘されました。そこから様々な動物遺存体が出土しています。集石炉からは、絶滅種のコイを含め、フナ類、コイ、ニゴイ類、ウグイ、ギギやスッポン、イノシシやシカなど多様な動物遺体が発見されます。一方、土坑からは

図７　粟津湖底遺跡第３貝塚の発掘風景
（写真提供　滋賀県教育委員会文化財保護課）

図８　赤野井湾遺跡の発掘風景
（写真提供　滋賀県教育委員会文化財保護課）

フナ類とコイばかり見つかり、出てくる部位も鰓蓋《えらぶた》や咽頭歯という頭部の骨格ばかりでかたよりがあります（註8）。これらの事実から、集石炉ではいろいろな動物を火にかけながら食べ、残りかすをそこに捨てたと思われます。一方、土坑には、大量にとれたフナ類やコイから、食べるところが少ない頭部や鰓部をはずして捨てたのではないでしょうか。このことから、琵琶湖周辺には産卵期に大量に捕れるフナ類やコイを保存加工する文化があったと考えられます。

表3　西日本と東日本の縄文文化．従来の考え方（上段）に新しい考え（下段）を加える

	西日本	東日本
環境	照葉樹林帯	落葉広葉樹林帯
東アジアでの文化	照葉樹林文化	ナラ林文化
主要なタンパク源	なし	サケ・マス
・・・・・・・・・・	・・・・・・・・・・	・・・・・・・・・・
環境	コイ科魚類が豊か	
文化	低湿地文化	
主要なタンパク源	フナ・コイ	

フナ類やコイを対象とする淡水漁労という視点で縄文文化を概観してみると、西日本の縄文文化圏はコイ科魚類の豊かな地域と一致します（図9、註7）。淡海地域以外でも、福井県の鳥浜貝塚をはじめ西日本の縄文遺跡は、低湿地に位置し、海の幸が得られるところでもフナ類やコイの咽頭歯が大量に見つかります。豊かな淡水系の広がりとそこに生息しているコイ科魚類という自然環境を背景にした低湿地定住型生活様式が、縄文時代早期末には淡海地域を中心とした西日本に確立していたことになります（註9）。

東日本と西日本の縄文文化は自然環境の違いから文化的にも相違していたといわれています。淡水漁労の視点からも両者は異なっています。東日本の「サケ・マス文化」（註10）に対し、西日本の「フナ・

コイ文化」（註11）があったのではないでしょうか。つまり、西日本の縄文文化は淡水資源をよりどころに、内水面に面する低湿地に定住し、淡水漁労を重要な生業とする低湿地文化だったのです。そのことが、西日本における縄文文化と弥生文化の関係を考えるときに必要です。

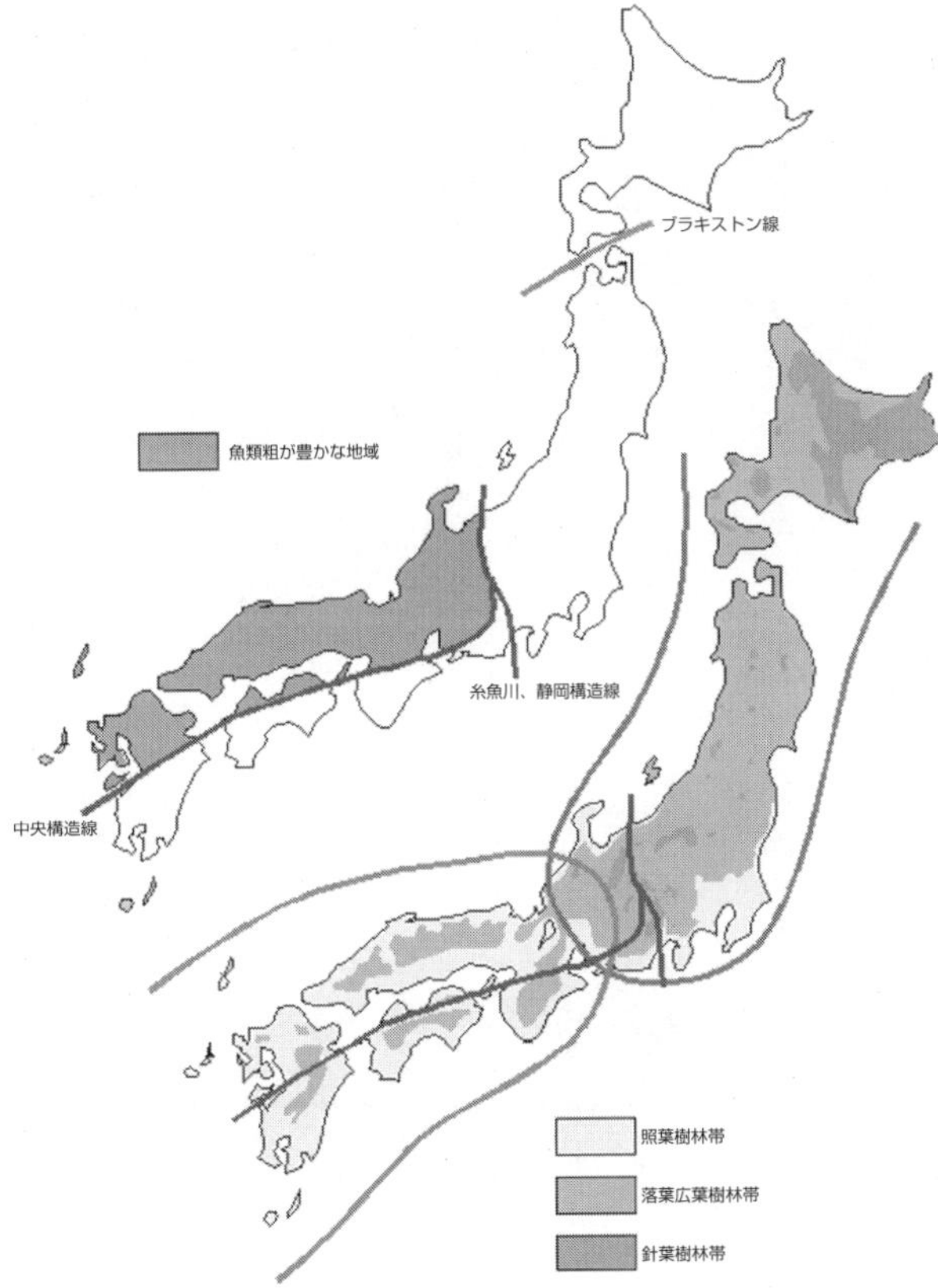

図9　縄文時代後期の植生と西日本の縄文文化圏、淡水魚類相の豊かな地域

弥生時代の魚類遺体

初期の稲作は、雨季の水位上昇によって水界が拡大した場、つまり産卵期のフナを捕らえる場に植えられたのではないでしょうか。その後、沖積平野の谷筋に水田が拓かれてゆきます。これらの水田と水管理

のシステムは琵琶湖の魚たちを誘導する装置として機能したはずです。そのことが、守山市の下之郷遺跡によって明らかにされました。

下之郷遺跡は弥生時代中期の環濠集落跡です。幾重にめぐらされた環濠の最も内側のものから様々な自然遺存体が見つかっています（図10）。その中に得体の知れない骨の塊がありました（図11）。守山市教育委員会の川畑和弘さんは、その塊について琵琶湖博物館に相談に来られました。その骨はフナ属の鰓蓋《えらぶた》でした。骨塊の周囲の泥を水洗選別してみると、たくさんの咽頭歯が見つかりました。一尾の魚には背骨が最も多いのに、鰓蓋と頭部の骨の残骸、咽頭歯ばかり見つかります。同時に、鰓蓋の塊が見つかった環濠の同じ層準の泥も水洗選別し魚類遺体を探してみました。ここからも数は多くありませんが骨や咽頭歯が見つかりました。遺存体の中で、背骨の占める割合は高く、鰓蓋骨は見つかりません。また咽頭歯は白く変色し、火にかけたことをうかがわせます。おそらく魚を焼き、食べた残りかすを捨てたのだろうと思われます。一方、鰓蓋骨《さいがいこつ》の塊は、赤野井湾遺跡A調査区の土坑から出土する遺体の情況とよく似ています。

図10　鰓蓋の骨の塊が発掘された最も内側の環濠

環濠から得られた多数の咽頭歯はその八〇%が、ゲンゴロウブナのものでした（図12）。下之郷遺跡は現在の地形では湖岸からかなり内陸に位置しています。下之郷の集落に住んでいた人々は、湖岸までゲンゴロウブナを捕りにいったのでしょうか。雨季である産卵期は、稲作に忙しい時期でもあり、その余裕はなかったと考えられます。沖合いから湖岸にやってくるゲンゴロウブナを、さらに湖岸から集落近くまで誘導する装置があったのではないでしょうか。それが、水田の用排水路であったり、環濠からの排水路だったのではないかと考えられます。

図11　環濠から発見された鰓蓋を中心とする頭部骨格の塊

図12　環濠から発見された頭部骨格の周囲の泥から水洗選別で検出した咽頭歯

昼間の農作業が終わった雨上がりの夜半、あるいは農作業前の雨上がりの明け方に、琵琶湖から産卵のためにゲンゴロウブナが大挙して水路をのぼってきます。魚を堰き止め、水路の水を抜けば手づかみで魚を捕れます。

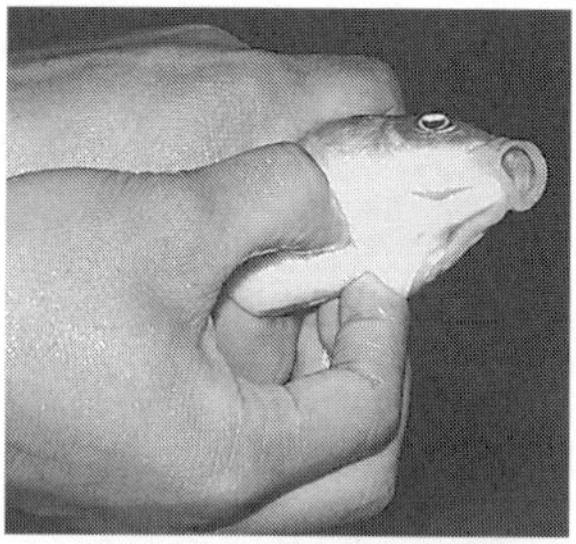

1.頭部の付け根を指でちぎる

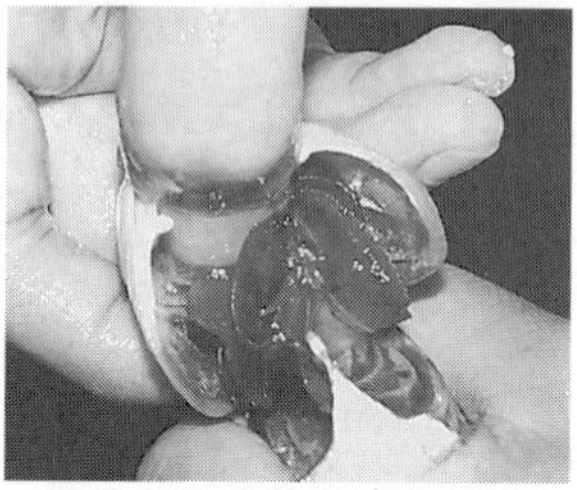

2.頭部を背側に折り関節をはずす

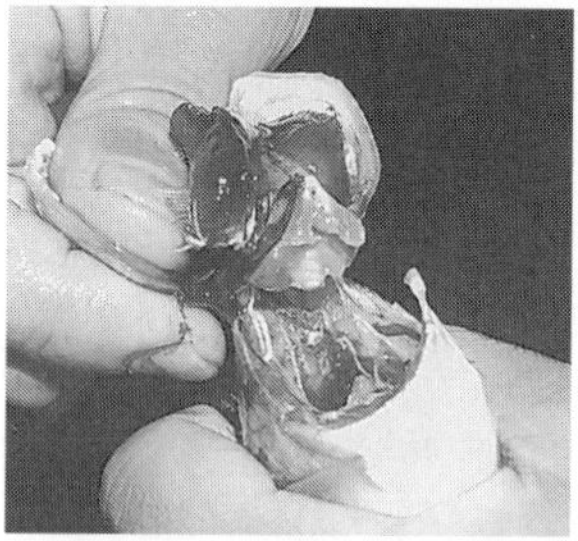

3.胴体から鰓と内臓をはずす
胴体は保存加工

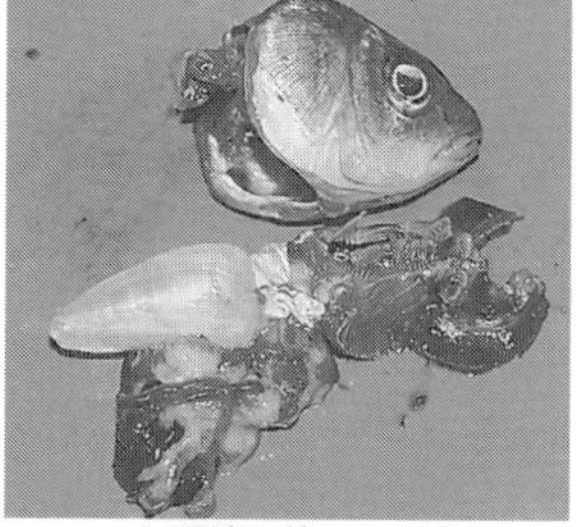

4.環濠に捨てられる

図13　ゲンゴロウブナの調理

とりたてて漁具は必要ありません。集落の子どもも女も男も魚捕りに興じたと考えられます。捕った魚はすぐに処理されたはずです。魚の頭部、腹側の付け根を指でちぎります。鰓動脈が切れ血が流れ出します。血抜きができるわけです。頭部を背側に折ると頭の骨と背骨の関節がはずれます。鰓とともに咽頭骨、それに続く内臓を引きずりだします。この方法によって、食べるところの少ない頭部や腐りやすい鰓や内臓を、肉の多い胴部から簡単に分離することができます（図13）。一尾の処理に要する時間は一分もかかりません。胴部を開き適当な草で燻製にしながら乾燥させれば保存が可能です。頭部の骨や咽頭骨はまとめて環濠に捨てられました。それが、鰓蓋と咽頭歯の塊として発掘されたのです。

弥生文化の受容

土器様式の交替から、水田稲作をともなう弥生文化は、西日本に急速に伝播したと言われています（註

12）。西日本の縄文文化は文化人類学的に照葉樹林文化として位置づけられ、焼畑による原始農耕が行われていたといわれています（註13）。また、岡山県の南溝手遺跡や津島遺跡で明らかにされたように縄文時代後期には稲作も行われていました（註14）。縄文時代のイネは熱帯ジャポニカで、水管理された水田より、低湿な水辺や焼畑での粗放的な栽培に適したものでした（註15）。このような西日本の原始的農耕が、水田稲作を受け入れる下地であり、縄文文化の完成度が高い東日本では新しい文化を容易に受け入れられなかったのだと説明されています（註16）。淡水魚に富む豊かな淡水の広がりがある淡海地域を中心とした西日本の自然環境、自然をたくみに利用した低湿地文化の特性をもつ縄文文化という視点で、水田稲作の伝播についてあらためて考えてみます。

赤野井湾遺跡と下之郷遺跡という守山市の縄文・弥生時代の二つの遺跡から同じような処理方法で産卵期に捕れたフナを保存加工していたと推測される証拠が見つかりました。また、佐藤洋一郎さんは遺伝子分析によって、下之郷遺跡から発掘されたイネの四〇％が熱帯ジャポニカであることを明らかにしました（註17）。西日本の縄文文化では、産卵期の寄り魚となるフナを対象とする淡水漁労が主たる生業だったと考えられます。産卵期は雨季です。水位の上昇によって新しく広がった水界に魚たちは産卵にやってきます。そのような場所が漁場であると同時に、稲作の場であった可能性があります。低湿地での淡水漁労と稲作がセットになっていた西日本に、水田稲作の技術と温帯ジャポニカが渡来したのです。そこでは、旧来の縄文文化を抹殺することなく、互いに融合し新しい弥生文化が生まれたと考えることができます。そのことは、寄り魚を漁獲し保存加工する淡水漁労文化と熱帯ジャポニカの栽培という縄文的文化要素が弥生文化の中に継承されていることからもうかがえます。西日本に水田稲作が急速に伝播した理由の一つは、淡水漁労を主たる生業とする低湿地文化の存在であると考えることができます。

魚にとっての環境である人間の営み

弥生時代から始まる水田稲作は、コイ科魚類にとっての生活場所や産卵場所である一時的水域を拡大させました。下之郷遺跡は現在の地形で扇状地の末端に位置しています。ここまで琵琶湖の魚がのぼってきました。水田にかかわる水路を利用したにちがいありません。大沼芳幸さんは、滋賀県内の漁網錘の年代別出土量の解析から、「水田耕作に伴う湖岸環境の改変が、フナ類を中心とする魚たちを、人間の生活圏まで呼び寄せる結果となり、モンドリなどの小型陥穽《かんせい》漁具による弥生的漁法を発達させた。」と指摘しています（註18）。西日本とくに淡海地域の弥生時代とは、水田稲作と淡水漁労が深く結びついた時代であるといえます。

その後、古代律令国家による条里制のもとで、水田の開発が開始されます。歴史時代を通じて琵琶湖周辺の田園地帯が形成されました。一時的水域としての水田とその淡水のシステムは、河川の氾濫原という失ってしまった環境を人為的に作り出し、生物の多様性を維持するシステムとしての役割を果たすことになります（註19）。

水田の開発という人間の営みは、陸界の中に一時的水界を作り出します。水田には肥料が散布されます。その肥料はイネだけが消費するのではなく、付着藻類や植物プランクトンも消費します。さらに、それらを餌とする小動物や動物プランクトンが、水田に水を入れることによって一斉に活動を開始します。これらの小動物や動物プランクトンを琵琶湖の魚たちはみのがさなかったはずです。琵琶湖の沿岸帯からデルタ帯にかけて生息していたタモロコ、ギンブナ、カワムツA型、タナゴ類、ドジョウ、ナマズ、メダカなどの魚たちは水田やその用排水路を積極的に利用した魚たちです。これらの魚たちは、デルタ帯から扇状地帯まで広く分布するようになったのではないでしょうか。その分布の姿が「うおの会」の調査によって明らかにされたのだと思います。また、琵琶湖の沖合いにすむホンモロコ、ニゴロブナ、ゲンゴロウブナまでも水田やその水路を産卵場としています。このような水田魚類の繁栄は、その一方で、古琵琶湖の時代から遺存的に琵琶湖に生息していたある種の魚たちの生態的位置を奪ってしまいました。その証拠が縄文遺跡から見つかる多くの絶滅種であったと考えられます。

自然と文化とのかかわり

琵琶湖の魚たちは、日本列島や琵琶湖の構造発達史という自然の長い歴史を通じて、古琵琶湖や琵琶湖という自然環境の中で生物間の関係を作り上げながら進化してきました。アジアモンスーンのもと、自然のサイクルにあわせて初夏の雨季に産卵する繁殖生態をもつことになります。旧石器時代から琵琶湖のまわりに人々が住みはじめ、琵琶湖の資源を利用し始めたはずです。縄文時代には、モンスーン気候に適応した魚たちの繁殖生態を利用した漁労活動が活発化しました。自然のサイクルに合わせた水田稲作技術が弥生時代に伝来すると、淡水漁労と水田稲作が密接に結びつき弥生文化が形成されます。自然のサイクルと一致した水田の環境は、魚たちに産卵場所と生育場所を提供することになり、その環境を利用し繁栄する魚たちを生み出します。人々はそのような水田魚類を漁労の対象としてきました。そこには、幾重にも重なる自然のサイクルをもつ琵琶湖という場での魚と人間の相互関係が生まれたのです（註20）。

モンスーン気候のもとでは、一年の自然のサイクルの中で雨季には水位の上昇にともない、広い一時的水界が形成されます。琵琶湖の沿岸帯に生息する魚たちにとって、一時的水域は産卵の場所や仔稚魚の成育場所として重要でした。沿岸帯から一時的水域が広がるような場所には、多様で複雑な生物群集が見られました。さらに、淡水漁労という生業を通じて人間と湖の関わりの最前線でもありました。淡水漁労と水田稲作が深く結びつくきっかけとなった場でもありました。しかし、琵琶湖の周囲から自然の一時的水域がほとんどなくなってしまった今、琵琶湖の沿岸帯は、外来魚に占拠され、魚類相はきわめて単純で、健全な状態にないことは明らかです。かろうじて、水田という人為的な一時的水域は、人間と湖を結びつける場として機能していることを琵琶湖周辺の魚たちの分布から知ることができます。

〔参考文献・用語解説〕

註1　中島経夫・藤岡康弘・藤本勝行・長田智生・佐藤智之・山田康幸・濱口浩之・木戸裕子・遠藤真　二〇〇二「琵琶湖湖南地域における魚類の分布状況と地形との関係」『陸水学雑誌』六二―三

註2　中島経夫・山崎博史　一九九二「東アジアの化石コイ科魚類の時空分布と古地理学的重要性」『瑞浪市化石博物館研究報告』（一九）、五四三―五五七頁

中島経夫　一九九六「琵琶湖の生物」堀越増興・青木淳一編『日本の生物』二〇一―二一六頁、岩波書店、東京

註3　市原実　一九九三『大阪層群』三四〇頁、創元社、大阪

註4　コイ科は、およそ二〇〇属三〇〇〇種がふくまれる大きな科である。そこで、亜科として一〇ほどのグループに分けられている。クセノキプリス類とクルター類とは，それぞれ，亜科の一つである。クルター類は琵琶湖の固有種であるワタカが含まれる。両者は更新世まで日本列島の淡水魚類相の優占亜科であったが、現在はワタカを残して日本列島からは絶滅した。しかし、中国では両者ともふつうに見られる魚として多くの種に分化し繁栄している。

註5　中島経夫・内山純蔵・伊庭功　一九九六「縄文時代遺跡（滋賀県粟津湖底遺跡第3貝塚）から出土したコイ科のクセノキプリス亜科魚類咽頭歯遺体」『地球科学』五〇―五、四一九―四二一頁

Nakajima, T., Tainaka,Y., Uchiyama, J. and Kido,Y,1998,Pharyngeal tooth remains of the Genus *Cyprinus*, including an extinct species, from the Akanoi Bay Ruins.Copeia, 1998(4):1050-1053.

註6　中島経夫　一九九七「粟津遺跡のコイ科魚類遺体と古琵琶湖層群」『化石研究会会誌』三〇―一一、一三―一五頁

註7　中島経夫・宮本真二　二〇〇〇「学際的研究から総合研究へ　自然の歴史からみた低湿地における生業複合の変遷」松井章・牧野久実編『古代湖における考古学』一六九―一八四頁、クバプロ出版、東京

註8　内山純蔵・中島経夫　一九九八「動物遺存体2」『琵琶湖開発事業関連埋蔵文化財発掘調査報告書2―赤野井湾遺跡』、一一八―五七頁、滋賀県教育委員会・（財）滋賀県文化財保護協会

註9　内山純蔵　二〇〇一「フナ・コイの縄文文化」『月刊地球』二三―六、四〇五―四一二頁

註10　山内清男　一九六四「日本の先史時代概説　三　縄文式文化」『日本原始美術』一、一四〇―一四四頁、講談社、東京

註11　内山純蔵　一九九八「フナとコイの縄文文化─滋賀県守山市赤野井湾遺跡にみる縄文時代の生業活動」『地域と環境』一、二〇─二三頁
註12　高橋護　一九八六「弥生文化のひろがり─遠賀川式土器の伝播」金関恕・佐原眞編『弥生文化の研究九　弥生人の世界』三五─四四頁、雄山閣、東京
註13　上山春平　一九九一『照葉樹林文化』二〇八頁、中央公論社、東京
註14　藤原宏志　一九九八『稲作の起源を探る』二〇一頁、岩波書店、東京
註15　佐藤洋一郎　一九九二『稲のきた道』一六六頁、裳華房、東京
註16　佐々木高明　一九七一『稲作以前』三一六頁、日本放送出版協会、東京
註17　佐藤洋一郎　二〇〇〇「DNA分析からみた稲作の実像」守山市制三〇周年記念事業シンポジウム『弥生のなりわいと琵琶湖─近江の稲作漁労民』資料集、一六─一八頁、守山市教育委員会
註18　大沼芳幸　一九九一「田んぼが魚を呼びよせた!?─土錘よりみた近江弥生漁業の特性」『紀要』第四号、（財）滋賀県文化財保護協会
註19　守山弘　一九九七『水田を守るとはどういうことか』二〇五頁、農山漁村文化協会、東京
註20　福沢仁之・中島経夫・脇田健一　二〇〇一「21世紀の琵琶湖─琵琶湖の環境史解明と地球科学」『月刊地球』二三─六、三七三─三八〇頁

東叡山（上野の山）の麓の坂本（現在、台東区根岸）で生まれました。子供の頃は、東叡山の下に広がる（？）不忍池《しのばずのいけ》で、ヨッデ網を使ってテナガエビを餌にクチボソ（モツゴ）をとっていました。不忍池には、竹生島にみたてた島があり、そこには弁天様がまつられています。そのころから始まった「琵琶湖」とそこにすむ魚とのつきあいがこうじて、琵琶湖の魚を研究することになりました。

コイ科の魚がなぜ琵琶湖にはたくさんすんでいるのだろうか。咽頭歯というノドの奥にあるかわった歯を用いてそのことを研究し始めたのがおよそ三〇年前の学生時代です。たまたま歯の研究をしていたのおかげで、岐阜の歯科大学に職を得ました。ヒトの歯がどのようにできあがったのかを、将来の歯医者さんに教えながら、魚の歯の研究をつづけていました。その後一〇年ほど前に、琵琶湖博物館の準備室に移り、現在にいたっています。琵琶湖博物館の竣工とともに、滋賀へ引っ越してきました。新居は塚之越遺跡の上に建っています。昨年は、下長遺跡公園の水田で、息子たちが栽培した古代米をおいしくいただきました。

私は、古生物学者ではありませんが、琵琶湖の魚の生い立ちをさぐるために、昔の琵琶湖（古琵琶湖）の魚を、咽頭歯の化石から調べました。琵琶湖は今からおよそ四〇〇万年前に誕生し、さまざま環境の変化をへて四〇万年前に現在の姿になり始めました。現在の琵琶湖は、四〇〇万年の歴史の中で八番目のステージです。それぞれのステージの魚類相は、地層を調べればわかりますが、八番目の琵琶湖のステージの地層は湖底に堆積しています。地層を調べることができません。いま目の前にある琵琶湖の魚類相は本当にそれを代表しているのでしょうか。少なくとも、沿岸帯を外来種が優占している現状は、それを代表していないと誰でも否定します。それ以前は、どうだったのでしょうか。ニゴロブナやモロコがたくさん捕れた時代の琵琶湖の魚たちがそれを代表しているのでしょうか。誰も知らずに絶滅した魚、誰かが琵琶湖にもちこんだ魚がいるともかぎりません。八番目のステージの琵琶湖を代表する魚たちを知りたくて、縄文・弥生の遺跡の調査を始めました。

（中島　経夫）

田んぼと魚のちょっといい関係
—近江弥生時代の水田漁労に関する試論—

大沼芳幸

プロローグ：出土品からみた近江の弥生漁労

発掘調査で見つかる遺物の中で、他の地域では比較的よく出土するけれども、ここ近江の弥生時代の遺跡から出土しないものが二つあります。一つは土錘《どすい》であり、もう一つは丸木舟です。いずれも魚捕りのために重要な道具です。

土錘とは、読んで字のごとく土で作った錘《おも》りで、魚を捕るための網の錘として用いられます。丸木舟は、言うまでもなく水上を移動するための交通手段（用具）です。琵琶湖に寄り添うように歩んできた近江の歴史で、弥生時代の遺跡に限り、最も水との関わりの深い、これらの道具が出土しないというのはどういうことなのでしょうか。

滋賀県には、四六〇〇カ所余りの遺跡があり、この中には、下之郷遺跡のような弥生時代の遺跡が七〇〇カ所ほどもあります。そして滋賀県内では、これまでおよそ七〇〇〇回もの発掘調査が行われており、当然弥生時代の遺跡の調査も、相当な数になります。それにも係わらず、弥生時代の土錘や丸木舟が一つも見つかっていないのです。

これらの二つの道具は、素材や形状は異なりますが、弥生時代以外の遺跡からは、数多く出土します。弥生時代には漁業が行われていなかったのでしょうか？　弥生時代に限り、近江の人は琵琶湖に背を向けて生きてきたのでしょうか？　いや、そんなことはないはずです。

漁業の方法には、土錘を使った網を用いる網漁のほかに、土錘を使わない網を用いる網漁（魚をすくい捕る）や、釣漁（魚を釣り針で釣り捕る）、

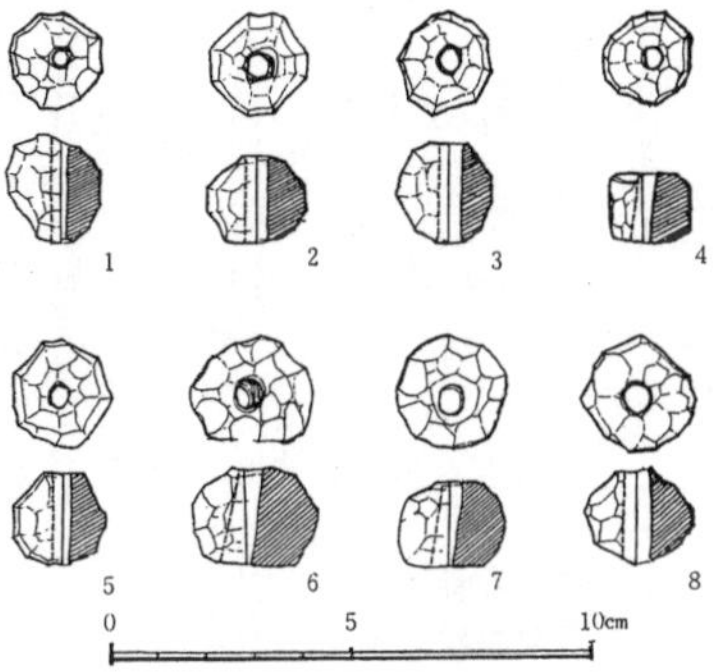

図１　土で作った網の錘
（大津市野添古墳群出土）

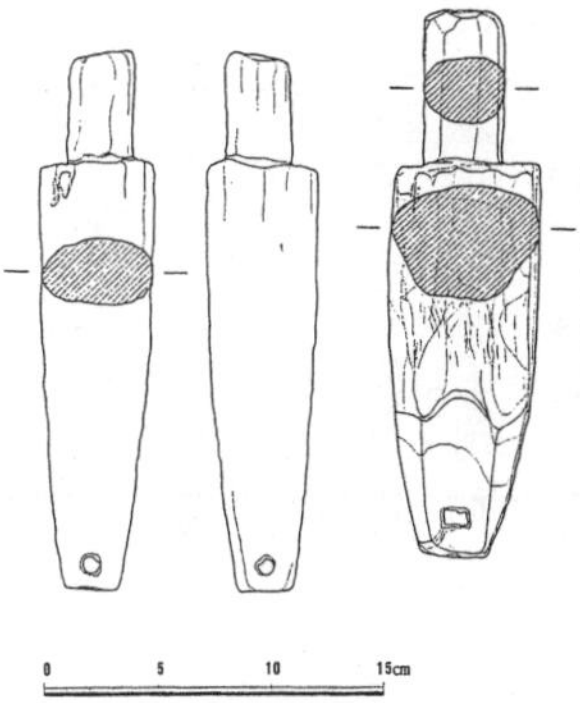

図２　網のウキ
（大津市穴太遺跡出土）

大《おお》沼《ぬま》芳《よし》幸《ゆき》
現職：滋賀県教育委員会　文化財保護課
専門：考古学

おもな著作

- 1988年　「魚獲りって難しい―抄網の機能と形態―」『紀要』第1号　（財）滋賀県文化財保護協会
- 1989年　「内湖のエリ―弥生的漁法―」『滋賀文化財だより』138
- 1989年　「琵琶湖の鯉突き」『近畿民具』第13輯
- 1991年　「田んぼが魚を呼び寄せた!?―土錘よりみた近江弥生漁業の特性－」『紀要』第4号（財）滋賀県文化財保護協会
- 1992年　「弥生的漁法の系譜　稲・人・魚」『近畿民具学会年報』第16輯
- 1992年　「魚にみる古代人の食文化」『湖の国の歴史を読む』新人物往来社

刺突漁（ヤスなどで魚を突き捕る）、陥穽《かんせい》漁（漁具の中に付けられたカエリにより、漁具の中に魚を閉じこめて捕る）或いは鵜飼など、いろいろな種類があります。琵琶湖にはたくさんの魚が泳いでいるのですから、弥生時代の近江人も、この蛋白資源を利用しなかったはずはありません。土錘や丸木舟が弥生時代の遺跡から出土しないということは、魚を捕るために、単に、土錘を用いた網や丸木舟を使った魚捕りが、行われていなかったということではなかったのでしょうか。言いかえるならば、網や丸木舟を使わなくても簡単に魚を捕ることができた時代。これが近江の弥生時代だったのではないでしょうか。

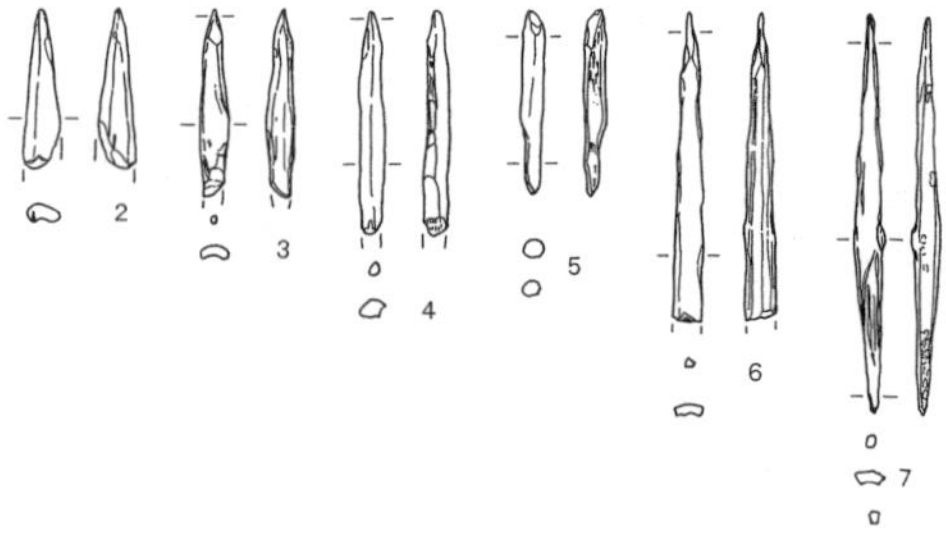

図３　動物の骨で作ったヤス
（大津市粟津湖底遺跡出土）

水田と魚

一九八〇年ごろ、琵琶湖の西岸の川で行われている魚捕りの方法を調べたことがあります。当時、ほとんどの川の河口部で何らかの魚捕りが行われていました。その中で、魚捕りの対象となる魚の種類から川を見たときに、二種類の川があることに気付きました。

一つは、志賀町の和邇《わに》川や安曇川《あどがわ》町（新旭町）の安曇川に代表されるアユ、マスがたくさん捕れる川です。

そして、もう一つは高島町の鴨川、安曇川町の境川等に代表されるコイ、フナがたくさん捕れる川です。

前者の川は、水源を山中に持ち、流程が長く、流速の早い、砂礫底の川です。これをアユ・マス型河川としましょう。これに対して、後者の川は水源を山裾や平野部に持ち、流程が短く、流速の遅い、泥質底の川です。これをコイ・フナ型河川とします（平野部の豊富な湧水を水源とし、アユ、フナ、コイ共に遡上する安曇川町の青井川や、新旭町の針江大川のような折衷的な河川もありますが、水田との関係から、コイ・フナ型河川に含めておきます）。

アユ・マス型の河川は主に水田に用水を供給する川で、水田排水は支流を通して僅かに流れ込むだけです。このため、大雨による増水時以外は水の濁ることはまれです。これに対して、コイ・フナ型河川は水田の中を流れ、その排水を集める川で、その流量は、梅雨から夏にかけて、水田から吐き出される濁り水を集めてピークに達します。そして、この濁り水に誘われるように大量のフナ・コイが遡上を開始し、川につながる水路を通り、水田にまで押し寄せることになるのです。

ほ場整備事業の終了した水田では見ることができなくなりましたが、かつての用水・排水が一体となっていた田んぼではよく見られた光景で、湖国の人々は「ウオジマ」と呼びこの時期を心待ちにしていました。なぜなら、日頃、琵琶湖の沖合いの深い水中にいて、なかなか手に入らない大型の魚達が、この時期、田んぼに勝手にやってきて、まさに捕ってくれといわんばかりに群れているのです。

弥生時代は、言うまでもなく水田稲作が伝わり、これが定着した時代です。近江では、水田はまず、水の便の良い湖岸から開発され、徐々にその範囲を河川に沿うように、内陸に広がっていきました。

この水田の開発による自然環境の改変を「魚」の立場に立って見たらどうなるでしょうか。水田のための用水路や排水路の開削は、水路を介して水田と琵琶湖が、そして水田どうしが一体の水界となり、魚達の棲息の場を広げることになっていきました。さらに、浅くて水温が高くなりやすく、富栄養の水田には、大量のプランクトンが発生し、魚達に豊富な餌を提供することになりますから、稚魚達の生息環境としても、非常に優れた場となりました。さらに、この子魚を食べるためにナマズ等の大型の肉食魚も、採餌の場として、産卵の場として水田を利用することになります。

人間が、水田を開発するために自然環境を改変した結果、魚達が、その生息環境を広げると共に、その生息数も増加させることになりました。そして、この増えた魚の一部を人間は食料として利用することになったのです。

初夏の増水期、この時に「ウオジマ」が弥生人の前にも現れたことは想像に難くありません。その時、弥生人たちはどのような行動をとったでしょうか。まず、水田に入り込んだ魚を手掴みにしようとしたかもしれません。つぎにヤスのようなもので突こうとする、或いはフセカゴのようなもので捕ろうとしたかもしれません。

しかし、それではせっかく育った稲を痛めてしまう。水田に魚が入り込む前に捕る方法はないか。こうしてエリやウケに代表される陥穽漁具（中に入った魚が逃げ出せなくなる仕掛けを持った漁具）が発達したのではないでしょうか。

つまり、弥生人にとって、魚が自ら人間のそばにやってくるようになったため、わざわざ魚のいるところに舟で出向いて、網を用いて魚を捕る必要がなくなったのです。このことが、縄文時代には盛んに行われていた網漁の衰退を招き、その結果「弥生時代における土錘の出土がない」という考古学的な現象をもたらしたのではないでしょうか。そして、この現象をもたらしたのは、人間の水田の開発という生産活動による、自然環境の改変を原因とする、魚から見た生息環境の好転と考えられます。

弥生的漁法と縄文的漁法

陥罠漁具の原理は、漁具の中に組み込まれたカエリの仕掛にあります。湖北町の尾上浜遺跡では、のぼり梁《やな》（註1）の可能性のある、縄文時代の杭列が検出されていることから、弥生時代の近江には、この原理を利用した漁具を発達させる素地は十分にあったと考えられます。

この陥罠漁具のような魚を待って捕らえる漁法を「弥生的漁法」と名付けましょう。これに対して、魚のいるところに出向いて、網や釣りなどにより積極的に魚にアタックする漁法を「縄文的漁法」と名付けましょう。

それでは、この二つの漁法には、どのような特徴があるのでしょうか。両者の大きな違いとして、縄文的漁法は、より専業的な漁法であり、弥生的漁法は、副業的な漁法であると言うことが考えられます。

縄文的漁法は、広大な水域に生息する魚の行動を熟知し、これに合わせた漁法、漁具を選択しなければならず、季節や操漁時間は魚の行動に合わさなければなりません。そして、魚の行動に関する深い知識が不可欠であり、状況に応じた多種多用な漁具を用意する必要があります。また、網漁にしても釣り漁にしても、漁獲された魚は漁具により傷つき、弱りやすいため、捕れた魚の処理をするため、操漁中は基本的には漁具の近くから離れることはできません。さらに、漁網には、過去においては貴重品であった繊維をふんだんに使う必要と、この植物質の繊維の防腐、補修のためのメンテナンスに多くの時間を要します。つまり、縄文的漁法を駆使する漁民が、漁獲を高めるためには、操漁の時間以外の時間も、次の漁の準備に備える必要があるわけです。そのため、縄文的漁法を用いる漁民は、ほとんどの時間を漁業のために費やさなければならず、極論すれば、主食の獲得のためには、より漁獲を高め、余剰を生み出し、これを主食と交換するという選択をとることになります。専業的な漁民の姿がここにあります。

これに対して弥生的漁法は、魚が、人間界にやって来るのを待ち受ける漁法であり、ほぼ季節的に決まった周期での漁獲が約束されています。しかも、仕掛けた罠に魚が入るのを待って捕ることが多いこと、さらに、漁具の中に入った魚は相当時間その中で生きているため、農作業と漁業を同時に行うことが可能です。農作業を終えてから漁具に入った魚をとりだし、また漁具を仕掛けてから家に帰ればよいわけです。しかも、漁具は木材、ヨシ、笹竹等の自然から採取される（つまりタダ）植物素材を利用することが多く、この素材の入手および漁具作成の時期は秋から冬にかけての農閑期であり、これも農作業と競合しません。さらに、いったん漁具を作ってしまえば、操漁中の漁具のメンテナンスは殆ど必要なく、漁場に放置して置いて構いません。また、大型のエリなどを造ろうとすれば、多くの人が力を合わせることが必要ですが、水田開発に力を合わせてきた伝統があれば、これも比較的容易だったでしょう。

何より、弥生的な漁法を操る人達は「農民」であり、主食の生産者であるわけですから、魚が捕れなくともそんなに深刻な事態を招くわけではありません。魚捕りはあくまでも「従」でよいのです。魚捕りは

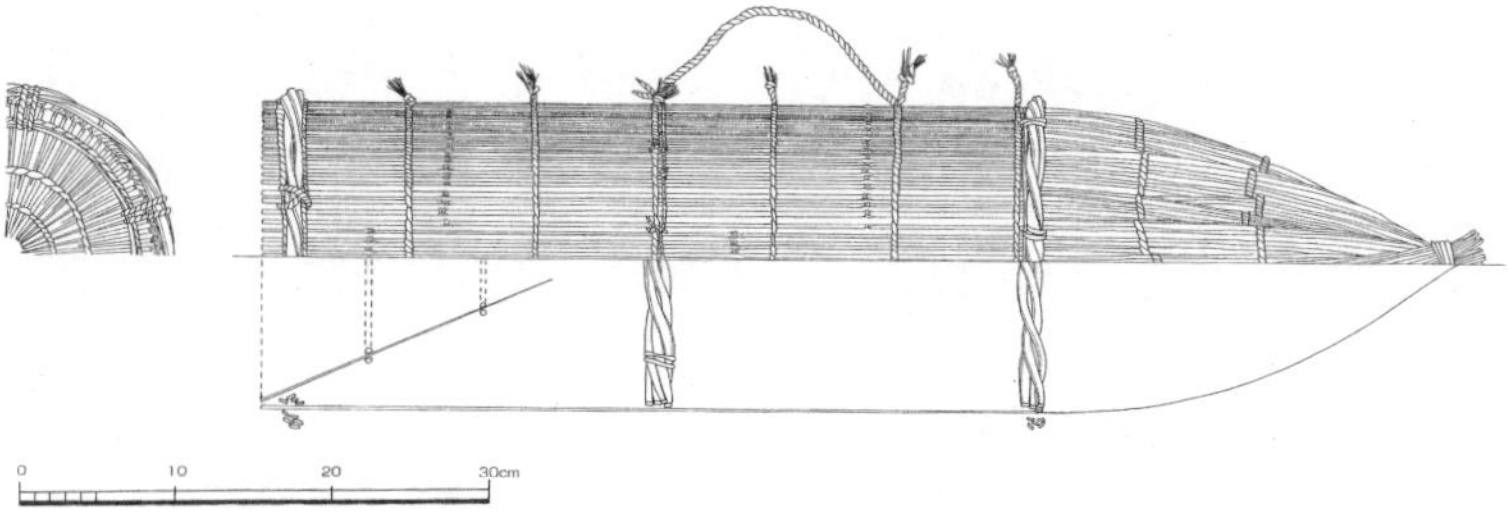

図4　モジ（朽木村）

食生活のアクセントであり、楽しみでもあるのです。（註2）

これらのことから、エリやウケに代表される弥生的漁法は、農作業と同時に行うことが十分に可能な、副業的な性格の強い漁法であるということができます。

典型的な弥生的漁法

ここで、典型的な弥生的漁法をいくつか紹介しましょう。

①　モジ（図4）

ここで示したものは、朽木村の渓流で小魚を捕るための漁具です、竹の細いヒゴで砲弾型の籠を作り、入り口にはカエリを付けます。入り口を下流に向けて登ってくる魚を捕ったり、中に餌を入れて魚を誘い込んで捕ったりします。同じ様な形のもので、大型のものはフナやコイを捕ったり、小型のものではドジョウやゴリを捕ったりします。最も一般的な陥穽漁具です。

②　アミモジ（図5）

コイやフナを捕ります。形はモジによく似ていますが、糸を編んで全体を網状にして作ります。やはり入り口にカエリを作ります。

③　タツベ（図6）

円筒形の籠で、その正面に縦型にカエリを付けます。コイやフナを捕るものですが、季節によっては中に餌を入れて用います。

④　エビタツベ（図7）

エビを捕るための陥穽漁具で、たくさんの漁具をロープで繋いで湖底に沈めて使います。中に餌を入れてエビを誘い込みます。形はタツベに似ていますが、小型で、上面に入り口とカエリがあります。

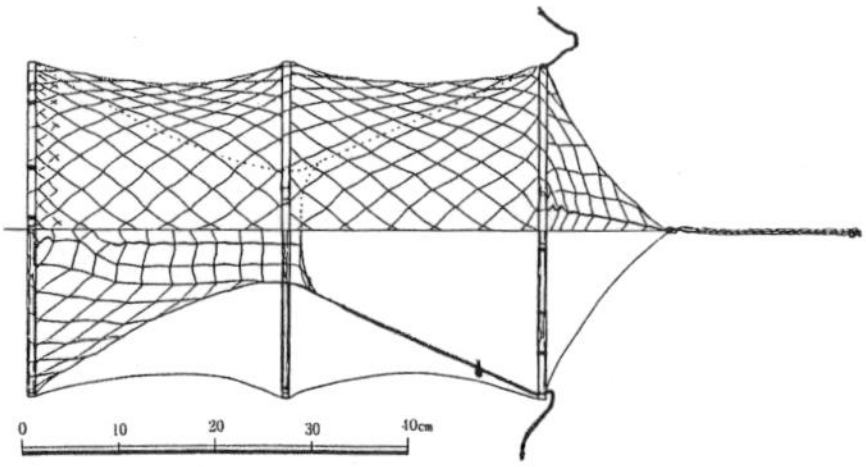

図5　アミモジ（新旭町）

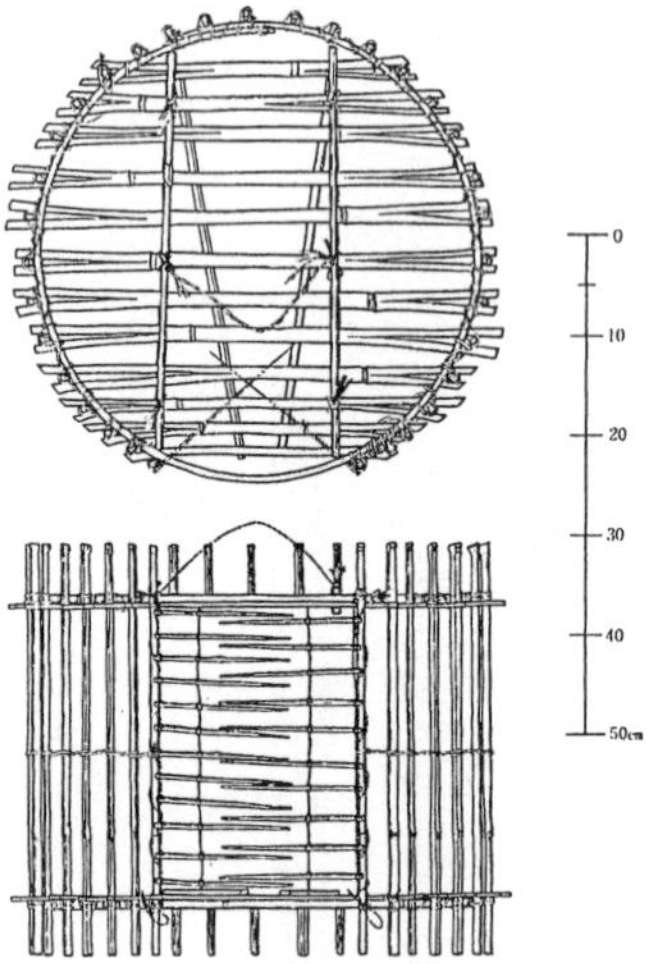

図6　タツベ（新旭町）

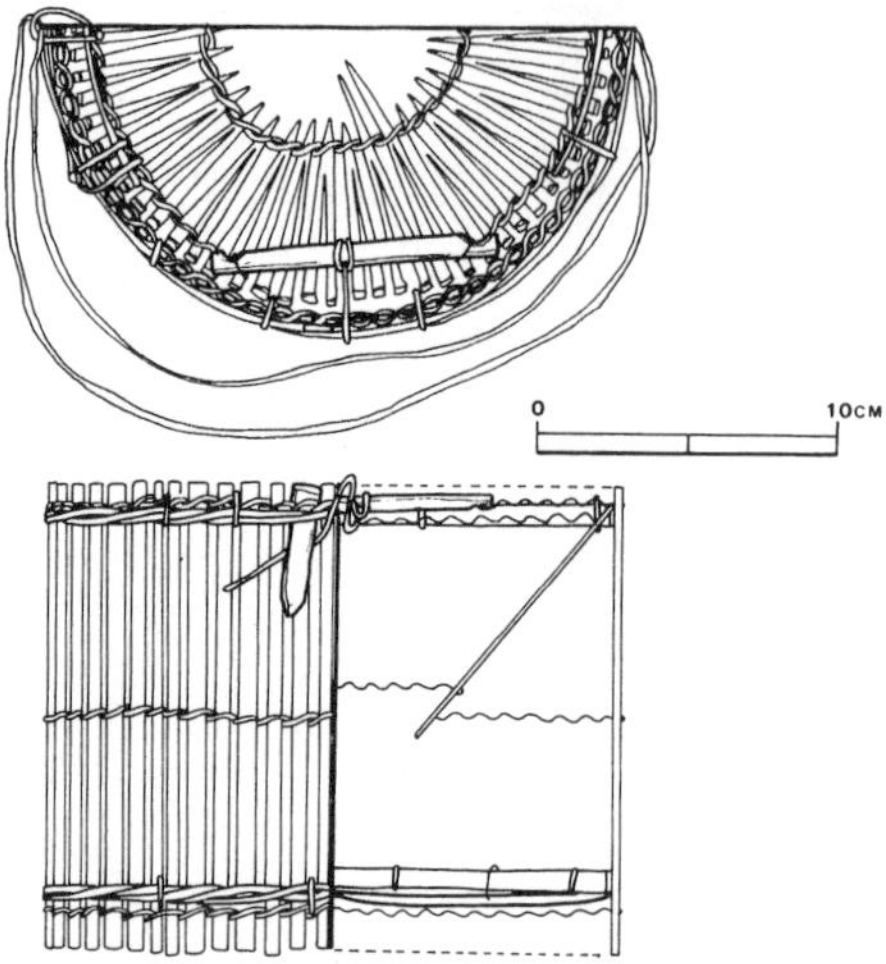

図7　エビタツベ（高島町）

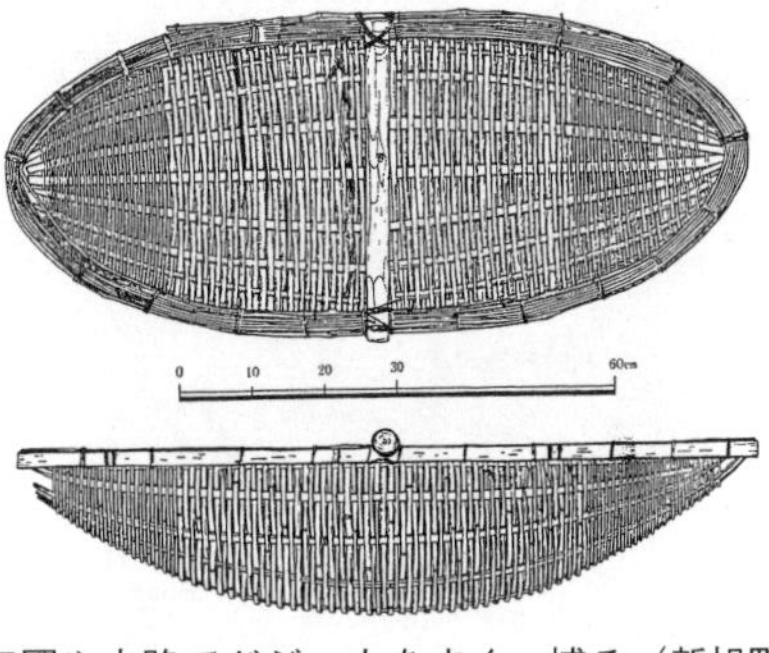

田圃や水路でドジョウをすくい捕る（新旭町）

図８　ドジョウフミ

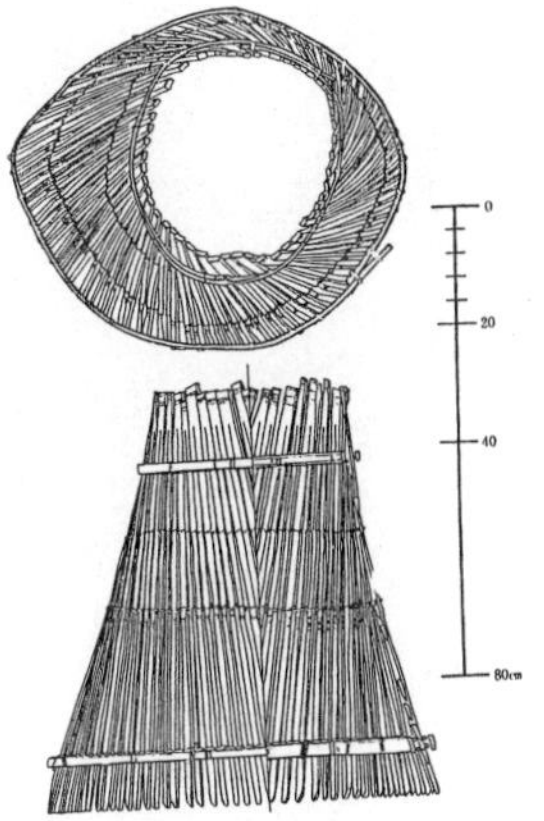

魚めがけて被せて捕る（新旭町）
図９　オオギ（フセカゴ）

⑤ ドジョウフミ（図8）

水田の水路や小川で、ドジョウを始めとする小魚をすくい捕るザルです。ポイントの下流にこれを据え、足で魚をこの中に追い込みます。

⑥ オオギ（フセカゴ）（図9）

湖岸の浅場や用水池、水田等の浅い所でコイやフナ等大型の魚を捕る為の道具です。魚をめがけ（あるいは魚のいそうな所）これを素速くかぶせ閉じ込めた後、上の穴から魚を捕らえます。

⑦ カワエリ

フナやコイが上ってくる川の河口付近に設けられるエリです。簀で作られた仕掛けの中に入り込んだ魚は泳ぎ回るうちに、ツボと呼ばれる一番小さな部屋に入り込みカエリのために出られなくなります。これをタモアミですくい捕ります。

⑧ 内湖のエリ（図10）

カワエリによく似ていますが、内湖に作られたエリで、新旭町針江内湖のものです。目の細かな簀で作られた部分（メセキ）と、目の粗い簀で作られた部分（チューメ）が合体してできて

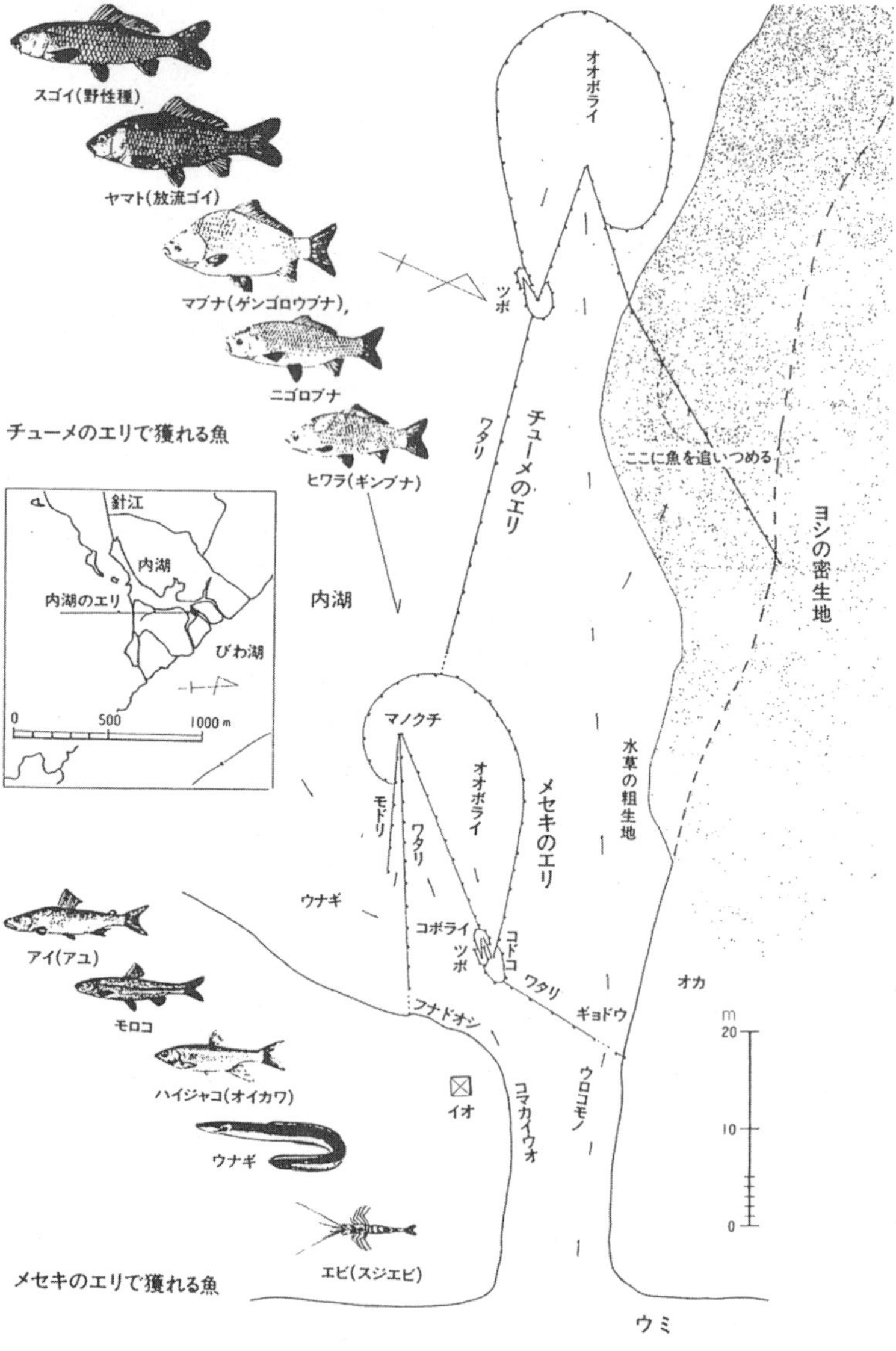

スゴイ(野性種)
ヤマト(放流ゴイ)
マブナ(ゲンゴロウブナ)
ニゴロブナ
ヒワラ(ギンブナ)
チューメのエリで獲れる魚
針江
内湖
内湖のエリ
びわ湖
0
500
1000m
内湖
オオボライ
ツボ
ワタリ
チューメのエリ
ここに魚を追いつめる
ヨシの密生地
マノクチ
オオボライ
メセキのエリ
モドリ
ワタリ
水草の粗生地
ウナギ
コボライ
ツボ
コドコ
ワタリ
ギョドウ
オカ
フナドオシ
イオ
コマカイウオ
ウロコモノ
アイ(アユ)
モロコ
ハイジャコ(オイカワ)
ウナギ
エビ(スジエビ)
メセキのエリで獲れる魚
m
20
10
0
ウミ

図10　内湖のエリ

います。目の細かな部分のエリでは、エビやモロコ、アユ等の小魚をほぼ一年中捕っています。メセキのエリもツボに誘い込んで魚を捕るのですが、ツボから網で魚をすくい捕るのではなく、タイコモージと呼ばれるモジを六個ツボに仕掛けて、この中に入った魚を水揚げします

これに対して、チューメのエリはウオジマの時だけに活躍するエリで、普段は入り口を閉ざしています。ウオジマの時に入り口を開け、大量の魚がエリの中に入ったのを見届けると入り口を再び閉ざしてしまいます。中に入った魚は順次ツボですくったり、アミモジで捕ったりして利用しますが、最終的に（魚の需要が最も高まるとき）中の魚を一箇所に追いつめ、一気に水揚げします。

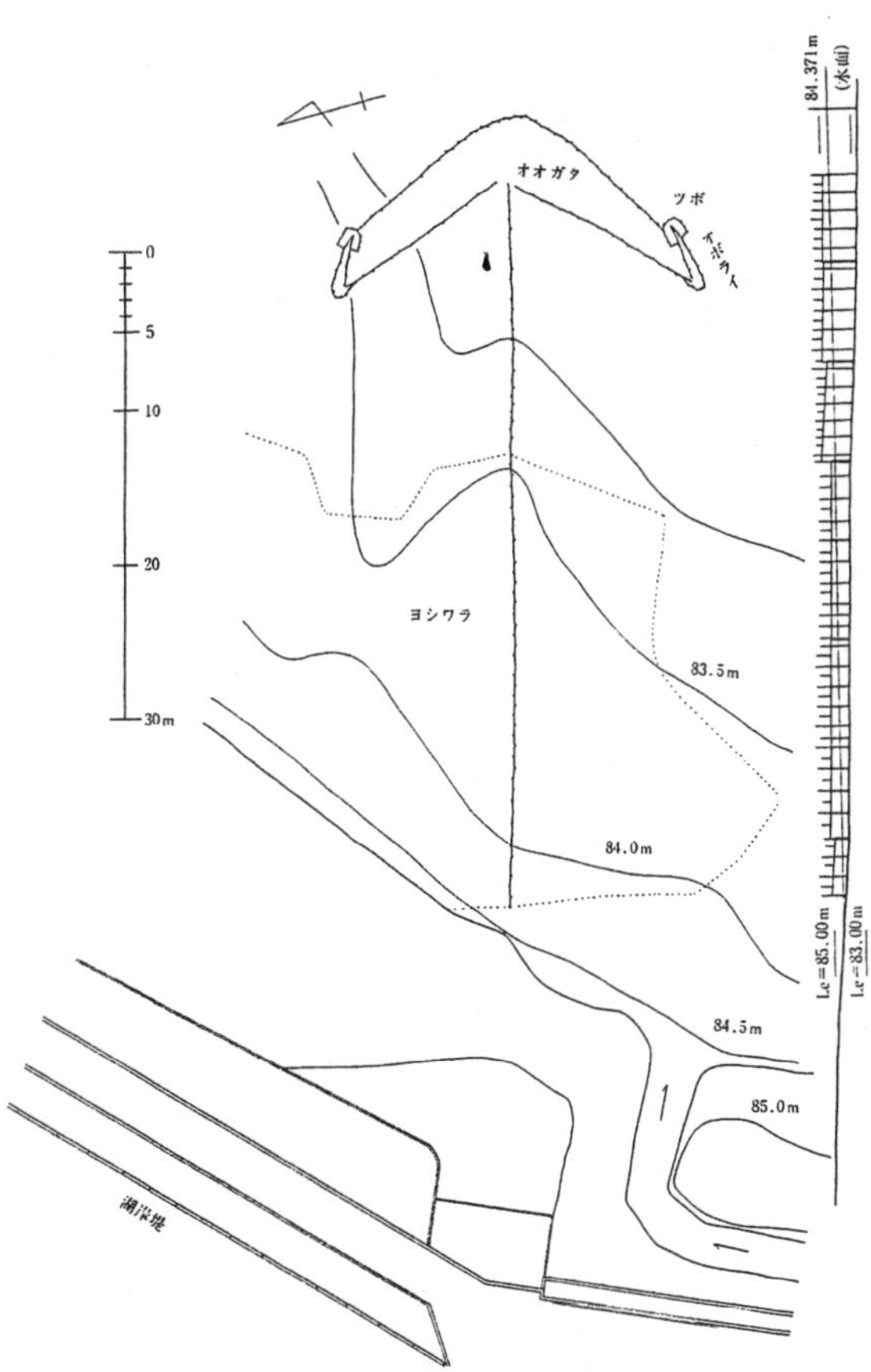

図11　ハマダイコ

⑨　ハマダイコ（図11）

湖岸近くのヨシワラの中に作られた小型のエリです。コイやフナをとります。かつては守山市木浜の大エ

リのような巨大なエリがいくつも見られましたが、今は僅かにこのような小型のものが見られるだけです。今見られる大型のエリの殆どはコアユを捕るためのアミエリです。

下之郷遺跡と弥生的漁法

これまでに、近江の弥生時代の遺跡から、土錘と丸木舟が出土しないという考古学的な事象より、弥生時代に始まった水田開発が湖辺の環境を改変し、その結果、魚にとってその生息域と生息数を増加させることにつながった。そして、この魚達の変化が、水田とそれを取りまく人工的な環境に漁場としての価値を加えることになり、その結果、農作業の副業として行うことができるエリ、ウケに代表される植物質漁具（遺物として残存しにくい）を用いた弥生的な漁法を発達させた、と推論しました。

これは物が無いということからの推論であり、これを実証する手だてがこれまでありませんでした。しかし二〇〇〇年、下之郷遺跡で、ある重要な発見がありました。集落を取りまく弥生時代の環濠から、大量のゲンゴロウブナの頭骨が発見されたのです。

詳しい出土時の状況などについては、発掘調査報告書に譲ることとしますが、明らかに弥生時代中期の土層からの出土です。同一漁種の、それも頭骨だけの出土は、自然状態の死体ではあり得ません。魚の選択的な漁獲と、不要部分の廃棄、言い換えるならば、計画的な魚の利用を雄弁に物語っています。これらのフナがどのような漁法を用いて漁獲されたかについては、今後の詳細な検証が必要となるでしょうが、一時期に大量に、同一種の魚を捕っていたことは間違いありません。考えられる漁法としては、産卵のために群を作って押し寄せる魚を一気に漁獲するエリのような弥生的な漁法が最も妥当でしょう。今後、漁具そのものの発見が待たれます。

魚の利用

図12a　たくさんのフナの骨が出土した環濠

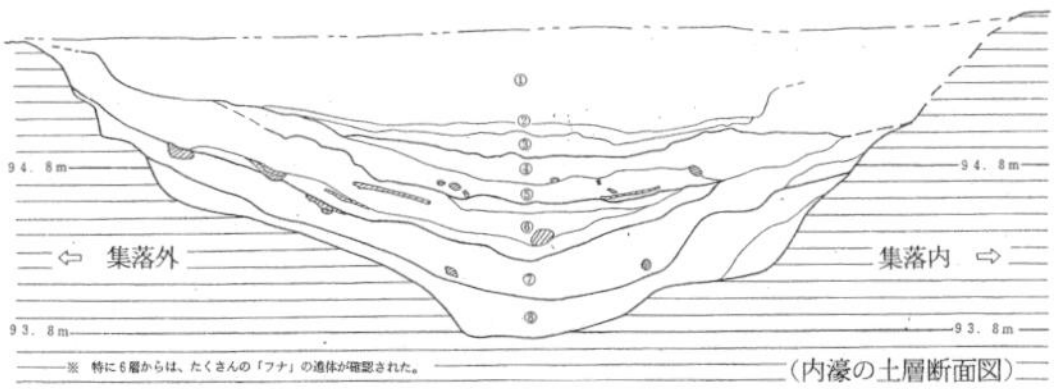

図12b　フナの骨が出土した環濠断面図

下之郷遺跡から見つかった大量のフナの骨は、弥生時代の人々が魚を積極的に利用していたことを雄弁に物語っています。では、その利用法にはどのようなものが考えられるでしょうか。

フナが最もよく捕れる時期は高温多湿の梅雨時期であり、そのままでは腐敗してしまいます。すぐに食べるのであれば構いませんが食べ切れないほどの魚が捕れた場合、何らかの加工をしてこれを保存しなければなりません。その方法としては、塩蔵保存や乾燥が考えられます。しかし、雨の多い季節の乾燥や、大量の塩を使う保存方法は、あまり適当とはいえません。例えば小屋の中で薪を燃やして、煙と熱を加えて水分を蒸発させる燻製による保存方法が、最も妥当性があるかもしれません。

もう一つ考慮する価値のある保存方法として、生きたまま保存する。すなわちは蓄養の可能性が考えられます。

102ページで紹介した、新旭町針江の内湖でかつて行われていたエリ漁が参考になります。二種類のエリが合体した構造で、目の粗いエリの部分では限られた季節（ウオジマ）にコイやフナをこの中に閉じこめ、必要に応じて水揚げしていたことを紹介しました。わずかの期間ではありますが、エリの中で大量の魚を蓄養していたことになります。

下之郷遺跡の環濠と琵琶湖の関係は必ずしも明らかにされてはいませんが、下之郷の弥生人が、環濠にエリを仕掛けて魚を閉じこめる。あるいは自分たちの支配下の川や内湖にエリを仕掛けて魚を捕り、これを蓄養する。そういった形の魚捕りを行っていた可能性はとても高いと考えています。下之郷遺跡には、弥生時代の魚捕りの秘密を解き明かす鍵が眠っているような気がして仕方ありません。

田んぼとナレズシ

フナの保存方法といえば、近江の人間はフナズシを思い浮かべます。近江特産の食品フナズシについて、「一時期にたくさん捕れる魚の優れた保存方法である」といった紹介がよくされます。はたしてそうでしょうか。この解釈は、一面は正しいのですが、フナズシに込められた祖先の想いまでを理解した解釈とは言えないように思えます。

日比野光敏さんは、最近の著書の中で、このフナズシの保存性の問題について、塩漬けしておいたフナは数年もつ優れた保存性があるのに、これを米に漬けて発酵させてフナズシにすると、その保存性は低下する。フナズシはわざわざ保存性を低下させた食品であり、保存食品としては矛盾している。むしろ、米に漬けて発酵させることによって生じる旨味に対する嗜好が、フナズシを作り続ける動機となっていると、述べられています。私も同感です。

ただ、フナズシに代表されるスシという食品がどのように扱われてきたかを見ると、決して「嗜好」のみでは解決できない「想い」をスシに感じます。

フナズシを作るためには、腐敗を押さえるための大量の塩と、乳酸発酵を行うための大量の米を必要とします。近江は海のない国です。したがって塩を手に入れるためには海の民との交易が必要です。塩を大量に使うことは困難だったはずです。近江は豊かな水に恵まれ、米の生産は盛んでした。しかし、一般の人たちまでが白米をふんだんに食べられるようになったのは、近年になってからのことであることはよく知られています。加えるならばフナズシに用いられた米は食べずに捨てることが多いのです。貴重であったこれらの素材（塩・米）を、大量に捕れた魚の保存のために使うことが可能でしょうか。特に、稲作初期の弥生時代や、これに続く時代に、単なる保存食品としてのフナズシを作り続けることができたでしょうか。私には、とてもタクアンと同じレベルでフナズシを語ることはできないように思えます。

スシは、現在でも特別なときに食べる食品であるように、そして、神事に用いる神饌《しんせん》にスシが多く用いられるように、ハレの日に食べる特別な食べ物です。このスシの原型が、フナズシ（ナレズシ）です。
これまで水田開発と魚の関係を述べてきました。魚と水田には切っても切れない関係があります。見方を変えるならば、水田の開発（富の蓄積）の象徴的な存在として魚（特にコイ・フナ）が意識されることはなかったでしょうか。水田の開発と共に、縁遠かった魚が身近なものとして人々の前に現れ、利用されるようになった。水田を広げると、ここに後を追うように魚達がやって来る。そして、魚がやってくる季節は稲苗を水田に植え付ける頃です。夏を水田や水路で過ごし成長した魚たちは、秋の訪れと共に琵琶湖に去ってゆきます。魚の行動は稲の生長のサイクルと、とても良く合っています。弥生人達は、米と魚に何か特別な関係を見てはいなかったでしょうか。（註3）
ナレズシは魚と米が融合し、一体となった食品です。祖先にとって、魚は「土地の魂・稲の魂」を運ぶ特別な存在であり、この魚と米が融合したナレズシは「土地の魂・稲の魂」を宿す聖なる食品として意識されたのではないでしょうか。それゆえ、時代は降りますが、ニエとして朝廷に献じられる重要な食品（ニエを献じることは、その土地とともに服属することを意味する）だと、スシが考えられたのではないでしょうか。
象徴的な行事が伝えられています。草津市津田江天満神社「スシ切り祭り」。真名箸《まなばし》を用いてフナズシを切る神事で、正月九日に行われます。そのとき使うフナズシは、タツベ（弥生的漁法）で捕ったフナを新米に漬けて作ったものです。それを切り離した後、元の形に並べて神前に供えます。その後、フナズシは参加者全員に分け与えられます。行事に参加する人達は専業の漁民ではなく、稲作を行うかたわらで魚を捕る「弥生的な」人たちです。彼らが、稲の魂を宿した神聖な食物を作り、一年で最も重要な日とされる正月に、村の人たち全員が共に食べ、稲作が豊かであることを祈るのです。

下之郷遺跡から感じた、琵琶湖と水田、その周辺に営まれた集落、そしてウオジマを心待ちにし、この魚でナレズシを作る生活。近江の原風景とも言うべき、少し前の湖辺の景観や生活のありさまは、弥生時代に形作られ、自然と共存することにより、つい最近まで伝えられてきました。

しかし、今はどうでしょうか？自然から遊離した生活を送る私たちが失ってしまった何か大事なものが、たくさんあるのではないでしょうか。今の私たちは本当に豊かなのでしょうか？私たちが見失った、人間らしい豊かな生活を送るための鍵が、遺跡の中に埋もれているような気がします。

遺跡を調査し、これを保存することは、遺跡を通して、いま一度祖先の暮らしに想いを馳せ、ここに埋もれている、これから私たちが豊かに生きてゆくための鍵を探し出すことなのです。

〔用語解説〕

註1　のぼり梁

川を遡る魚を捕るための定置漁具。多くは魚を閉じこめる部分と、個々に魚を誘導する部分が組み合わさっています。魚を閉じこめる部分には、カエリの仕組みを用いて中の魚が逃げられなくなるようにしたものや、水流により魚を一カ所に閉じこめる仕掛けを持ったものがあります。後者は安曇川のカットリ梁に代表されるように、土木工事と高度な水流調整を伴うものです。そして前者は河川の規模にもよりますが、比較的簡単に設置することができます。今は見ることができませんが、和邇川の梁、宇曽川の梁が代表的なものです。

註2　魚捕りの楽しみ

多くの地方で、最も厳しい農作業である田植えまでの一連の作業が終了した際に「泥落とし」と称して、村の人々がこぞって川に入り魚を捕り、これを料理し、一日を楽しく過ごすといった行事が見られます。この行事は水田耕作に係わる一連の儀礼的な側面もあるでしょうが、「農民の楽しみ」と言った側面も大きいように思えます。

註3　魚の行動と稲の生長：アユの場合

もう一つ、魚と稲の深い関係を伺わせる事例があります。それはアユと稲の関係です。ご飯を食べない古式のナレズシの分布を見ると、アユのナレズシがとても多いことに気づきます。特に、神事に用いられるスシや、朝廷や幕府の貴人に献上されるスシとしてはアユのスシがとても多いようです。

これは、アユの棲息範囲の拡大と水田の開発に密接な繋がりがあることと、アユの成長のサイクルと稲の生長のサイクルが良く合っているからかもしれません。

アユは清流の魚ですが、石についた苔（藍藻等）を食べます。苔は養分のない水では成長が悪く、わずかに汚染されている水でよく育ちます。河川に沿った水田の開発に伴い、水田から流れる微汚水や、集落から流れ出る微汚水は、苔の生長を促し、これを求めてアユがのぼってきます。水田開発が上流へ向けば向くほど、アユの生息環境も広がってゆきます。

そして、アユは稲の苗の頃に下流からやって来て、稲の成長期に川で育ちます。そして刈り入れの頃、川を去ってゆきます。湖岸のフナやコイと同じようなサイクルで行動するのです。

大規模な水田開発は、灌漑施設の工事を伴い、古墳時代から本格化します。川の上流域への水田の拡大とアユの関係が重要視された結果、アユのスシが特別な扱いを受けるようになったのではないでしょうか。

現在の仕事

滋賀県教育委員会事務局文化財保護課記念物担当。開発の前に行う発掘調査の調整。埋蔵文化財（遺跡）はみんなの財産ですから、なるべく壊れることの無いようにしたいものです。けれども、現在に生きる人たちの生活も大切ですので、遺跡を壊してでも色々な工事をしなければならないことがたくさんあります。このようなときは発掘調査調査を行って遺跡の記録をとり、この記録を残して伝えることになります。このような調整や、ルールを作ったりしています。

どうしてこのような研究を

簡単です。本来の文化財の仕事よりも魚釣りが大好きだからです。できることなら毎日魚釣りをしていたい。それができないならせめて自分の好きな魚（食べるのも大好き）と人間の関わりなんかを考えてみようかと…。子供の頃。もちろん魚捕りばかりしていました。

（大沼　芳幸）

東アジアの稲作文化と近江

高谷好一

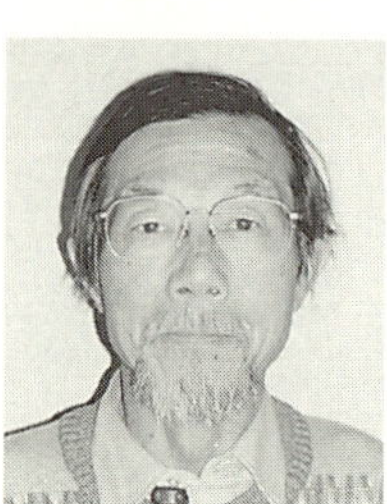

東アジアの大陸部と島嶼部

稲作文化を考える時には、東アジアを大陸部と島嶼《とうしょ》部に分けるとその様子がはっきりする。二つの範囲はそれぞれ図1に示したようなものである。

結論から先にいうと、大陸部ではもともと稲はムギと同じようにバラ蒔《ま》きで作られており、家畜に強く結びついていた。これはメソポタミアやエジプトに繋がっていく系統のものである。一方、島嶼部では大昔から稲は田植えされていて漁業と深い関係があり、その基底にはイモ類などの根栽文化があるようだ。

東アジアには、こうして系統をまったく別にする二つの稲作があることをまず確認しておきたい。

大陸の稲作

中国の稲作

文献に現れた稲作を見てみよう。六世紀の山東省で書かれた『斉民要術』〔西山・熊代一九七六〕には、稲作には三つの方法があると記されている。「直播水稲栽培」「移植水稲栽培」「旱稲栽培」の三つである。

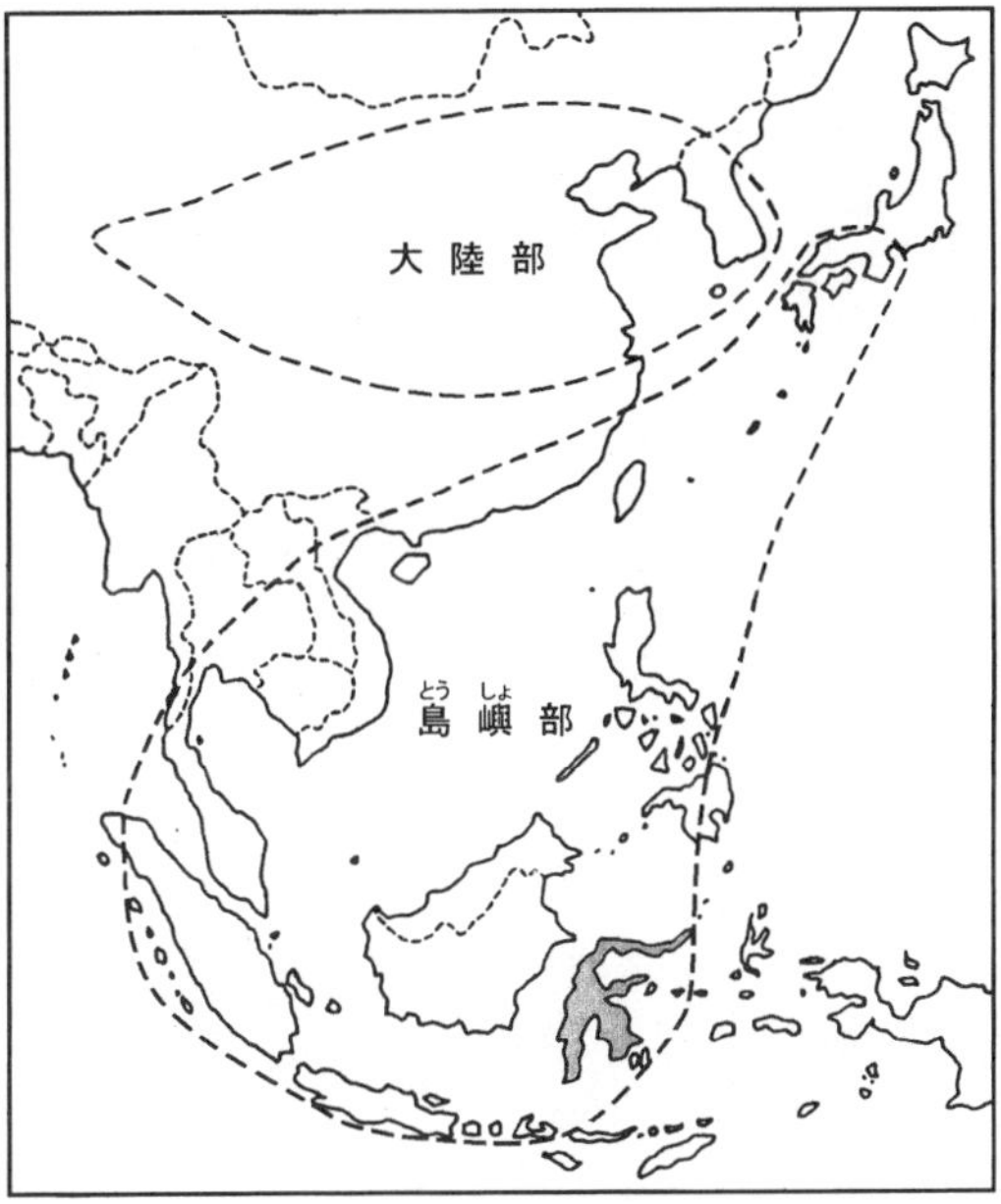

図1　東アジア稲作地帯の大陸部と島嶼部
本文に登場するインドネシアのスラウェシ島は、トーンで示した場所である。パンガジェネ川は、この島の南西部を流れる。

高《たか》谷《や》好《よし》一《かず》
現職：滋賀県立大学教授（京都大学名誉教授）
専門：自然地理学・地域文化学

おもな著作

1978年　「水田の景観学的分類試案」『農耕の技術』創刊号
1986年　「水田が拓かれるとき」『豊饒の大地』日本古代史 5 集英社
1987年　「アジア稲作の生態構造」『稲のアジア史』第1巻 小学館
1990年　『コメをどう捉えるのか』ＮＨＫブックス　日本放送出版協会
1991年　「東アジアから見た日本の初期稲作」『季刊考古学』第37号
1997年　『多文明世界の構図』中公新書
2002年　『多文明共存時代の農業』農山漁村文化協会

直播水稲栽培：湿った田面に陸軸（ローラー）を充分にかけ、発芽稲を散播する。
移植水稲栽培：普通の移植法。
旱稲栽培：耕(スキ)、耙(マグワ)、労(ブラシ)で充分に土をこなした上で条を作り、そこに点播する。
土が湿っていたら催芽稲を、乾いていたらそのままの籾を蒔く。稲が三寸の長さになったら耙をかけ労をかける。この田は雨季になると湛水し、水稲として生育する。

こうした三つがあるが、第二の移植水稲はほとんどなかったという。六世紀頃の華北の稲作はほとんどがジカマキだったのである。

朝鮮の稲作

『農事直説』は一四二九年に書かれた農書で、そこには朝鮮には三つの種類の栽培法があると記されている。「水耕法」「乾耕法」と「種苗法」で、それらは次のように説明されている。
水耕法：耙と三又鍬を用いて充分に土を細かくした後、湛水し、そこに発芽稲を蒔く。蒔きおえたらエブリで軽く土をかけ湛水しておく。
乾耕法：耕起した後、木槌で土塊を砕き、その上に耙をかけ平にする。そこに肥料と混じた種子籾を播種する。これには両足を交互に運んで、播き穴を作りそこに点播する。苗が相当成長した後、初めて湛水する。

苗種法：潅水した田に移植する、いわゆる移植法である。

農書ではこれらの三つを示し、そこで、第三番目の苗種法は多くは行われていないと書き、また、できることならこの方法は用いないほうがよいと、注意書きがしてある。移植は失敗する危険性が大きいからである。結局、ジカマキが主流だったのである。

ところで、一七世紀になると朝鮮では急に苗種法（移植）が伸びてきた。理由はこの時期になると灌漑が広がって、水利が安定し、やっと安心して田植えができるようになったからである［宮嶋一九八〇］。灌漑施設が整うまでは華北にしろ、朝鮮にしろ、充分な植付水が得られないで、ジカマキしか出来なかったのである。

中国や朝鮮だけでなく、インドでもジカマキが圧倒的に多かった。こうしてアジアの大陸部は基本的にはその全域が直播稲作地帯だったのである。この直播稲作の基本型はというと、バラ蒔きし、収穫したものは動物に踏ませるか打穀で脱穀するかというものである。

大陸部の稲作で今一つの特徴は、鎌による根刈りである。何故こういうことをするかというと、大陸では家畜の飼料としての藁がどうしても必要だったからである。穀粒だけでなく「藁も一緒に収穫する」という伝統がここにはあったからである。大陸部の稲作は家畜、とりわけ牛と組み合わさった稲作ということに留意しておかなければならない。大陸部の稲作は中東に始まったムギ作農耕の延長といってもよいのである。

島嶼部の稲・魚複合

大陸の稲作がムギ作に繋がる、一種の混牧農業であるなら、島嶼部の稲作は焼畑耕作に繋がるものであり、かつ魚と強く結びついていたものである。島嶼部には役立つ文献資料がほとんどないので、現在行われている稲作から見てその性格を考えてみよう。

焼畑水田の稲作

インドネシアの海岸地帯などで行われるのが、現地でサワ（水田）・ラダン（焼畑）と呼ばれているものである。焼畑耕作の手法で水稲が作られるのでこの名がつけられている。そのやり方は、次のようなものである。

海岸低地には背の高い草や時に潅木が生い茂っている。それを長大な刀やなぎなた様《よう》のもので叩き切り、直接そこに大きく育てた苗を植えるのである。切り倒した草などが焼けるなら焼くが、ふつうは湿地だから焼けない。草を一隅にのけるだけである（図2）。

苗代の作り方、苗の植え方にはいろいろの方法がある。もっとも普通に行われるのは、畑苗代である。家の近くで目の届くところに作る。たいていは竪杵で穴を穿ち、そこに百粒ほどもの籾をいれる。水苗代もある。変わったところでは、ネズミ返しのついた棚の上や水に浮かべた筏の上に苗代を作ることもある（図3）。これはネズミに籾を食われるのを避けるためのものである。

図２　本田準備は刀やなぎなたのようなものだけで行い、耕起はまったく行わない。こんな長大な草を刈り倒し、脇に押しのけただけで、そこに直接田植えする。[Aris Poniman、高谷1988]

　移植法もいろいろである。ごく普通に行われるのは、二回移植である。播種後一週間くらいたった若苗を二〇本ぐらいずつの株にして植える。この段階では若苗は小さくて弱いから、どこにでも植えるというわけにはいかない。湛水深の大きすぎるところでは水没してしまうし、少し高みで水のかかっていない所だと死んでしまう。それで、ちょうどよい所を選んで植える。こうして植えた苗を一ヶ月ぐらい置いておいて、苗が五〇～六〇センチメートルにも成長すると、それを引き抜いて、今度は二、三本ずつに株分けをして、いよいよ本田に植える。いわゆる二回移植法である。

　本田の準備は長大な刀などで行っているだけなので、耕起や抜根はできていない。雑草や潅木の根がいっぱい残っている。根が絡み合ってマット状になっていることも少なくない。そんな所だから、苗を指で植え込むなどということはできない。それでまず棒で穴を開けて、そこに挿しこむ。

湛水下だから、移植が終わると稲はすぐに活着し、成長を始める。しかし、同時に雑草も新芽を吹き出し、急速に成長する。稲の花の咲く頃は、まだ稲の方が背が高いが、穂が垂れる頃になると、もう雑草の方が背の高くなっているような場合もある。こうして実った稲を、一穂ずつ穂摘みする。以上が焼畑水田の稲作方法である。

この稲作の特徴は、第一に必ず田植えすること、第二に熱帯ジャポニカ種を用いること、第三には穂摘みをすることである。

なぜ田植えをするかというと、これほど旺盛に雑草のはびこるところでは、ジカマキなどしたら雑草にやられてしまうからである。大きく育てた苗を植えて、傷めつけられた雑草がモタモタしている間に、一気にさっと生長させ花を咲かせてしまう。雑草退治は考えないで、雑草と共生しながら、しかし、それに一歩先んじて結実にいたる。と、そういう主旨で行われているのである。

次に熱帯ジャポニカであるが、これは温帯ジャポニカ、インディカとは別のグループの稲とされるもので、熱帯に多く、熱帯の荒々しい環境のもとでも生きのびていける生命力に溢れた稲である。茎は太く、

図3　棚の上に苗代を作る

背が高い。しばしば一八〇センチメートルぐらいになり、茎だけ見ていると「ヨシかな」と思うようなことさえある。だから、ちょっとやそっとの雑草となら背比べしても引けはとらない。それに加えて、ふつうは湛水下でも畑状態でも成長しうる。水陸未分化稲などと表現される。こういう特性を持っているからこそ、この無耕起の焼畑水田のような所でも作られるのである。ちなみにいうと、山腹の正真正銘の焼畑で作られている稲もまた、そのほとんどすべてはこの熱帯ジャポニカである。

そして収穫のとき、なぜ穂摘みをするかというと、藁が不要だからである。家畜のいない島嶼部では、飼料用に藁をとっておく必要がない。それに、あの太い茎を刈るのは大変なことである。仮に刈り倒したとしても、あの重い藁を運ぶのも重労働になる。どうせ穀粒だけが欲しいのだから、穂摘みで充分だ。これが穂摘みの理由である。

浮稲地帯のこと

東南アジアの海岸低地の稲作は、前述の水田焼畑ばかりだといってしまうと、東南アジアをよく知っている人の中から反論が出るにちがいない。「メコン・デルタやカンボジアのトンレサップの周辺にある浮稲地帯は、どう考えるのだ」という反論である。このあたりは現在では犁耕し、その上にインディカ稲を散播する、いわゆる浮稲地帯になっている。

しかし、この浮稲耕作は一九世紀後半に広がったもので、その前にはあれほど広大な稲田はなかった。それ以前にあった稲作は、むしろ先に述べた焼畑水田的なものであった。より正確にいうと、もともとそこにあったのは焼畑水田稲作だったのだが、五世紀ごろから徐々にインド系統の（大陸系の）稲作が侵入して来て、長いあいだ両者は混在していた。それが、一八六〇年代に産業革命の波を受けて、一気に米プランテーションが広がった時に、インド風の犁耕・散播技法が広がった。

だから大事なのは、このデルタやトンレサップ周辺でも、外来稲作の表皮を剥ぎとってしまうと、その下からは焼畑水田の基層部が現れ出るということである。

このように島嶼部、すなわち東南アジアの低地部には、熱帯ジャポニカ・移植・穂摘みを骨格とする稲作が、大陸部の直播・根刈り稲作とは截然としてちがった形で存在している。

島嶼部の稲・魚複合

島嶼部では稲作と漁業がお互いに入り混じり、時には同じ場所で行われることがとても多い。その例を示してみよう。

スラウェシの海岸の例

インドネシアのスラウェシ島を流れるパンカジェネ川には、ちょうど野洲川と同じぐらいの大きさの三角州ができている。図4はその三角州であるが、LABAKKANGが三角州のほぼ中央と考えるとよい。この図では、三角州の先端近くに「汽水の入る養魚池」が、その内側に「養魚・稲作二重機能池」があり、さらにその背後に水田が広がっている様子が示されている。

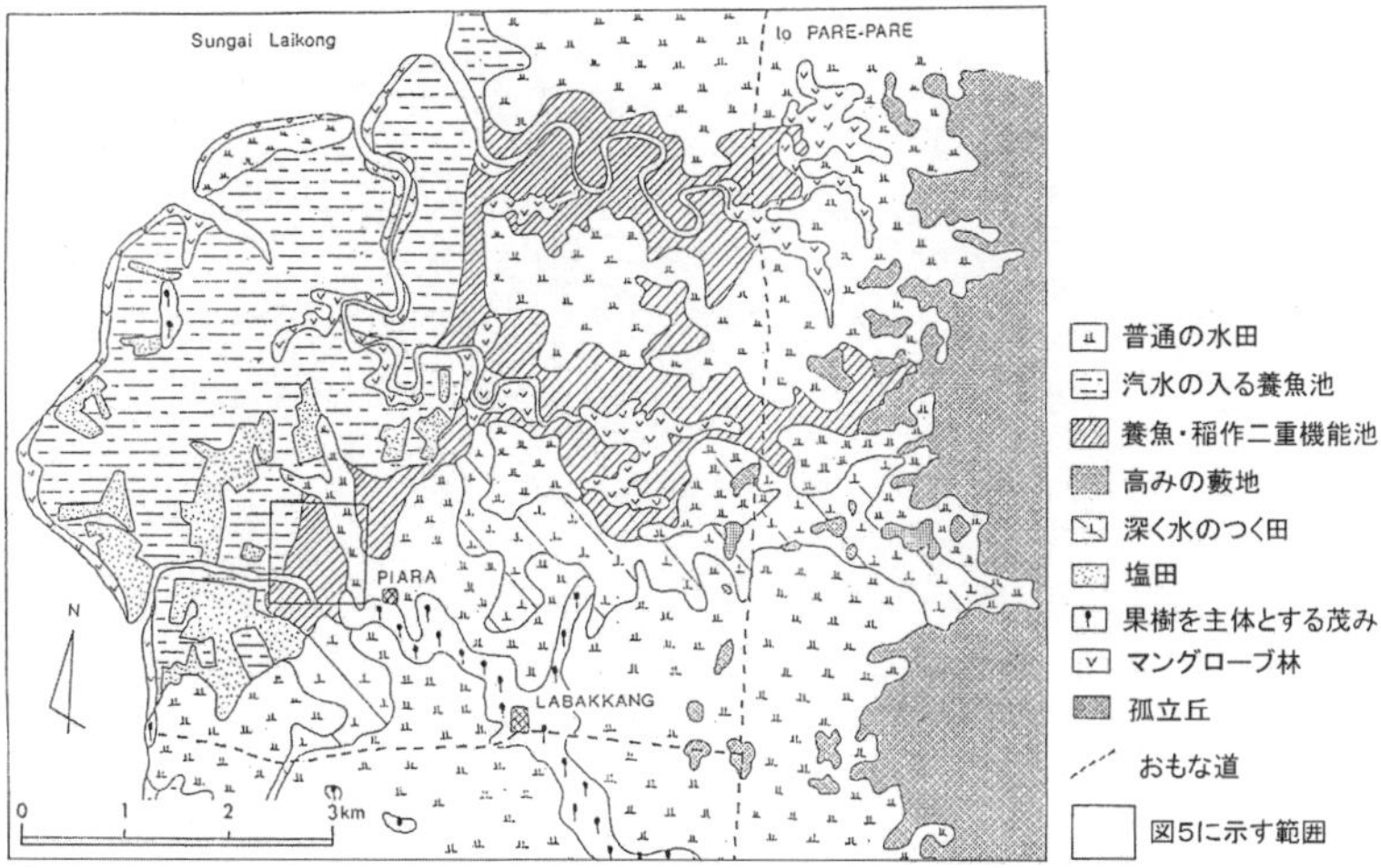

図4　パンカジェネ川三角州周辺の土地利用　〔高谷1982〕を一部修正

とくに養魚を中心に見るために、PIARA地先の部分を詳しくしたのが図5である。ここには四種類の養魚池が示されている。

a. 汽水の入る養魚池：もともとはマングローブ林だったところを伐採し、そこに一〜数ヘクタールの面積の養魚池を多く作ったものである。マングローブ林の泥を盛り上げて池を囲い、水深を調節するための水門をつけている。エビやサバヒイなどを飼っている。

b. 養魚・稲作二重機能池：水田の四辺に沿って幅二〜三メートルの所を、深さ一メートル程度掘り下げ、その土を畦に積み上げている。雨季には稲を作っているが、魚もしばしば、水田に入って餌をとっている。

乾季になると水田部は干上がるが、魚は田の周りを掘り下げた池に入り、一年中いる。掘り下げ部は水路を通じて海に繋がっているので、この時はエビやサバヒイも入ってくる。こういうところを「ドゥアフンシー」、二重機能を持った水田という。

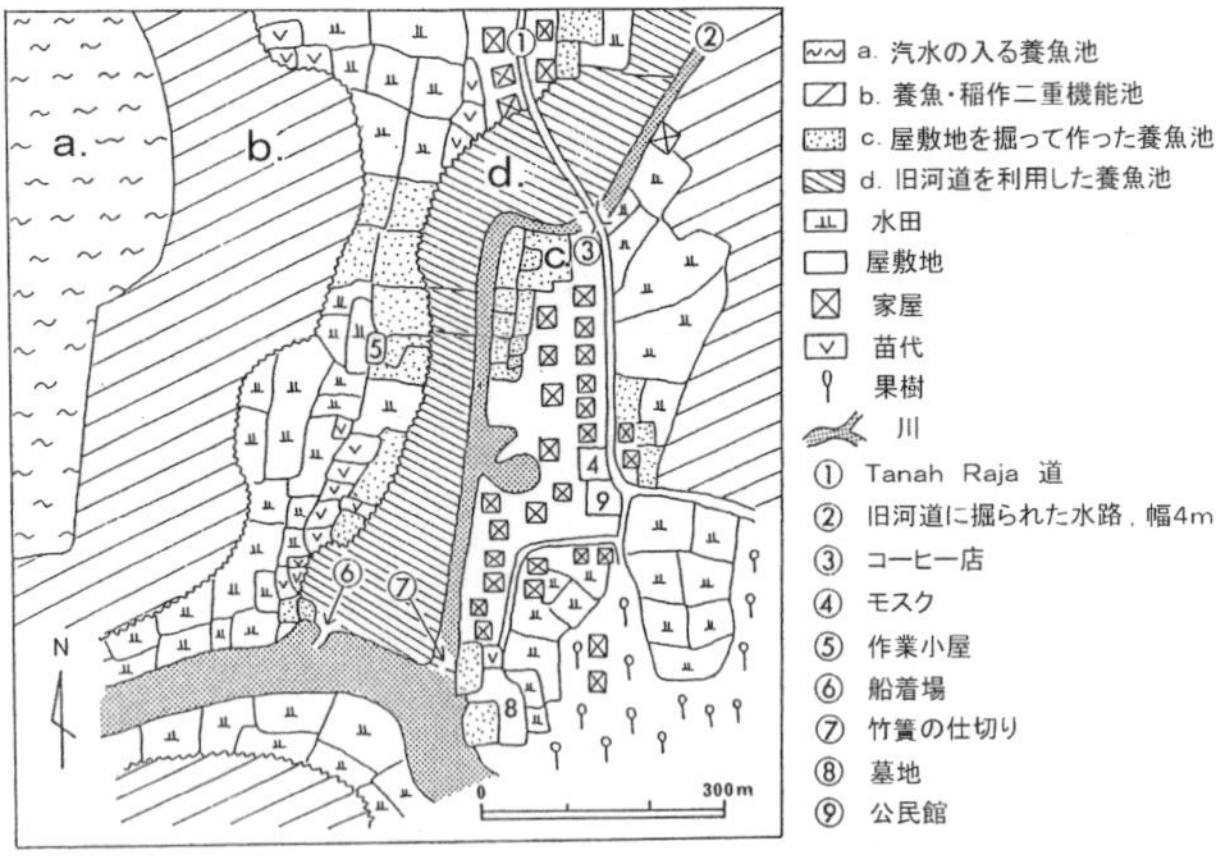

図５　パンカジェネ川下流部に多い養魚池

c. 屋敷地を掘って作った養魚池：オカズ用にいつでも捕れるように淡水魚を飼っている池。まわりはマンゴーやココヤシが植えられ、心地よい日影の空間を作っている。

d. 旧河道を利用した養魚池：流れなくなった川を利用して、コイやナマズなどの淡水魚が飼われている。

図４には、「汽水の入る養魚池」の中に散在して「塩田」が示されている。これは、雨季には養魚池なのだが、乾季になると塩の作られる所である。満潮時に取り入れた水を天日で濃縮して、塩を作っている。

さらにもうひとつ、「汽水の入る養魚池」の外側、すなわち海の中にはいくつものエリが建てられている。そして、パンカジェネ川の下流部には、いくつものパンダリアンが仕掛けられている。パンダリアンは、退潮時の急流に押し流されてくるエビを捕らえる大型のトラップである。

結局この地区では、稲を作るほかに、同じ農民その人達がいろいろな方法で魚を捕り、塩を作っているのである。そして、その魚と塩で、塩干魚やタラシ（魚醤）を大量に作っている。フナズシがここで作られているかどうかは、残念ながら知らない。同じインドネシアでも、スマトラ島ではフナズシも作られて

図6　この水田の四周は魚用に掘り下げられている。

図7　養魚池に入れるためにサバヒイの稚魚を捕っている。道具はバナナの葉をつないで作った一種の網。これで追い集めて茶碗ですくい取る。

図8　養魚池は稚魚用、若魚用、成魚用などと分かれている。これは成魚用池に移しかえるために、若魚を集めているところ。

いるのだが。

こういう稲・魚・（塩）複合がどのあたりまで溯るのかは不明だが、一四世紀のマジャパヒト時代には、すでに存在していたことは確かである。

トンレサップの例

浮稲地帯として述べたトンレサップ周辺は、魚醤作りで大変有名である。乾季になって湖面が夏場の三分の一以下にもなると、人々がやって来て定置網を仕掛け、魚を捕る。捕った魚は、その場で乾魚、燻製、塩漬、魚醤、魚餅に加工する。魚餅とは発酵してペースト状になったもの。この活動は、地元のカンボジア人よりもむしろ、外部からやって来たベトナム人やチャム人が多く携わっている。そうして大量に作った魚加工品を、カンボジアの内外に広く売っている。

トンレサップ湖は巨大な湖で、なかなか一般農民の手には負えず、こうした専門職の人々が企業的に行っている。しかし同じトンレサップでも、もっと周辺に行くと、今度は地元の農民たちが同じように魚をとり、いろいろに加工して、保存食としている。タイ、ベトナム、カンボジアでは、稲作農民というのは同時に魚の常食者であり、そのために魚捕りはいわばその生活に組み込まれてしまった日常活動だと考えられている。

ちなみに淡水魚の保存食で最も有名なものは、ナレズシ（フナズシもその仲間）である。石毛・ラドルは、このナレズシがトンレサップに起源した、としている。

今回、パンカジェネ川とトンレサップの例しか示さなかったが、島嶼部においては、その全域にわたって、実に多様な稲と魚の組み合せが見られる。それは捕魚法においても、料理の仕方においても実に多様である。まさに島嶼部は稲・魚複合文化の地ということができる。

近江の稲作

近江の稲作、とりわけ湖岸の稲作は、これまで述べてきた島嶼部の稲作に相通ずるものを弥生の時代から持っていたのではないか、と私は想像している。守山市服部遺跡からは、移植田の株跡を思わせるようなものが検出されている。安土町大中の湖南遺跡のあの低湿な土地は、どこかパンカジェネの三角州末端の状況を思い出せる。

考古学が扱う古い時代のことは、ほかの誰かに議論してもらうとして、私自身は最後に、ごく最近になってからの湖岸の様子を紹介しておき、考古学の議論に役立てていただきたいと思う。

紹介したい例のひとつは、明治三八年の瀬田川拡幅・浚渫《しゅんせつ》工事以前の湖岸の湛水状況と、土地利用の様子である。江戸末期から明治初年にかけてほとんど毎年、湖岸は深く湛水して、まともに稲作は行なわれていなかった。赤野井に残された村の共有文書によると、雨が多く降った年には、湛水のため村の水田の三割が植付不能になり、四割近くが植付はするが水腐するというような状態が起っていた。こんなことが起ると、人々は大急ぎでヒエを植え付けていた。木浜あたりでも似たような状態だったらしい。ここでも大正年間には、まだヒエを作っている所がある。これは『速野《はやの》村郷土史』から伺い知れる。私の少年時代でも、ちょっと大雨が降ると、湖岸の田は広く冠水してしまい、そこにワタカの大群が押し上ってきて、風に揺れる稲の葉先を、バシャバシャ音をたてながら食べていた。

こういう状況で、稲作は必ずしも安定したものではなかったから、人々は多く漁業に頼っていた。外湖、内湖、堀、田など、いたる所が漁場に用いられ、年中、いわばオカズ採りが行なわれた。水郷なので田へは舟で行く。その行き帰りにも、いとも簡単に魚や貝がとれた。それに五月を中心に、大量のフナが内湖や川に入ってきたから、これを捕って多くの家が自家用のフナズシを漬けた。行商の人達が内陸の村々にもフナを運んで、そこでフナズシを漬けてやったりした。タイやベトナムやカンボジアの稲・魚複合地帯で見られるのと極めてよく似た生活があったのである。安室知は、昭和初年の木浜の生活を克明に調べて「ここには稲作と漁業が不即不離の関係で結びあわされた複合生業がある」と述べている［安室一九九八］。

昭和になるともちろん、江戸末期でもすでに稲は温帯ジャポニカであった。その意味では、東南アジアの島嶼部の稲作とは違う。しかし、大湛水が常に来るという条件下で稲・魚複合を作っていたという点では、両者には通底するものがある。

近江の稲作、とりわけ湖岸の稲作は、大陸部よりも島嶼部に通ずるものを多く持つように私には思えてならないのである。

〔参考文献〕

Aris Poniman・高谷好一　一九八八『伝統農業フィールドノート集』第一巻　農耕文化研究振興会
石毛直道、ケネス・ラドル　一九九〇　『魚醤とナレズシの研究』　岩波書店
近畿地方建設局琵琶湖工事事務所ほか　一九八八『琵琶湖の水位変動に関する記録の調査研究業務調査報告書』
高谷好一　一九八二「パンカジェネ河流域の土地利用」『東南アジア研究』二〇―一
高谷好一　一九八七「アジア稲作の生態構造」（渡部忠世編集代表『稲のアジア史一』）
西山武一・熊代幸雄（訳）一九七六　『斉民要術』アジア経済研究所

速野村（大正一〇年頃）『速野村郷土史』
宮嶋博史　一九八〇「朝鮮農業史上における十五世紀」『朝鮮史叢』三号
安室知　一九九八『水田をめぐる民俗学的研究―日本稲作の展開と構造―』慶友社

私は昭和九年、守山市洲本町に生まれました。小学生のころは、まだ法竜川に護岸などなくて、自然そのままでしたから魚がいっぱいいました。学校から帰ってくると、よく釣りに行きました。釣りに疲れると川に入って泳ぎました。今でもはっきりと覚えているのは、死にかけた時のことです。大きな柳の木の下がウロになっていて、そこが魚の巣なのです。潜って手づかみをしていたのですが、手が柳の根に挟まって抜けなくなったのです。溺れ死にそうになりました。あのときの苦しさと恐怖は今でも体でしっかりと覚えています。もう今は、あの柳もウロもありません。

中学は旧制最後でしたから、膳所まで毎日通っていました。六キロメートルの砂利道を、守山駅まで毎日通いました。私の字のあたりでは気がつきませんでしたが、河西のあたりまで行くと米搗きの水車を見ました。その脇に広いセリ田があって、冬だと凍てつくような寒気の中でそのセリを収穫している人をよく見かけました。もっとも、水車のある川からもセリ田からも湯気がモウモウと上がっていましたから、湧水の水そのものは、少しは温かかったのかもしれません。

大学に入ってからは京都に下宿するようになって、守山からはトンと足が遠のいてしまいました。それから三〇年以上も守山を離れていて、いろいろの所に旅行を繰り返してきました。

今は二つのことをやっています。ひとつは昔の滋賀県の農業と漁業について調べることです。いまひとつは世界の農業を分類・整理して、「世界農学史」とでもいったものを描く準備をしています。滋賀というのは、世界でも稀にみる「自然に調和した生き方」を持ち続けて来た所です。この事実をちゃんとした資料とともに、世界の人たちに示してみたいと考えています。

（高谷　好一）

環濠集落と「国」のはじまり

佐原　真

戦争の起源

食料採集民（採集狩猟民）の集団暴力

人が人を殺すことは、五〇〇～四五〇万年の人の歴史の初めからあったのでしょう。しかし、実際に遺体（骨）に凶器が刺さった状況の実例から言える殺人の具体例は、五万年前、イラクのシャニダール洞窟で見つかった槍でやられたネアンデルタールの男です。人が死者を埋葬しただけでなく、お墓に花を捧げたことがわかっているこの遺跡は、あたたかな心の歴史の出発点であると同時に、残忍な殺人事件の出発点でもあるのです。しかし、この殺人が意図的だったか、動物と間違えるなどの事故だったのかはわかりません。

アフリカのナイル川上流、ジェベル＝サハバで見つかった一万四〇〇〇～一万二〇〇〇年前の食料採集民の墓地からは、五八人の中二四人までが骨に損傷があり、石器が骨に刺さったり、骨と骨の間にあったりで、集団暴力の証拠をとどめていました。八〇〇〇年前（中石器時代）のヨーロッパ各地に食料採集民の集団暴力の証拠が残っています。

北アメリカの北西海岸の食料採集民は、奴隷獲得などを目的とした戦争をしました。墓地に残る殺傷（された）人骨や、なぐり殺すための棍棒や弓矢、そして敵襲に備えて守りを固めた村あとが証拠で、およそ二〇〇〇年前までさかのぼります。

定住こそが戦争を誘発した

私は最近まで、農耕社会の成立と成熟の過程で、集団と集団がぶつかって傷つけ殺し合う行為―戦争―が始った、と理解していました。まれに見る食料採集民の暴力は、例外としてみていたのです。

ところがアメリカの人類学者R・B・ファガーソンさんが、「定住の暮し」こそが戦争をもたらしたと書いているのを知って、ようやく、すっきりしたのです。

先にあげた集団暴力とかかわる食料採集民は皆、定住の暮しを送っているからです。

移り住む（移住）暮しの人びとは、集団間で緊張が生じて「ほとんど戦争《オールモストウォー》」

佐《さ》原《はら》　真《まこと》
国立歴史民俗博物館　元館長
専門：考古学

おもな著作

- 1975年　「かつて戦争があった ―石鏃の変質― 」『古代学研究』78号 古代学研究会
- 1987年　『日本人の誕生―考古学が語る原始日本― 』大系日本の歴史第１巻 小学館
- 1994年　『遺跡が語る日本人のくらし』岩波ジュニア新書
- 1997年　『魏志倭人伝の考古学』歴博ブックレット
- 2000年　「日本・世界の戦争の起源」『人類にとって戦いとは』１　東洋書林
- 2002年　「村から「国」へ―権威と力の誕生―」『弥生の『ムラ』から古墳の『クニ』へ』学生社

の事態になっても、移住することによってその緊張から解放されたのでした。しかし、定住の暮しが始まると、争わざるをえなくなってしまったのです。

ただし、一四〇〇〇～一二〇〇〇年前のアフリカ、八〇〇〇年前のヨーロッパの集団暴力は、計画的な争いというよりは、突発的とみられるものです。狩りの道具や木を倒すなどの道具を凶器として使っており、まだ、人を傷つけ殺す専用の道具――武器――はありません。だから集団暴力とよび、戦争の語は避けた方がよい、と思います。アメリカ北西海岸の争いは戦争です。

農耕社会は定住の暮しです。だから、定住の暮しから戦争が始った、という理解は、定住民の戦争をふくみこむことになります。

農民から本格的な戦争

ヨーロッパでは、七〇〇〇年前以来は、初期農民と残留食料採集民間の争いが、あるいは、初期農民同士の争いが知られています。しかし、それもまた、狩りや木を倒すための道具を凶器としていますし、偶然、出くわして争いになった感があります。戦争というよりは集団暴力です。

ところが六〇〇〇～五〇〇〇年前以来、農民たちは守りの村、つまり防禦のための壕や、土の壁をきずきます。敵の存在を意識し、攻めること守ることが本格化します。よろいや盾も生まれたでしょう。集団暴力というより戦争とよぶべきでしょう。

中国では八〇〇〇～七〇〇〇年前以来、村のまわりを壕でめぐらすことが始りました。当然、それを掘った土をそばに盛り上げて壁（中国語の「城」）を作ったでしょう。おそくても五〇〇〇年前ころから戦争は始っていたといわれています。

戦争を知り、必要とした社会は、やがて政治的仕組みとして軍隊をもち、司揮者の命令にしたがって兵が戦う、という組織化された戦争を始めることになります。

日本の戦争は弥生から

縄紋人は定住した食料採集民でした。暴力の犠牲者の証拠も知られています。しかし、狩りの道具、木を倒す道具を凶器とした暴力の段階です。偶発的、突発的衝突の段階です。

弥生時代に入ると間もなく、壕をめぐらせ守りの壁を築く村が生まれました。本格的な武器も発達し、よろいも盾も生まれました。

殺傷人骨の実例も九州だけで二〇〇を超えるいきおいです。弥生時代こそが、日本の歴史上、戦争の始った時代だったのです。

弥生の村と「国」と

いくつもの小さな村を率いた大きな村

弥生時代の村あとの研究が進んで、いくつもの小さな村あとと、これらを率いたであろう大きな村（拠点集落）あとがあることが分ってきました。北部九州の弥生時代中ごろには、大きな土器のかめを、遺体を収める棺（かめ棺）に使いました。小さな村あとにともなう墓地のかめ棺には特に目立った品物をそなえていないのに、大きな村の墓地のかめ棺には、宝物を死者に副えて葬っている例が多いこともわかっています。副葬品の質や量は、大きな村に力をもった人がいたことを、そして、たくさんの小さな村が政治的にひとつにまとまっていて、その都的な存在として大きな村があり、この大きな村にその政治的まとまりの中心になる人がいることを思わせます。

宝物を副葬する習慣は、朝鮮半島から北部九州に伝わりました。しかし、中・四国や近畿ではその習慣なく、副葬品によって大小の村の格差を知ることはできません。

ところが、大きな村からは、小さな村には見ることのできない種類の遺物が、そして建物あとがみつかるので、大小の村が、ただ規模の大小の差にとどまるのではなく、質の差におよぶことがわかります。

滋賀県守山市の下之郷も伊勢も弥生時代の大きな村でした。

魏志倭人伝の大きな「国」、小さな「国」

三世紀の中国の記録、魏志倭人伝には、中国の魏が「国家」という表現でできます。そして対州（対馬）、一支《いき》（一大とあるのは一支、つまり壱岐のこととみる）、末盧《まつら》（佐賀県唐津付近、松浦の地名にのこる）、伊都《いと》（福岡県糸島半島の糸としてのこる）、奴《な》（福岡市〜春日市　那の津、那珂川としてのこる）、不弥《ふみ》…邪馬台《やまたい》などの小さな「国」の名が三〇ほど出てきます。これら小「国」が政治的にひとまとまりで「倭国《わこく》」という大「国」を成しています。そして倭国と対立する小「国」として、狗奴《くな》国の名もあがっています。

魏志倭人伝は、大きな「国」も、それを構成する小さな「国」も同じ「国」と表現していると同時に、大「国」をひきいる人も小「国」をひきいる人も「王」とよんでいます。いわば大きな「王」と小さな「王」です。

守山の下之郷と伊勢とは、琵琶湖東岸にあったいくつもの小さな村から成る小「国」をひきいる都的な大きな村でした。紀元前一八〇〜同五〇年ころ（弥生時代中期後半）は下之郷が小「国」をまとめ、そこに小「王」がいたのか、紀元後八〇〜一八〇年ころ（弥生時代後期）には、伊勢が下之郷に代わってその小「国」をひきいるように変り、伊勢の村の長が小「王」になったのでしょう。

下之郷合戦

弓の射程距離と多重環壕

ローマの皇帝カエザル（シーザー）の『ガリア戦記』には、ローマ軍とケルト人との戦いの様子がくわしく書いてあります。フランス・ドイツの考古学が共同で発掘したフランスのアレシア（現アレリア）では、ガリア戦記に書いてあるとおりの厳重な防御施設がみつかりました。何重にもめぐらす施設によって、守りの幅をひろげて、敵の弓矢の攻撃を避けた、と解釈しています。弓矢を学んだ考古学の松木武彦さんは、近畿地方に多い、何重にも壕をめぐらせている守り（多重環壕）も、矢がとどかないための工夫とみています。

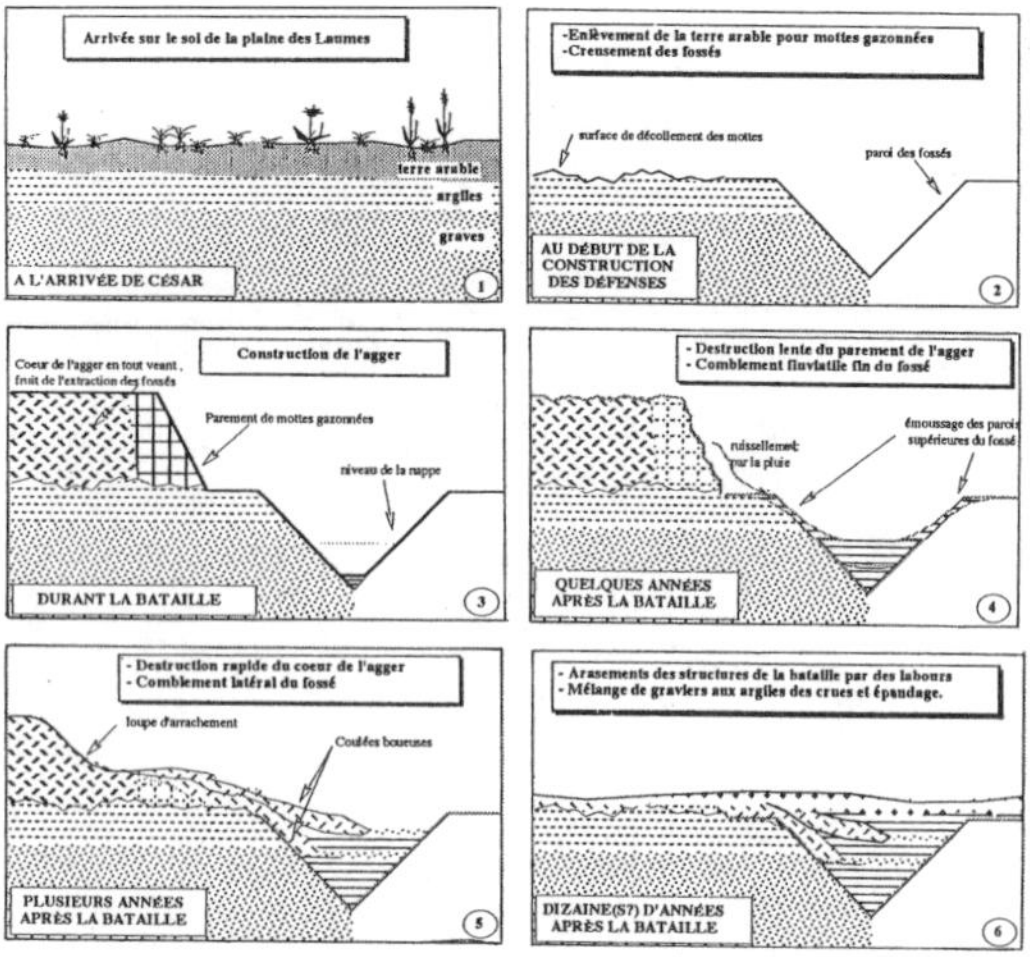

図１　フランス　アレシアの壕

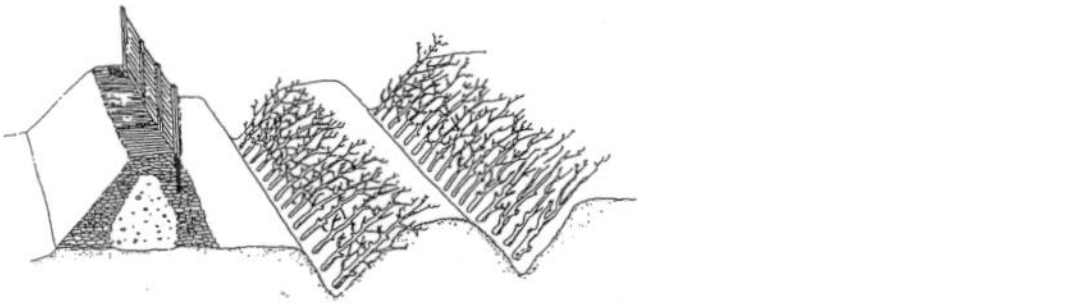

ローマ軍の逆茂木 JOHNSON, A. (Übersetzt von SCHUTE-HOLTEY, G.) 1987 *RÖMISCHE KASTELLE, KULTURGESCHICHTE DER ANTIKEN WELT* Band *37*, Philipp von Zabern, Mainz am Rhein.

図２　ローマ軍の逆茂木

下之郷では、西の三周壕のところで、銅剣、石剣、石の矢尻（石鏃《せきぞく》）や弓が集中的にみつかりました。イギリス新石器時代の断続周壕《コースウェイドキャンプ》の入口付近に集中して石の矢尻がたくさん見出されている事実と比較できる実例です。下之郷で敵味方の戦いが、つまり下之郷合戦がおこなわれたあとなのでしょう。

鳥取県青谷上寺地《あおやかみじち》では、女・子どもを含む戦いの犠牲者の骨がみつかりました。

普通、戦いがあると、味方の遺体は始末して葬ります。敵の遺体は、そのままにするか、大きな穴を掘ってそれに投げ込んだりします。村がほろびると、遺体はそのままになります。青谷上寺地合戦で、遺体を放置したのは、どんな事情からでしょうか。魏志倭人伝で「倭国乱る」とある、その時期の戦いの犠牲者たちです。

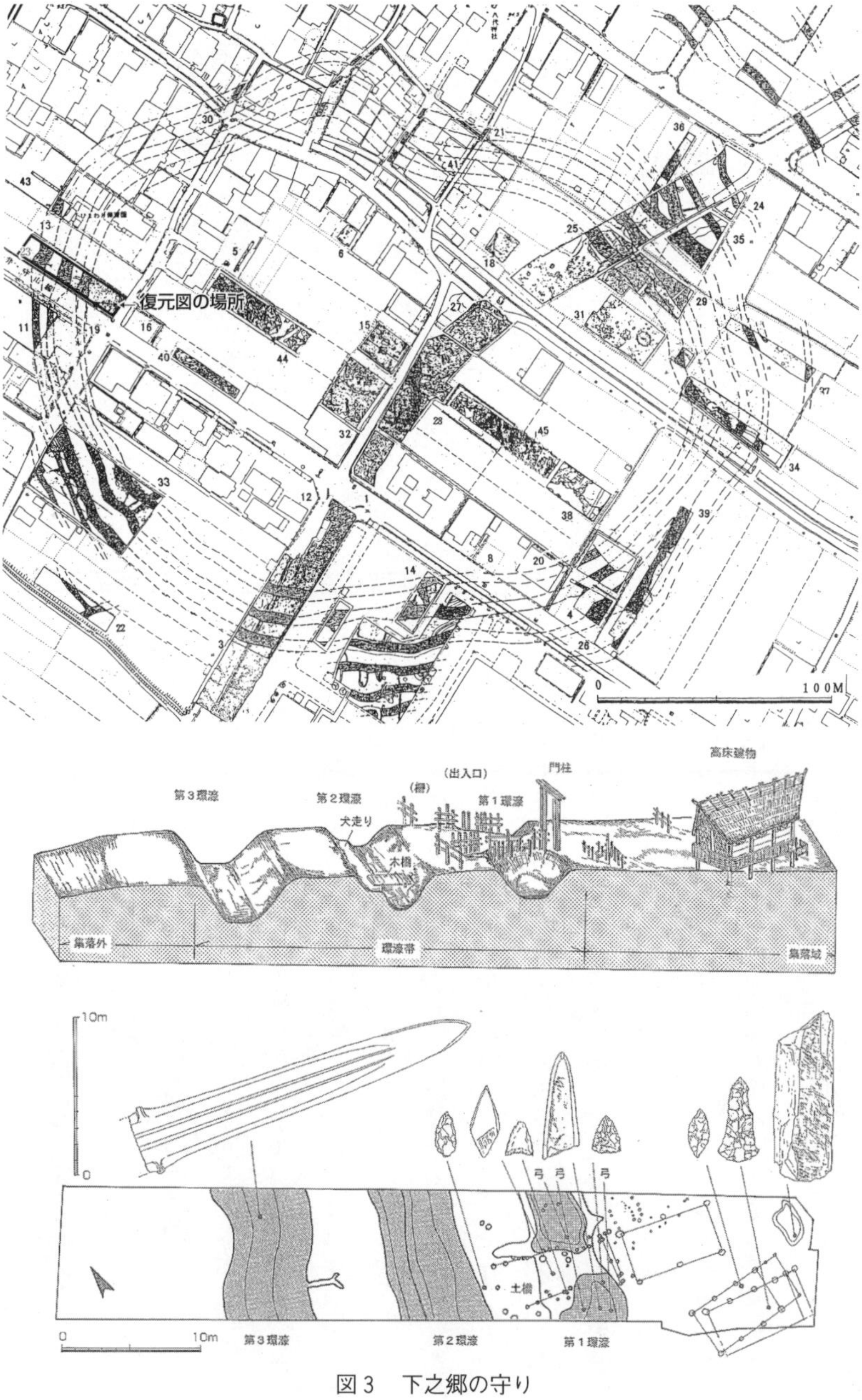
復元図の場所
0
100M
第3環濠
第2環濠
犬走り
(柵)
(出入口)
第1環濠
門柱
高床建物
木橋
集落外
環濠帯
集落域
10m
0
弓
弓
弓
土橋
0
10m
第3環濠
第2環濠
第1環濠

図3　下之郷の守り

大きな村の中の立派な建物

弥生「神殿」・「祭殿」は
有力者の多目的ホール

九州で、中・四国で、そして近畿で、弥生時代の大きな建物あとが続々とみつかっています。下之郷、伊勢にもありますし、最近では、奈良県唐古・鍵での発見がありました。

これらの建物は、よく「神殿」・「祭殿」とよばれています。しかし神殿といえば、ギリシア、アテネのパルテノン神殿やエジプトのカルナック神殿のように神像をまつる建物をふつうよぶ表現です。日本では仏像の影響で平安時代に神像を造り始めました。しかし、古墳時代より前に神の像を造ってまつった証拠はありません。弥生時代にも、滋賀県の湯ノ部や烏丸崎、下之郷など、祖先像とみなされている木製の素朴な像は、あるにはありますけれど、このように野趣のある小さな像は、大きな建物にふさわしくありません。「神殿」にそれをまつったことはなかったでしょう。

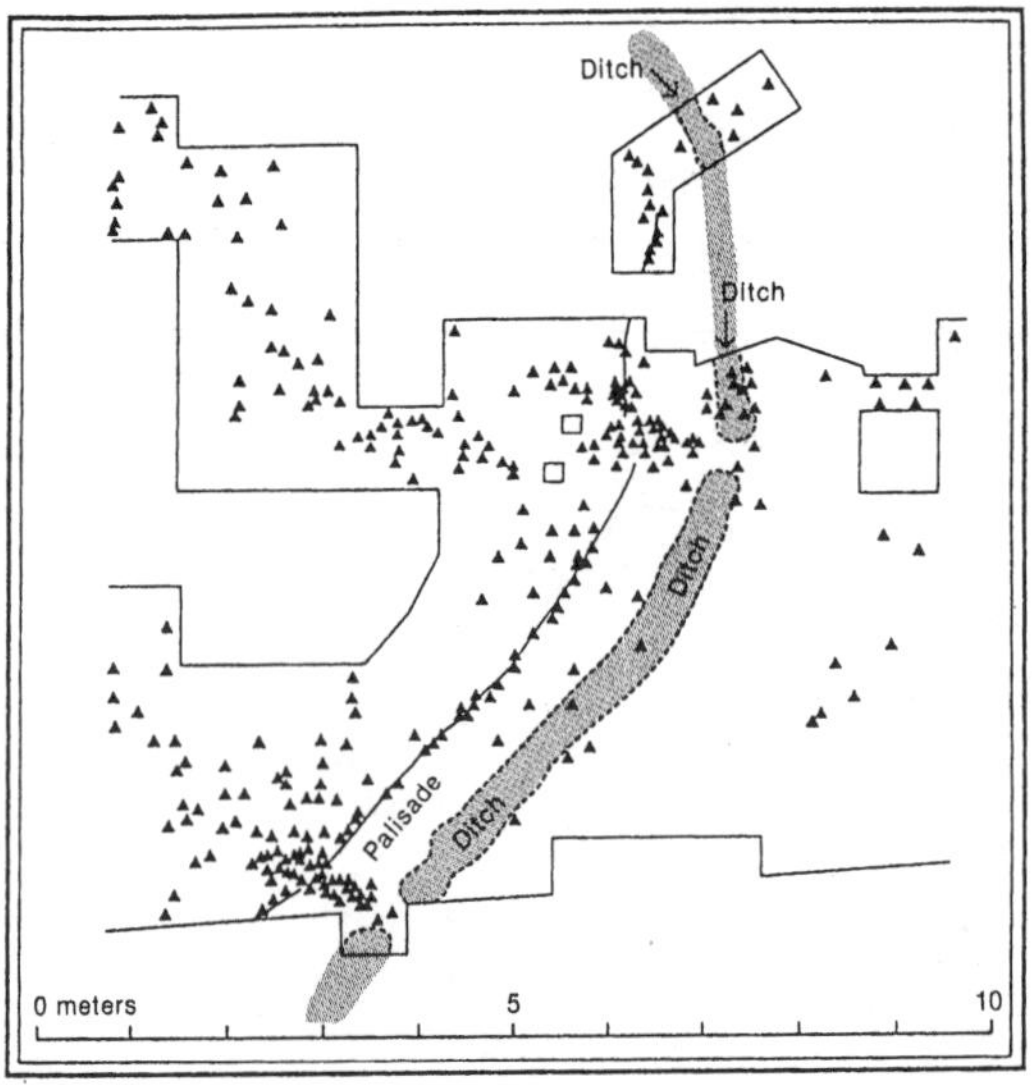

図4　イギリスの壕と矢尻
（クリックリー＝ヒル）

古い神社建築では、神を象徴する鏡などをまつる本殿がなかったことは、奈良や島根の古社をみればわかります。これについては岡田精司さんも指摘しています。弥生時代には、神殿はなかったでしょう。

それでは祭殿はどうでしょうか。上田正昭さんの指摘のように、古代古くには、祭政一致というよりは、むしろ祭政未分離の状態だったのでしょう。そう考えると、政治の場にも祭りの場にも使う公の建物こそが、弥生時代の大型建物の性格であった可能性が大きいと思います。有力者が日常勤務し、会議もするし、神をまつることもある公の多目的ホールです。

下之郷や伊勢の立派な建物もまた、それに相当すると私は考えています。

魏志倭人伝は、卑弥呼の邸宅について「居処宮室城柵」をあげています。このうち宮室（あるいは宮）は、このような有力者の公の生活の場と思います。

弥生時代後半と古墳時代初期の大型縦穴住居は、有力者の私的生活の場

鳥取県では、特別の構造をもつ立派な建物がある地区に限って、大きく浅い縦穴住居（竪穴住居）がありました。小さく深い、外からは土屋根しか見えない、沢山ある縦穴住居が一般庶民の家だったのに対して、大きく浅い、ごく少ない縦穴住居は、外から壁もみえ、おそらく草屋根だったろう。そして、この大きく浅い縦穴住居こそが、有力者の私的生活の場だったろう、と宮本長二郎さんは提案し、私はそれに賛成しました。

それは、すぐに奈良県佐味田《さみた》宝塚《たからづか》古墳の「家屋紋鏡」の縦穴住居と、奈良県東大寺山古墳の刀の柄飾りの縦穴住居を思い浮かべてのことでした。

「家屋紋鏡」には、二階建て（高床《たかゆか》）に階段で昇る建物二つ、壇上に立つ一階（平屋）の建物一つと、縦穴住居一つとがあります。この縦穴住居を露台《バルコニー》付きの高床建物（高屋）とみる若林弘子さんの説もあります。しかし、多くの点で恣意的です。成り立つ説とはいえません。縦穴住居、あるいは静岡市登呂の実例のように低地のため、地面を掘りさげることなく、周りに土手を作って形の上では縦穴住居と変りない平地住居かのどちらかでしょう。いま、その可能性も視野にいれた上で、縦穴住居とよんでおきます。

さて、家屋紋鏡の高床建物のひとつと縦穴住居とに、権威の象徴である衣笠《きぬがさ》（蓋と書いてもキヌガサと

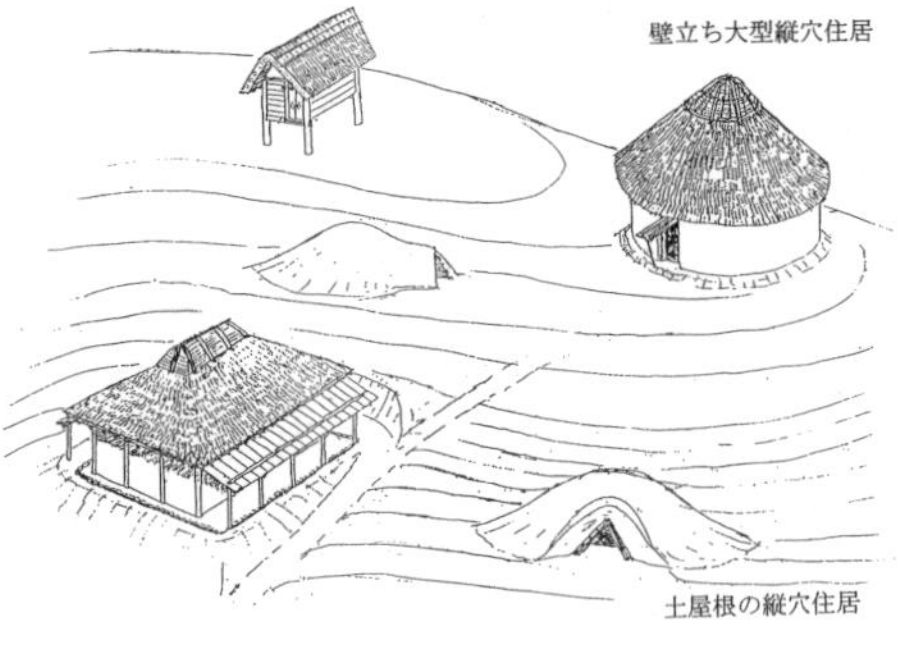

図５　鳥取県妻木晩田　松尾頭地区の建物

図６　家屋紋鏡

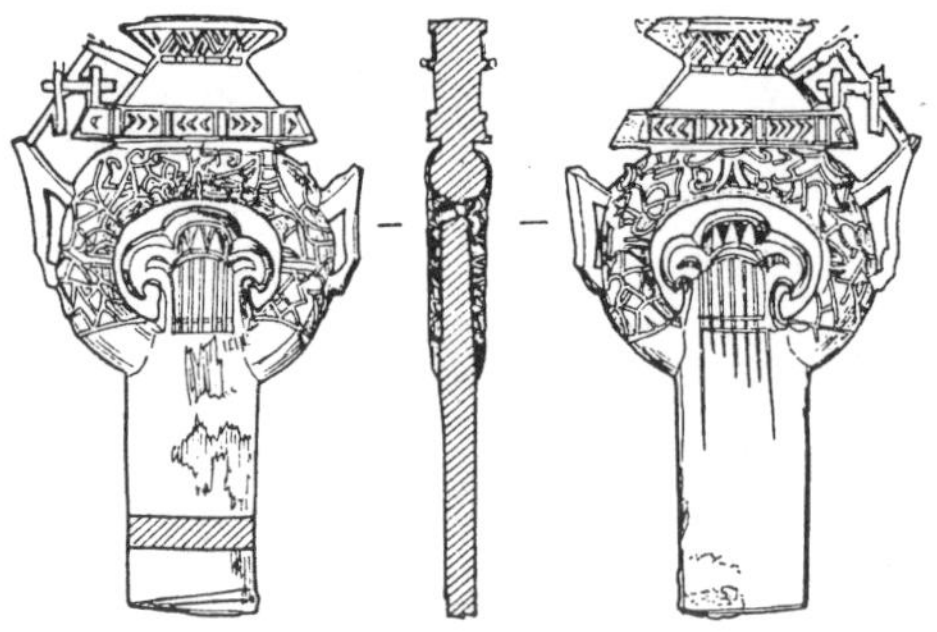

図７　刀の柄

図８　佐賀県吉野ヶ里　倉庫群と縦穴住居

よみます）がそえてあります。これは、四つの建物のうち最大である縦穴住居こそが有力者の私的生活空間で、衣笠のある高床建物こそが有力者の公的生活空間であることをしめしています。考古学では、車崎正彦さん、辰巳和弘さんがそう考えています。

　佐賀県吉野ヶ里の丘の下西側では縦穴住居群がみつかり、大きな縦穴住居も二、三ありました。吉野ヶ里最後の「王」たちの住い、とみなされています。

下之郷・伊勢でも必ずや、大きく浅い縦穴住居がみつかるものと、私は期待しています。

弥生の大きな村の内郭から飛鳥・奈良時代の宮へ

内郭のない大きな村

　横浜市大塚は壕をめぐらす二〇〇〇年前の大きな村です。二つの時期にわたる家のあとが数多く重なりあっています。家には大小がありますから、大きな方は村長《むらおさ》なり、いくつもの村をひきいる長なりの家の可能性もあります。しかし、村の中に特別に囲んだ区部、つまり「内郭」があるわけではありません。だ

図９　横浜市大塚

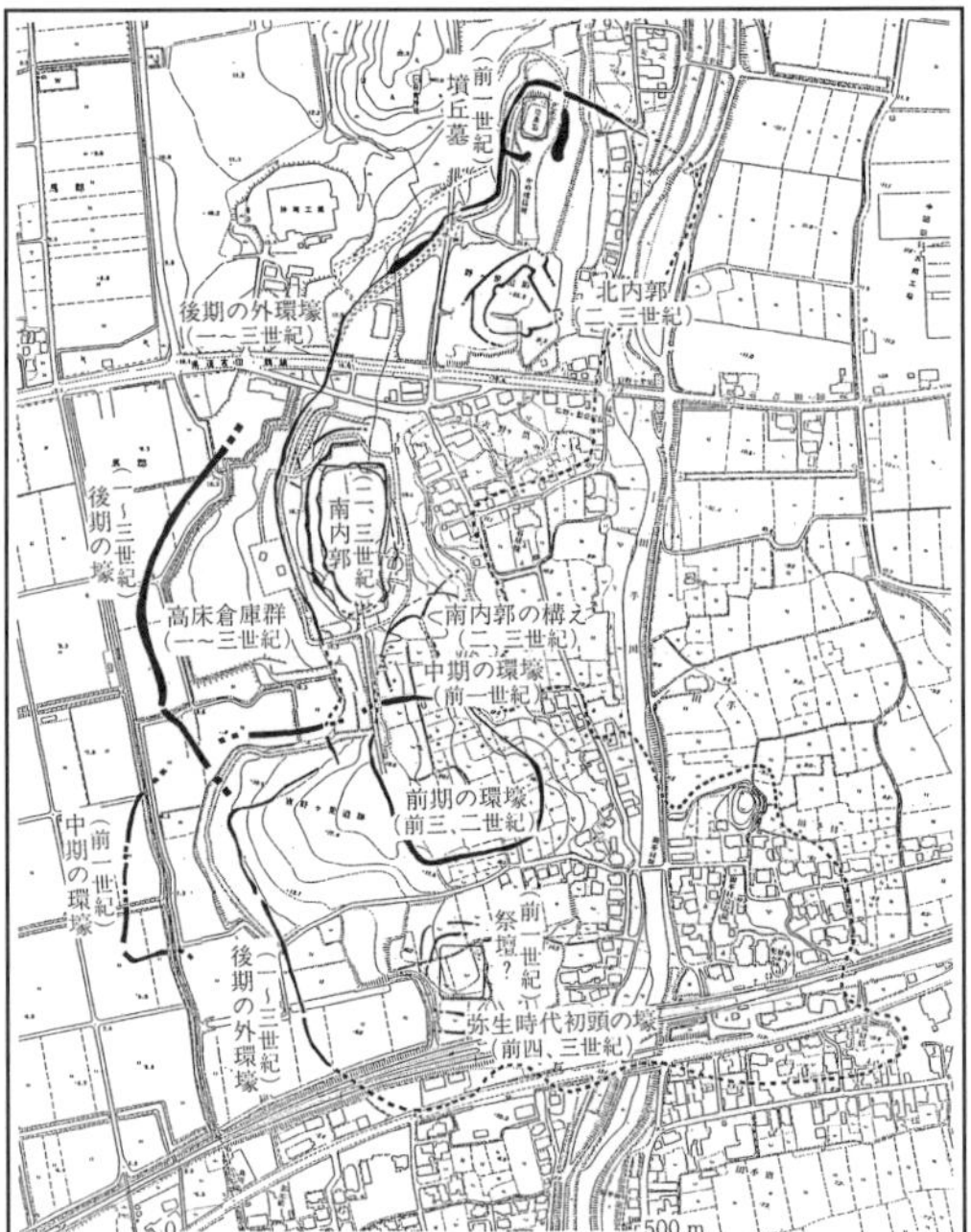

図10　佐賀県吉野ヶ里

から、有力者たちも一般の村びとからとび離れた力や権威をもったわけではないでしょう。

内郭をもつ大きな村

二〇〇〇〜一八〇〇年前ころの吉野ヶ里は広い範囲（南北一平方キロメートル、東西五〇〇メートル）を外壕《そとぼり》で囲み、その中にさらに壕《ほり》で囲む部分が二カ所ありました。北西郭・南西郭の名でよんでいます。北西郭には、立派な高い建物がありました。

北西郭の北、外壕が囲む北端には、人工的な土盛りの二一

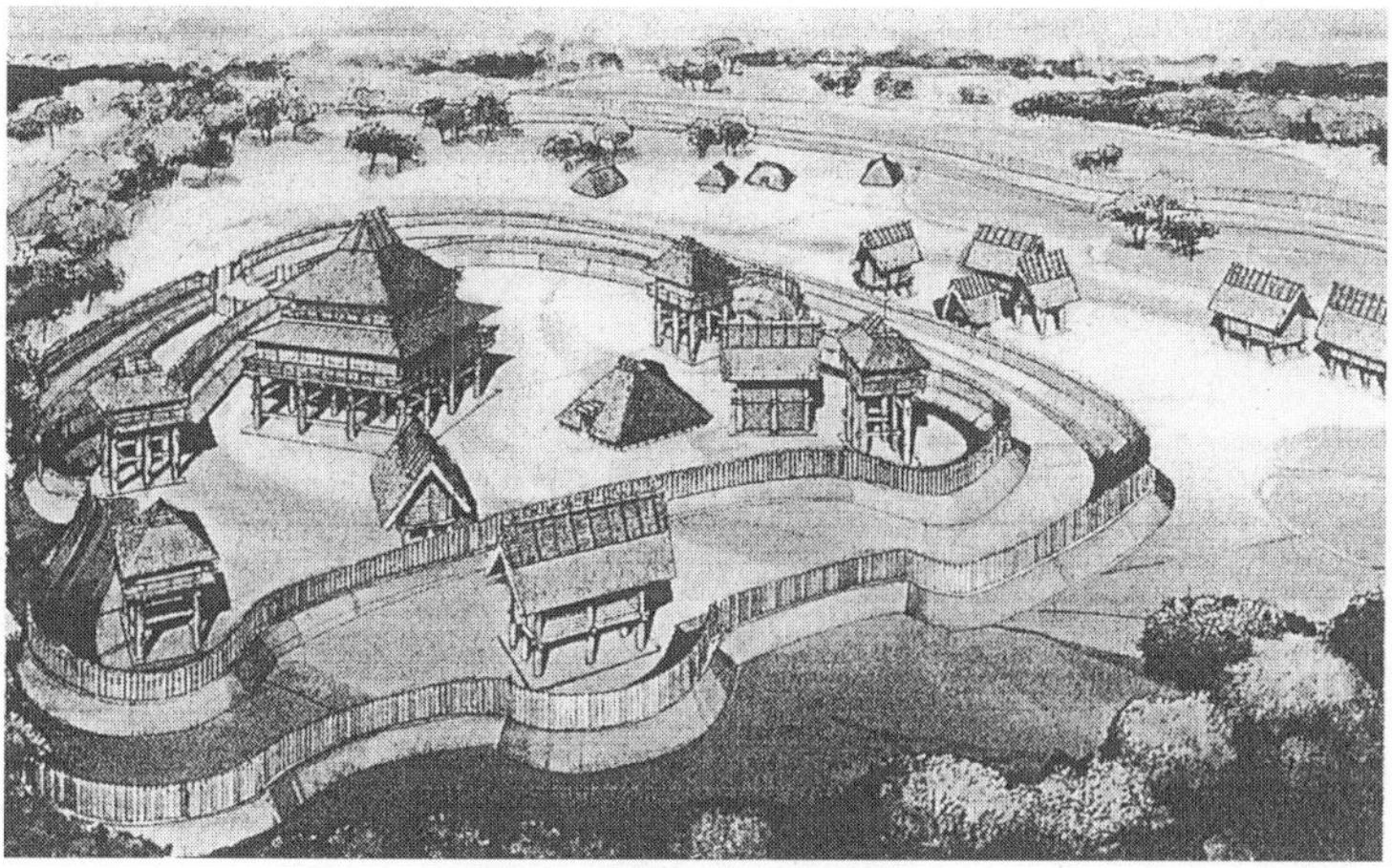
図11　吉野ヶ里の北内郭

○○～二○○○年前の墓丘があり（丘墓、墳丘墓）、有力者四人を葬ってあります。宝物も入っていました。

丘墓の西と東北との二カ所には、壕と土壁との間を抜ける出入口があり、吉野ヶ里の配下にあった小さな村の村長《むらおさ》などが丘墓の参詣を強いられた可能性があります。

丘墓の東には、丘墓への祈り祭りに使った祭りの土器を、古いものから新しいものまで捨てるための穴がありました。吉野ヶ里の初期の「王」たちをまつることが何世代にもわたって続いた証拠です。「国」の威力をみせつけられる思いです。

北西部の立派な建物は、この丘墓に眠る「王」たちの霊をしずめるための建物（廟《びょう》）だと七田忠昭・高島忠平さんたちはみています。私は、廟説にただちにうなずくことは出来ません。しかし、この建物が有力者たちの公的生活の場であることは動かないでしょう。

それに対して南西郭には、これという立派な建物あとがありません。弥生時代当時の地面は一メートル以上削りとられ

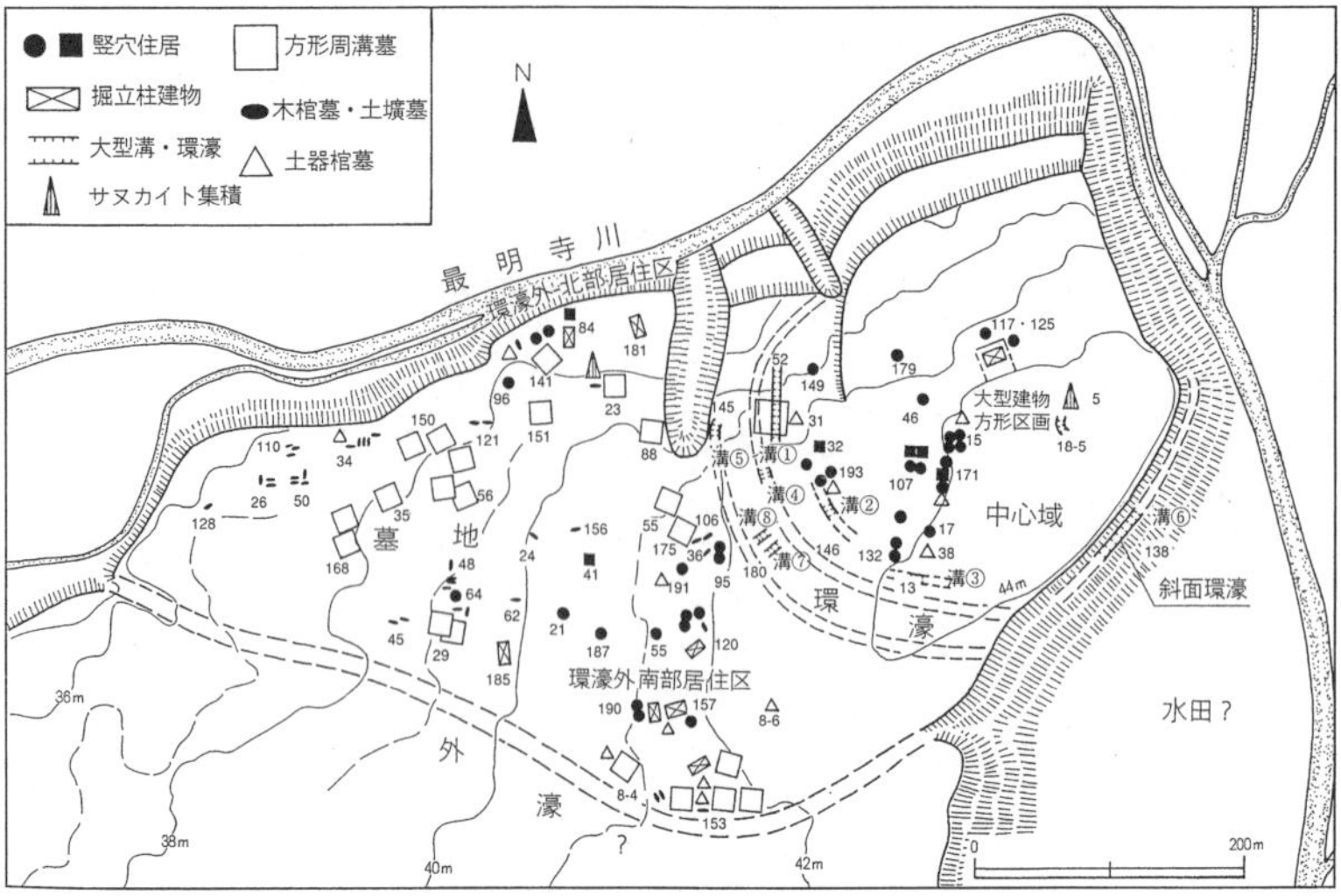

弥生時代中期集落構成図（数字は調査次数を示す）

図12　兵庫県加茂

た状況、ときくと、ここに、大きく浅い縦穴住居、つまり有力者たちの私的生活の場があった可能性を考えたくなります。

不整形の内郭、四角い内郭

吉野ヶ里の内郭の形は不整楕円形、あるいはオバQ形で、曲線を描いています。

ところが、わが下之郷・伊勢、そして、兵庫県川西の加茂弥生村の内郭は、基本的に四角いのです。私は、この平面形を大いに注目します。なぜなら、四角い平面形は、方位に合わす設計や建物を対称的に並べる設計と結びつく可能性も大きいからです。

そして弥生時代が終り、一般庶民のはるか上に立つ有力者――豪族とよび直しましょう――が出現したとき、豪族は、基本的に四角い平面の邸宅（豪族居館）に住み、死ぬと、人工の丘の墓、古墳に眠ったのでした。

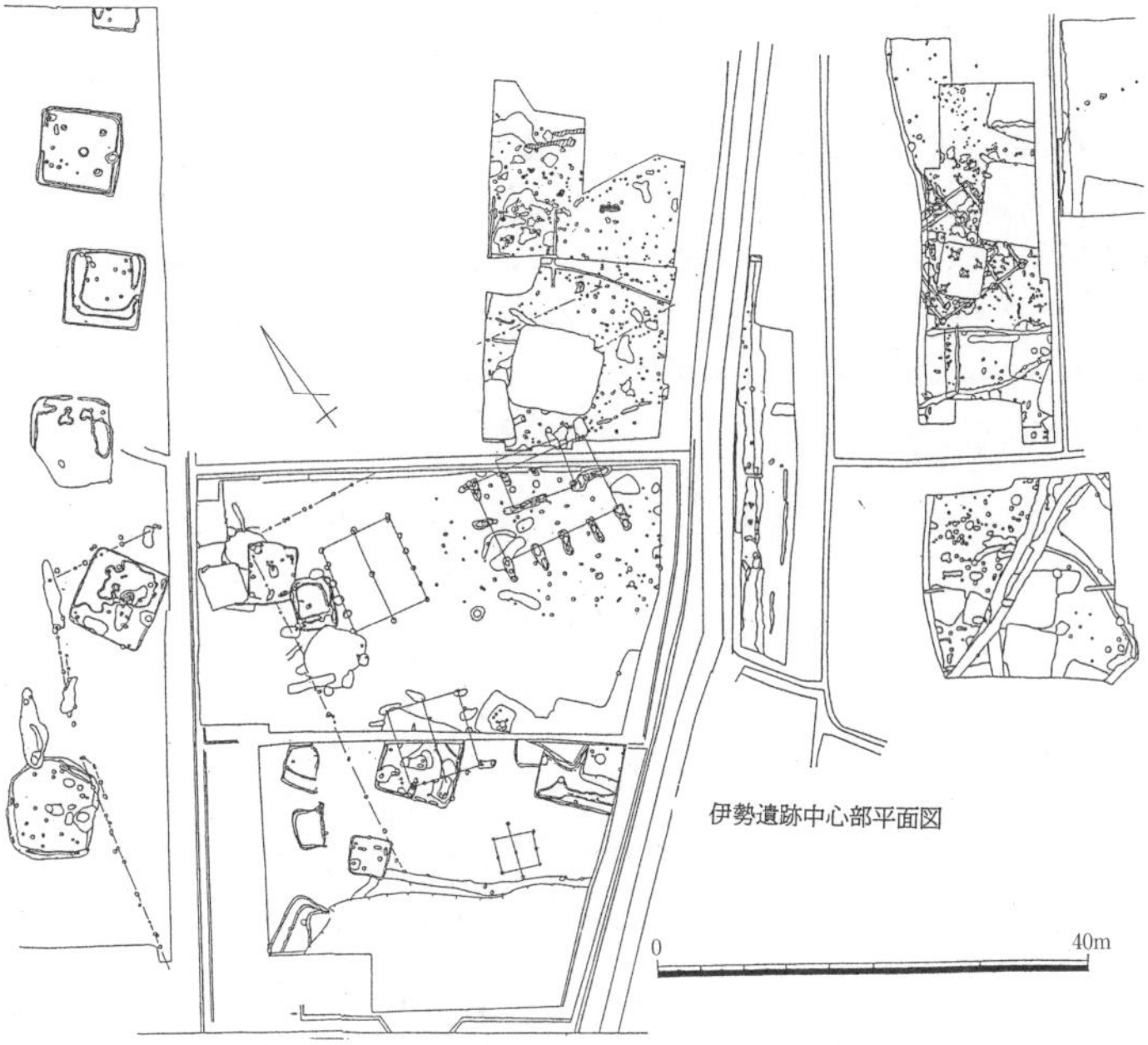

図13　伊勢遺跡

つまり、弥生時代の近畿の大きな村に見る四角い内郭は、弥生時代の終りか古墳時代に入ると、村からとび出して豪族居館になったのでした。それだけではありません。それは、飛鳥・奈良時代の天皇の邸宅、宮の平面形にまでつながるのです。

飛鳥・奈良時代の天皇たちの住《すま》い（天武・持統朝の藤原宮以来は、天皇の住い＋役所）が、中国の宮を手本にしたことはよく知られています。しかし、中国の宮そのままではありません。古墳時代の豪族居館からの伝統的要素もふくみこんでいるに違いありません。とすると、それは、近畿にある弥生の大きな村の四角い内郭を起源としている、ということになります。

下之郷と伊勢の内郭をもつ大きな村は、たんに滋賀県、近畿のなかだけでなく、日本の歴史の上で非常に大切です。「地方版」でなく「全国版」です。さいわいにも、大きく傷つけられることなく残っているので両遺跡の実態の究明が進むと、日本古代史の謎がいまよりもずっと明らかになる、と期待しています。

佐原2000.11.25　図の典拠

1・2、佐原真1999「日本・世界の戦争の起源」『人類にとって戦いとは』1　歴博監修　東洋書林

1、REDDÉ, M und Von SCHNURBEIN, S. 1996 Fouilles et recherches nouvelles sur les travaux de César devant Allésia (1991〜1994) BERICHT DER RÖMISCH-GERMANISCHEN KOMMISSION, Band 76.

3・13　守山市教育委員会

4、佐原真2000「世界の戦争考古学」『考古学による日本歴史』6．戦争　雄山閣出版

5　宮本長二郎1998「妻木晩田遺跡群の建物」シンポジウム資料『妻木晩田遺跡群をどう活かすか』

6．辰巳和弘1992『埴輪と絵画の古代学』白水社

7、金関恕1978「卑弥呼と東大寺山古墳」『古墳と国家の成り立ち』古代史発掘6　講談社

8・10・11　佐原真2000「弥生の「国」の中心を歩く――吉野ヶ里――」『ものがたり日本列島に生きた人たち』1　遺跡上　岩波書店

9、小宮恒雄1986「神奈川県大塚遺跡」『弥生文化の研究』7　雄山閣出版

12．川西市教育委員会2000『史跡加茂遺跡――弥生時代の大規模集落――』

＊シンポジウム当日資料の手書き原稿をもとに編集しました。

一九三二(昭和七)年、大阪市上本町に生まれ、大阪府豊中で小学五年生までを過ごし、おそくも小学一、二年のときには自然公園(豊中市青池)で須恵器をひろい、大昔のものと教わって感動し、考古学をめざしました。トンボもセミもとらない異常児として育ったのです。暮らしは中の下くらいかと思いますけれど、父が考古学の本を数多く買い与えてくれました。

家が東京に移り、戦争末期、小学校(国民学校)の集団疎開で長野県更埴市(屋代町)に移ったときには、八幡一郎『南佐久の考古学的調査』と森本六爾『金鎧山古墳の研究』をもっていきました。しかし単独行動ができず、考古学の活動はできませんでした。

一九四七(昭和二二)年、中学(旧制武蔵高等学校尋常科)のとき(一五歳)、日本人類学会が中学生のための考古学講座を開き、そこで縄文文化研究の権威、山内清男先生(当時四五歳)を知り、単身赴任で東大に住んでいた山内先生のところに土・日曜に通い始めました。

山内先生に大学は京都へ、とすすめられました。しかし大学の所在地の名前が悪かった。百万遍です。受験勉強をせず三遍も失敗し、大学院からと決め、英語のほかに外国語をもうひとつ学ばなければならず、シユーベルトを原語で歌うべくドイツ語を学び、ようやく百万遍の大学院に進みました。

現在の関心は、衣食住の考古学、とくに魏志倭人伝の風俗記事との比較、戦争の考古学・環境の考古学に加えて、男女の考古学です。

外国語大学へ進む前の浪人中、大津市の石山貝塚の発掘(平安高校坪井清足さん・打出中学西田弘さん)に参加したのが滋賀県とのおつきあいの始まりです。大学院時代には『彦根市史』の考古学を書きました。

守山は新庄銅鐸の発見地でもあって気になるところでした。しかし、下之郷と伊勢とが見つかって以来、何回も訪ねるようになりました。重要な発見があると、必ず声をかけていただき、情報を提供していただけるのです。有り難いことです。

これからも世界各地をたえず意識して、人類史のひとこまとしての事例研究《ケーススタディ》、日本先史時代を現代と結びつけながら勉強していきたいと考えています。

二一世紀は歴史環境・自然環境を大切にして、人の心を大切にして生きる時代です。考古学は今や、過去から始めて現在、将来を考えるためにも重要な役割を果たせると思います。

(二〇〇〇年十一月記)

(佐原　真)

コラム

下之郷の木器づくりと弥生の環濠

村上由美子

下之郷遺跡では環濠の濠の一部を埋め戻して、つき固めた場所が発掘されました。濠で囲ったムラの中と外を往来するとき通る、出入口のようです。周りからは石鏃や石剣、弓などの武器が集中して出土し、かつてこの場所で戦いがあったことを彷彿とさせます。

しかし、環濠は防御のためだけに掘られたのでしょうか？三重以上もの濠をムラの周りにめぐらすには、大変な労力がかかります。戦いという限られた場合だけでなく、環濠と日常の暮らしとの関わりを考えてみる必要もあります。135ページの図で示した三本の環濠からは、弓のほかにも木製の道具類が多く出土しました。この木器に着目し、下之郷遺跡で営まれた暮らしや環濠の役割を見直してみましょう。

石鏃が多く出土した内濠では広鍬の未成品（写真6）や完形の竪杵（写真1）が、中濠では田下駄が発掘されました。これまで下之郷では田んぼは見つかっていませんが、米が出土しており、これら農具も付近で稲作が行われたことを示す証拠といえます。そして作りかけの未成品があることから、木器づくりも下之郷で営まれた「弥生のなりわい」の一つと考えられます。

つづいて外濠の状況を見てみましょう。銅剣が出た位置よりも上の層に木器が多く、未成品がかなり含まれます。泥除けは広鍬に取り付け、鍬を打つときに、はね返る泥を防ぐために使われます。二枚の泥除け未成品（写真2・3）が隣りあって出土しました。形や大きさはほぼ同じですが、一枚には柄を挿し込むための孔があるのに対して、もう一枚はまだ孔を開ける前の状態です。製作の段階がちがうことが分かります。

ほかに鋤（写真4）も見つかっています。柄と身を別材で作り、組合わせて使いますが、まだ作りかけで二つの鋤の身がつながっています。複数個体を連ねて作るのは、弥生時代の農具に特徴的な製作方法でした。

鋤の隣で杓子の未成品（写真5）も出土しました。物をすくう身の部分から柄が斜めに続きます。刳り込みが始まる前の段階で、身の中はまだ平らなままです。泥除け・鋤といった農具と、容器とセットで用いる

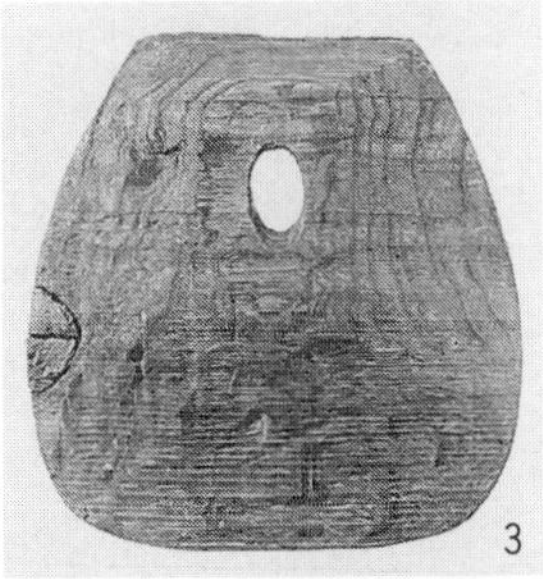

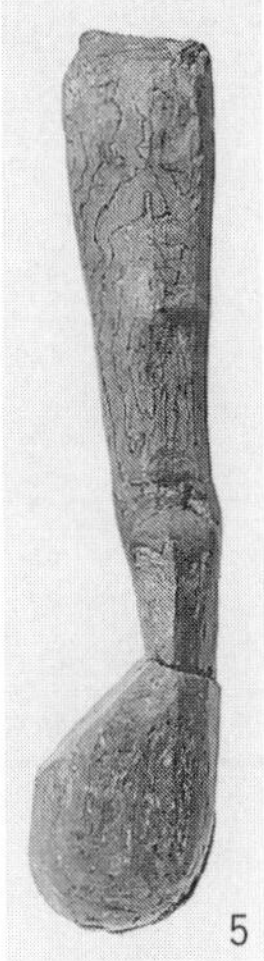

1,6：内濠より出土
2～5：外濠より出土

1 堅杵（長さ127.2cm）
2・3 泥除け未成品
（長さ　左：26.8cm　右：26.9cm）
4 鋤未成品（長さ84.5cm）
5 杓子未成品（長さ46.7cm）
6 広鍬未成品（長さ28.6cm）
1～4，6はアカガシ亜属、5はケヤキを使用

外濠の出土状況（次ページ）からは、2と3、4と5が隣りあって保管されていた様子がわかります。

下之郷遺跡の環濠で出土した木器（弥生時代中期）

食事具は、暮らしの中では別の場面で使われる道具です。しかし未成品が隣りあって出土したことから一緒に製作・保管されていた様子が窺え、おなじ作り手が関わっていた可能性もあります。

環濠から未成品が出土するのはなぜでしょうか。木が乾燥すると石器では削りにくくなるため、製作途中で作業を中断するときは水に漬けて保管したと考えられています。弥生の人びとは魚捕りや米づくりなど、さまざまな生業に携わっていました。他の仕事の手が空くまで、近くの環濠に置いていたのかもしれません。環濠に堆積した土の観察から、水の流れは少なく、穏やかな水をたたえていたことが窺えました。弥生時代には井戸や土坑、溝、旧河道など水のある遺構から木器の未成品が数多く見つかっています。時期ごとに選ぶ場所の傾向の差はありますが、下之郷の人びとは、環濠を身近な水場として作りかけの木器の保管場所に選んだようです。

これまで環濠の役割は、戦いに備えた防御の施設という見方が一般的でした。たしかに武器からみると、そう解釈できますが、ここでは木の道具を作り、日常の暮らしのなかで使う場面が想像できます。そして木器の未成品からみると、環濠は加工途中の木材を一時的にストックする役割を備えていたといえます。

シンポジウムでは「考古学の資料では南とつなぐものがどうしても少ない」（→214ページ）という話があります。環濠は朝鮮半島や中国の例と比較することが多いのですが、東南アジアの遺跡でも確認されています。どんな様子だったのでしょうか。東南アジアの環濠は「水のコントロールを主目的とする施設」と推定されており、「水管理は、人口の集住化に対応する手段」として「環濠は集落の防御、魚やカエルなどの動物性蛋白源供給場所であり、結果的に多機能の施設であった」と評価されています（文献1）。今回のシンポジウムの論点とも共通する要素があります。

水をたたえた環濠は、集落の営みの中でさまざまな使いみちがあったことでしょう。水を使う施設として評価し直すと、環濠をめぐる「融通無碍《ゆうづうむげ》な利用法」が見えてきそうです。そして作りかけた木器の保管も、さまざまな利用形態のうちの一つでした。環濠がもつ機能の多様性を明らかにしていくと、南とつながる要素も今後は増えるかもしれません。

考古学の分野で、環濠の役割を見直す動きが高まっています。全国各地の事例からは「『環濠集落』と一括できるほど一様なものはなく、地域ごとにさまざまな特徴をもち多様なありかたを示す」ことがわかってきました（文献2）。「地域的個性に留意して環濠集落を把握すべき」という問題提起もなされています。

近江の場合は「地域の個性」として琵琶湖につながる水系と環濠との関わりを重視する必要があります。生業や集落立地とも絡めて検討すれば、さらに豊かな環濠像を提示できる可能性が充分にあります。

〔引用文献〕

1. 新田栄治　二〇〇一「金属器の出現と首長制社会の成立」『岩波講座東南アジア史』第一巻　原始東南アジア世界
2. 松木武彦　二〇〇二「新しい環濠像を求めて」『日本海をのぞむ弥生の国々～環濠から見える弥生社会とは？』第三回妻木晩田弥生文化シンポジウム資料

まちづくりと遺跡

坂井秀弥

さかんな遺跡の発掘調査

日本全国には、いわゆる遺跡（法律では「埋蔵文化財包蔵地」といいます）は約四四万カ所あることが知られています。丘陵・山地も含めて一キロメートル四方の土地に平均一か所、人が通常居住している「可住地域」に限れば三カ所はある勘定です。現在では、道路や住宅・農地などの各種の建設工事により遺跡が壊れてしまう場合は、事前に遺跡の発掘調査を行うことになっています。これだけ遺跡が多くて各種の建設工事がさかんに行われるため、発掘調査は年間七、八〇〇〇件、費用は約一二〇〇億円にものぼります。この多くの発掘調査は、開発事業者をはじめとした国民の理解と協力にささえられて行われていますが、これらの多くの遺跡は失われてしまいます。その一方で遺跡の保存・活用を目的とした地方自治体による発掘調査もしだいに増えてきています。

遺跡の発掘による歴史の見直し

多くの発掘調査の積み重ねにより、歴史の教科書を書き換えたり、歴史のイメージを変える成果があげられています。例えば、縄文時代とその文化の見直しです。これまで、縄文人は狩猟採集にたよった、その日暮らしの不安定な生活を送っていたと思いがちでした。しかし、縄文時代前期から中期（五五〇〇〜四〇〇〇年前）の青森県三内丸山遺跡の集落は、こうした見方をくつがえしました。住居・捨て場・墓・道路などが計画的に配置され、しかも一五〇〇年間もの長期にわたり継続していること、さらには周辺で栗などの植物の栽培を行っていたことが明らかとなりました。この時代には、新潟県のヒスイ、南海産の貝などをはじめとした多様な文物も広く列島規模で交易されていました。縄文人は未開で原始的であり、その文化は低いという先入観は改めなければなりません。これまでの、稲作文化が始まった弥生時代以降の歴史を重視しがちな歴史観も反省されます。

一方、弥生時代の見方も変わりました。弥生の農村は、戦後直後に発掘されて国民に夢と希望を与えた静岡県登呂遺跡によりイメージされてきました。復元されたその住居・水田などはどこか平和でのどかな雰囲気があ

坂《さか》井《い》秀《ひで》弥《や》

現職：文化庁　文化財部　記念物課　主任文化財調査官
専門：考古学

おもな著作

1981年　「水田址からみた初期の稲作技術について」『関西学院考古』7
1996年　「律令以降の古代集落」『歴史学研究』
1996年　「水辺の古代官衙遺跡」『越と古代の北陸』
1998年　「失なわれた歴史空間を現代に活かす—遺跡の整備と野外復元の試み—」『野外復元　日本の歴史』別冊歴史読本97 新人物往来社
2000年　「農村の歴史と景観を考える」『日本歴史の原風景』　別冊歴史読本41
2000年　「遺跡を現代に活かす」『2000年遺産“川西市加茂遺跡”』資料集　川西市教育委員会

図1　青森県三内丸山遺跡
縄文時代の大集落で、従来の縄文のイメージをぬりかえた。直径１メートルもの６本柱の建造物、巨大な竪穴住居がいち早く復元され、その大きさは文化・技術の高さを象徴する。多くの人が訪れている。

りました。ところが、多くの弥生遺跡の発掘調査によって、この時代の村は周囲に濠を巡らして敵から村を守っていたこと、そして殺傷用の弓矢などの武器が発達したことがわかり、この時代にはじめて本格的に戦争が始まったことが明らかとなりました。

最近、全国的に話題になった遺跡に滋賀県の紫香楽宮跡があります。現在、国の史跡に指定されている紫香楽宮跡は、じつは寺跡であることがわかっていますが、本当の紫香楽宮は記録に残る宮でありながら、これまでどこにあったかがわかりませんでした。それが長年の発掘調査の積み重ねで、二〇〇〇年秋に、長さ一〇〇メートルにも及ぶ長大な宮の建物が発見され、その所在地をようやく突き止めることができました。

鎌倉・室町時代などの比較的新しい時代においても、中国製の陶磁器や銭が列島各地から豊富に出土し、文字・記録から知ることができないアジア規模の物資の流通、経済・社会の実態がはじめて判明しました。

このように、遺跡の発掘がこれまで埋もれて知られていなかった歴史を続々と明らかにしているのです。

わがまちにとっての遺跡

全国各地に出張すると、訪れた市町村で「行政要覧」といわれる、そのまちの概要を紹介したきれいなカラー印刷のパンフレットをいただくことがあります。それには必ず、そのまちの史跡や歴史を紹介するページがあり、なかにはそれが表紙を飾っている例もあります。かならずしも、文化財の保護に熱心ではなさそうなところでもそうです。それはなぜなのでしょうか。

また、昭和四〇年代以降、現在に至るまで、各地で「市史」「町史」などの、いわば「わがまちの歴史」が数多く編さんされています。となりの町でつくられると、まるで競うようにつくられることがよくあります。その内容は住民にとってわかりやすいものになっていないものも多く、金文字の背表紙にケース入りの重々しいものが一般的です。「わがまちの歴史」は重厚なものでなければならないようです。その分どうも住民には親しみにくくなっています。こうした「わがまちの歴史」に対する要望の背景は何なのでしょうか。

それは、わがまちにとって「歴史」がなくてはならない不可欠で重要なものだからでしょう。歴史はそのまちの「由緒」「由来」を物語るものであり、本をつくることにより、わがまちの由緒正しきを示す必要があるのです。遺跡や文化財は、地域の歴史を具体的に示すものであり、それが地域の誇りにもなります。大切にして、まちづくりに活用する意義はあるのです。

わが国の歴史とわがまち

わが国では「歴史」はどのように考えられてきたのでしょうか。明治以降の日本は、世界の中で、欧米諸国に追いつくために、新たに近代国家を築くことがもっとも重要な課題でした。そのための教育が必要とされ、歴史の教科書は国家の成り立ちに重点がおかれました。いきおい国の中心である都、奈良・京都を中心とした近畿地方の歴史が多くを占めることになりました。

その結果、都の対極にある「地方」は低く位置づけられ、「地方に歴史がない」という見方が広く国民に定着しました。多くの地域で「わがまちには歴史がない」という声をよく聞きます。わがまちに歴史がないというとらわれた観念は、地域に誇りや自信をもてない気持ちを生み出したことは否めません。

昭和三〇年代に雪深い新潟県の山間部の高校に赴任した先生の話をきいたことがあります〔井上二〇〇〇〕。そこの生徒がひどく萎縮していて、その原因のひとつが学校にあったという話です。国語の教科書にのっている

図２　長崎県出島オランダ商館跡

鎖国の世にあって、唯一世界に窓を開いていた出島。かつては海に面していた扇形の島は、現在、市街地の真っただ中になっている。そこに復元された商館は、港町長崎の豊かな歴史と文化を伝え、まちに風格をあたえている。

有名な小説には田舎の人を侮蔑するくだりがあったり、合理的な集約農業を教える社会の先生は、都会に出ないでわずかな山村の田を耕す人を馬鹿だといったりする。自分を育んでくれたこの土地は、自らの祖先の人々が永々と受け継いできたものであるにもかかわらず、これではその営みを慈しみ敬えるはずはない。

全国どこの地域にも固有のかけがえのない歴史とその土地の敬うべき人々の営みが存在するのに、それを知らされずにいたのです。戦後の高度成長経済にものって、若者たちはこのような気持ちを抱いて、生まれ育ったわがまちを離れて都会に出たのではないのでしょうか。

遺跡は地域固有のかけがえのない歴史を証明します。復元された遺跡はまさに地域の歴史を示すシンボルになります。いま東京から遠い地域で、積極的な遺跡の活用が進められているのは、このことと関係していると思います。

遺跡と歴史をどのように見せるか

現代社会において地域の歴史を確かに示す遺跡は、どのようにしたら有効に活用できるのでしょうか。それぞれの地域の歴史を語るうえで、欠くことができない重要な遺跡を保存することが前提となります。地下に埋もれている遺跡の存在やその内容を具体的に知ることはなかなか難しいことですが、まずもってこのことが大事なことです。さらに、遺跡を本当に活かすには、まず遺跡が目で見てわかるものでなければなりません。しかしこれが難しい問題です。

日本では建築物などの構造物はほとんど木造です。木は時間とともに朽ちてしまうので、遺跡ではかつて存在したはずの建物の柱や屋根は通常失われています。そのため、土に掘り込まれた穴だけが遺構なのです。それだけ日本では、遺跡の発掘調査は、土の微妙な違いを見分けながら進めなければならないので、熟練した技術を必要とするのです。

遺構は遺跡の命ともいえる最も重要なものですから、保存のためには埋め戻す必要があります。発掘したまま遺構を風雨にさらすと、すぐに風化してしまいます。一般の方からは、発掘して見つかった重要な、すばらしい遺跡をなぜ埋めてしまうのかという疑問の声をよく聞きますが、それはこのような理由によるのです。埋め戻された遺跡は、たとえ佐賀県吉野ヶ里遺跡や青森県三内丸山遺跡、奈良の都であっても、ただの「野原」にすぎません。そこが重要な遺跡であることがわかりません。

これがヨーロッパなら事情が決定的にことなります。たとえばギリシア・アテネのパルテノン神殿には石の階段があり、柱が立っているので、そこが歴史の舞台であったことは明確にわかります。石の建造物はわかりやすく迫力があります。日本でも、古墳の石室やお城の石垣が遺跡としてなじみがあって人気があるのは、そのためでしょう。

これまではそこが「遺跡」であることを示すものは、復元された竪穴住居と案内板でした。最近これが変わってきています。古墳・寺院・城などを築造当時の姿に復元する事例が増えています。発掘調査で明らかにされた当時の材料と工法で可能な限り立体的に復元するのです。たとえば、古代の宮跡や寺院跡では、柱は檜の巨木を調達して、ヤリガンナで調整する。築地塀は土と砂を混ぜて薄く何層にもわたり突き固める版築という技法によります。再現された古来の技術・工法は水準が高く、手間暇かけられた古代人の仕事ぶりにあらためて驚嘆させられます。このことを感じ取り、その技術を次世代に継承する意義も、復元にはあります。

そうした点では、昭和三〇年代以降、各地でさかんに行われたコンクリート造りのお城の復元は問題点があります。コンクリート造りでも、たしかに外観はそれらしく見えます。ただのシンボルならばそれでよいかもしれませんが、お城がじつは巨大な木造建築物であり、それが近代建築にはない、さまざまな高度な伝統的技術に支えられていることは教えてはくれません。小学校の修学旅行でコンクリートの城に登ったわたくしにとっては少なくともそうでした。それを学んだのはのちに国宝彦根城

図３　滋賀県桜生史跡公園
甲山古墳は発掘調査と石室の解体修理を経て復元された（写真）。隣接する天王山古墳、円山古墳とともに史跡公園として公開されている。（図：『桜生史跡公園』）

にのぼった時でした。

一九九八年に完成した奈良の平城宮の正門、朱雀門は、高さ二三メートルの丹塗り柱、瓦葺き屋根が「あおによし」と詠われた奈良の都を彷彿とさせます。総工費はじつに四〇億円ですがその効果は絶大です。その歴史のくどい説明はいりません。

こうした建物復元などを伴う遺跡の立体的な整備事業は、滋賀県では、彦根城跡や野洲町甲山古墳（図3）などでも行われています。遺跡にはその内容や周辺の環境などによりそれぞれ個性がありますので、すべてがこうした復元がよいとはかならずしもいえないところですが、今後、期待される手法です。

遺跡と人の触れ合いをつくる

遺跡の活用は建物などの復元で終わりではありません。お金をかけた復元整備事業が完成したのに、訪れる人があまりいない、といった話はよくあります。これでは整備した意味がありません。多くの人が遺跡に親しみ、楽しむための「仕掛け」が必要です。たとえば復元工事中に、住民参加で復元する古墳の葺き石を運んだり、寺院の土塀を築いたりすることにより、当時の技術の高さやその労苦をじかに学んだりすることもできます。土器焼きやそれによる調理と食事、竪穴住居での寝泊まりは、当時のひとびとの暮らしぶりに触れるアウトドアな遊びにもなります。お祭りやコンサートなどのイベント広場としての利用も試みられています。人と遺跡を結びつける工夫はまだまだあるでしょう。それは行政側だけではなく、住民の方々とともに考えることが肝要でしょう。遺跡は地域の中に生きてこそ価値があると思います。

住民の中では未来を担う子供達をもっと大切にする必要があります。小さい頃から地域の歴史を知り、過去の文化と触れ合うことから、地域に愛着と誇りを感じ、豊かな感性が育まれると思います。

そこで重要な役割を果たすのは、ある意味では地域のシンボルである学校とその先生です。しかし、先生が地元の遺跡の存在そのものを知らないこともよくあるようです。文化財も学校も、ともに教育委員会が所管している分野です。いま、学校と地域の結びつきの重要性も指摘されています。文化財行政側の積極的な情報発信と、学校教育との十分な連携が望まれます。

図４　福岡県板付遺跡（福岡市教育委員会）
弥生時代初期の集落と水田が見つかった遺跡として有名。住居や水田が復元されており、田植えなどの米作りの作業を体験している。住宅街のなかで、歴史のオアシスとなっている。

ところで、現代は、社会の仕組みが大きく変わったことにより、人は生まれた土地におのずと定着することは少なくなりつつあります。江戸時代以来長く続いてきた「家」という強固な社会制度が完全に崩壊したからです。おのずと生まれた土地に根付いて家を相続し、次の世代に継承することがほとんどなくなりました。逆に言えば、生まれた土地と家に縛られることなく、みずからが住む土地を選ぶ時代といえます。

こうなると、住みやすく魅力的な土地がひとびとをひきつけます。したがって、道路や耕地などの社会基盤の整備だけではなく、福祉や文化などを含めた住民サービスの充実度やのどかなまちの景観、豊かな自然環境が、その自治体の発展に大きく関係することになります。表面的な便利さではなく、歴史の奥行きを感じさせる、魅力的な町づくりが要請されるものと思います。近代的な新しい町のなかに、歴史を感じさせる空間をほどよく配置することにより、長い時間に包まれたやすらぎを覚え、日々の暮らしがここちよいものになるのではないでしょうか。

また、地域によっては、高校生になると生まれた土地を離れることを余儀なくされるところもあります。少年時代を過ごした土地は忘れがたく、生涯特別な場所になります。その土地への愛着と誇りをいかに育むかにより、帰るべき故郷になるかどうかが決まると思われます。いずれの地域においても遺跡は貴重な財産といえるでしょう。

現代を見つめ直す

高度経済成長期のただなかに少年時代を過ごしたわたくしは、かつて「現代は長い人類の歴史の頂点にあり、豊かなすばらしい時代」と考え、「過去の人々は不自由な生活を送り、その文化は貧しくみすぼらしい」と一面では思っていました。ところが、発掘された遺跡とその出土品からは、人々はいつの時代においても英知を集めて暮らし、素晴らしい文化を築いてきたことを教えられます。過去を低く見ることは、現在のわれわれが、将来その時代からは低く見られることにもなります。それでよいでしょうか。二一世紀を迎えようとしている現代も、縄文時代も、それぞれの文化に優劣はありません。かつての自分自身の考え方に強い思い上がりを感じます。一見便利な生活を手に入れたとはいえ、豊かな自然と温かな人々のつながりが失われてしまった現在、自らと社会の将来に思いを巡らす遺跡の場を、全国の「わがまち」につくりたいものです。

〔参考文献〕

井上慶隆　二〇〇〇「元気の出る博物館を」『博物館だより』二号　新潟県立歴史博物館
坂井秀弥・本中真編　一九九八『野外復元 日本の歴史』別冊日本歴史読本九七、新人物往来社

現在の仕事

全国各地にある多くの遺跡の保護です。個別の遺跡については、基本的に都道府県と市町村が担当していますので、国としての遺跡保護の制度や方策を検討します。遺跡の保護のためには、道路や住宅などの建設事業との調整、事前の発掘調査の円滑な実施、重要な遺跡についての史跡指定などが必要です。年間一〇〇日以上、全国各地に出張して、発掘されたすばらしい遺跡とそれに関係している都道府県や市町村の方々の熱意に感銘をうけることが多く、いろいろなことを勉強させてもらっています。

いまの仕事の契機

高校生の時、大和・京都を訪れて、古代以来の長い歴史を経た風土に感動したのが大きな契機です。正直なところ考古学というよりも古代の歴史と文化に、地方よりも都に魅力を感じました。高校の大先輩に、大和の古寺にあこがれた歌人、美術史家の会津八一がいたことも影響をうけたと思います。しかし、大学在学中、考古学研究会に所属して遺跡の発掘調査にのめりこみ、卒業後、郷里の新潟県で地域の遺跡の意義を見直すこととなりました。

これからの希望

遺跡が地域の人たちの財産となり、大切にされるように、全国各地の同じ仕事をしている行政担当者と市民の方々の力になる仕事をしたいと思っています。日本各地の地域史の重要性を見直すとともに、人々が営々と続けてきたことを物語る村と家、土地開発の歴史に興味をもっています。

滋賀県と守山市

滋賀県は学生時代、発掘調査でもっともよく訪れた土地です。一九七五年の野洲町、翌年の守山市の服部遺跡をはじめ、いくつかの調査に参加しました。あれから二〇年あまり、当時ののどかだった守山市周辺の風景がすっかり変わってしまったことにおどろいています。いま下之郷遺跡や伊勢遺跡などに関係することに、不思議な縁を感じます。

（坂井　秀弥）

第一部　基調報告

守山の弥生時代

―野洲川流域弥生遺跡群の成立―

山崎秀二

野洲川流域における弥生時代

弥生時代は「紀元前三世紀に始まり、紀元後三世紀に終わる」、その間約六〇〇年間という考えが一九八〇年代まで一般的でしたが、近年この年代観の見直しが提起されるようになってきました。弥生時代の年代について北部九州では、中国や朝鮮半島の銅鏡、銅剣などの文物が輸入され、その年代がほぼ限定できる（王墓などは埋葬年代がわかる）ことから、近畿地方に較べて古い年代が与えられていました。近年、近畿地方でも大陸からの文物の一つ（貨泉）が出土し、実年代を求める研究が進み、結果的に北部九州の年代観との差が埋められてきました。また年輪年代測定の研究成果もあって、弥生時代の年代見直しが進んできたといえます。

私は弥生時代の開始を紀元前五世紀の初めころ（紀元前四八〇～四九〇）、終わりを紀元後二世紀後半後葉（紀元一八〇～一九〇年）と想定しています。弥生時代の暦年表（182ページ）を参照してください。

そして木材の年輪年代測定の最新成果をもとに、中期を前葉、中葉、後葉の三つに分けた内の後葉の開始を紀元前一九〇～一八〇年ころ、中期後葉の終わりを紀元前後ころに求めます（表1）また、後期の終わりは二世紀末頃とし、卑弥呼が共立され、しばらくして古墳時代が始まったと考えています。この間、野洲川流域では、下長《しもなが》遺跡で検出された早期の竪穴遺構、前期の服《はっ》部《とり》遺跡水田跡、中期後葉の巨大環濠集落遺跡である下之郷遺跡、下之郷遺跡の後《こう》裔《えい》集落と考えられる二ノ《にの》畦《あぜ》・横枕《よこまくら》遺跡、播磨田《はりまだ》東遺跡、またそれらの墓域である吉身西遺跡のほか、半径六〇〇メートルの円周上の八カ所に配置された方形周溝墓群、後期の大型建物が集中展開する伊勢遺跡などの遺跡が成立し、近江湖南において弥生社会の形成に大きく、また重要な役割を果たした地域を形成しまし

表1　中期時期区分と年代

時期	前期	中期 前葉	中期 中葉	中期 後葉	後期
年代	B.C.300	240	180		A.D.1～20
土器様式		古　新	古　新	古1　古2　中1　中2　新1　新2	
遺跡			兵庫県武庫荘	守山市下之郷　守山市二ノ畦・横枕	

山《やま》崎《ざき》秀《しゅう》二《じ》
現職：守山市教育委員会 生涯学習課 文化財　課長
専門：考古学

おもな著作

1986年　「受け口状口縁甕の系統」『守山市文化財調査報告書 第20冊』
1990年　「野洲川流域遺跡群の構造」『守山市文化財調査報告書 第38冊』
1994年　「野洲川流域と近江の弥生時代」
　　シンポジウム『大型建物から考える邪馬台国の時代と近江』
1994年　「コメ作りが始まった頃」『お米を作り始めた頃』栗東歴史民俗博物館
1996年　「野洲川流域の弥生遺跡発掘調査近況レポート」『近江地方史研究』第31号

た。ここでは野洲川流域の弥生時代遺跡について、その開始から終焉にかけての遺跡を紹介しながら、変遷を追ってみたいと思います。

弥生時代の開始

最近の年輪年代測定の成果により、中期後葉（Ⅳ様式）の開始年代を紀元前一世紀の初め頃（下之郷遺跡出土の楯状木製品に使われたスギ材の推定伐採年代が紀元前一九〇から一八〇年の間）と考え、中期の開始年代を紀元前三〇〇年頃、前期の開始年代を紀元前四〇〇年頃、さらに早期の開始を紀元前四九〇から四八〇年頃に求めます。この間の土器形式については、早期を二～三形式、前期を四形式、中期前葉を二形式中期中葉を二形式、中期後葉は三形式に分けます。それぞれの形式の年代幅を三〇年程度と見積もり、全体として早期の開始から中期後葉開始までを約二八〇年～三〇〇年前後の幅と考えるものです。

縄文時代についても特に食糧や加工技術などの面で大きく見直しが進みました。縄文前期の土器胎土から稲のプラントオパールが検出されて古くからの稲の存在が主張されるようになりました。また晩期土器と共に稲籾圧痕や農具、水田の畦や用水路などが発見されたことから縄文時代晩期の後半を弥生時代早期として見直す動きが出てきました。守山市でも服部遺跡、小津浜《おづはま》遺跡、下長遺跡などで晩期の土器に稲籾痕が見つかり、その可能性が指摘できます。年代決定できる資料はまだありませんが、近く発見されるものと予想しています。

縄文時代と弥生時代を区分する根拠、基準を何に求めるかの議論が改めて必要であり、あわせて国内弥

図1　下長遺跡出土の突帯文土器

生時代の年代ギャップを埋める検討も行うべきでしょう。

私は縄文時代に稲作のあったことを認める立場ですが、それが集団で行う水稲農耕だったとするのは疑問です。熱帯ジャポニカ種を中心とした陸稲の畑栽培か粗野な水稲栽培であり、用水や排水を伴う水稲はまだ普遍化していなかったのではないでしょうか。弥生時代には温帯ジャポニカが北部九州から伝わり、水稲栽培が集団で行われ、道具として鉄器が使用される鉄器社会にあったことをもって、縄文時代と弥生時代を分けるべきだと考えます。そして土器については、従来の晩期後半の土器を二形式に分類し、突帯文土器の中で壺の出現をもって早期の開始とします。こう設定すると、服部遺跡出土の突帯文土器には壺が存在していることから早期の後半に、下長遺跡は服部遺跡よりも古い様相がある点で早期前半に位置づけることができます。ただし陸稲と水稲の両者が存在し、弥生時代中頃にかけて徐々に水稲が陸稲を駆逐していく過程にあるものと考えます。

前期水田の成立

紀元前五世紀の初めに弥生時代が始まったのち、約六〇～七〇年間を早期、その後約一二〇年間を前期と考えます。陸稲栽培の上に水稲栽培が拡散化した前期終わりの守山市服部遺跡では、水田跡が約二八〇面、面積にして約一八〇〇〇平方メートル余も見つかり、ミニ水田であったことが判明しました（188ページ）。この服部遺跡の水田跡は、実に巧妙に造成された水田で、現況の土地は南から北へ傾斜していますが、前期の水田遺構面は逆に北から南へと緩やかな傾斜をなす地形でした。ここを水田化するのに、傾斜がやや急な土地は約三メートル四方（一〇平方メートル）の大きさに畦で小さく区切り、傾斜が緩い土地では一〇×二〇メートル程度の大きさの区画としていました。いずれも大きさとしてはミニ水田です。水田域の中央には南北に掘削した用排水路と三〇〇〇平方メートル程度を囲む大畦があり、大畦で囲まれた区画が小家族の占有した区画ではないかと推定しました。水田は発掘区域外にも広がっており、旧河道により削られていたため、全域の面積は推定するほかないのですが、おそらく四万～五万平方メートルに達すると考えられます。服部遺跡から南へ約二キロにある中北《なかきた》遺跡では、後期に属すミニ水田が発見されました。（図2）やはり二〇平方メートル程度の水田でしたが、服部遺跡と

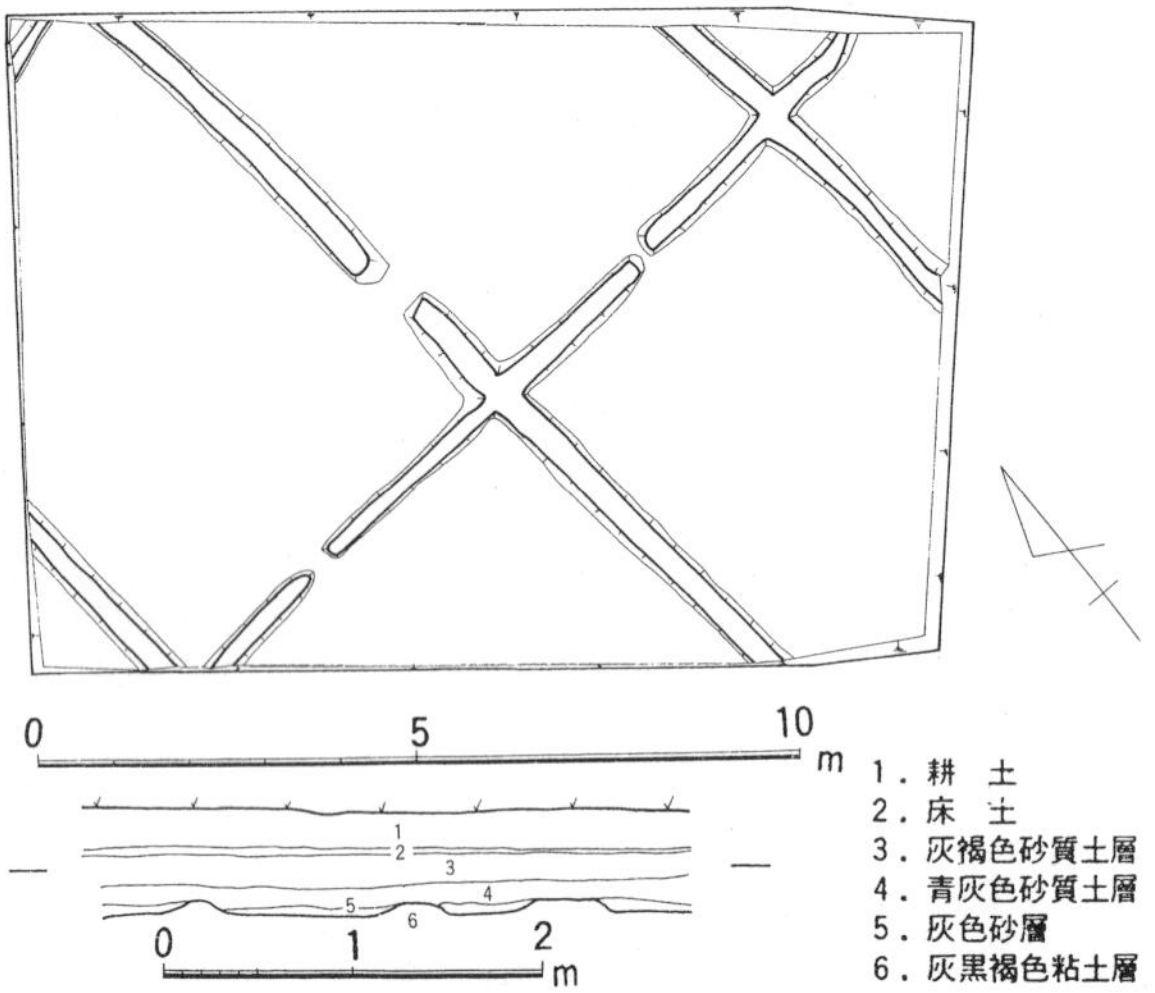

図2　中北遺跡の水田跡（弥生後期）

異なるのは水田一枚毎に水口が設けられ、その水口の一部には木材が置かれていて、やや発達した段階の構造を窺わせる点です。野洲郡中主町の木部《きべ》遺跡で発見された前期の水田跡もやはり面積が小さく、弥生時代を通じてミニ水田が一般的であったと推定されます。ただし、陸稲（畑）栽培の場合には畦などが検出されないし、湖辺部では明確な畦があったかどうかは明らかではありません。

流域遺跡群の展開

前期の終わりから中期にかけての遺跡を概観すると、野洲川流域が幾つかの野洲川分流河川によって小地域に区分されます。前期後半には、野洲川の旧支流ごとに集落が分散していました。中期にかけて、それらの集落が基点となって分枝集落を生み出し、小地域を形成するようになったと考えられます。

野洲川流域の前期から中期の遺跡は、資料編187ページに示したとおりです。このような集落立地は河川を基軸にした弥生社会の実態を反映しています。水稲栽培が本格的に行われるようになって集落の立地が稲作に規定され、集落内、あるいは集落間の共同労働を必然とした構造が求められました。旧河道による小地域には、同じ地域内の集落あるいは集落群の経営する水田区域が存在しました。そして野洲川流域一帯という大地域をみたときには、野洲川が稲作経営にとって必須の水源であり、これを掌握《しょうあく》するために小地域を統合する社会構造が成立したと考えています。

ただし、弥生時代を通じて小地域が継続して維持されたかどうかについては、確証はありません。ですが、後期までの間には小地域を「ある遺跡」がリードして流域全体としてのまとまりを形成していくものと考えています。中期後葉には、下之郷遺跡で二五万平方メートルもの巨大環濠集落が形成されていますが、同じ時期、周辺部には比較できるような大規模集落が形成されていません。このことに見られるように、拠点的な大集落を中心にした野洲川流域という広域のまとまりが形成されたのではないかと思います。その中で最も注目されるのが寺中《じちゅう》遺跡から下之郷遺跡へと展開する中流域の遺跡群です。

酒井龍一氏は広範囲の遺跡が交流などによるネットワークを形成しているとして、大阪湾岸から摂津、山城、大和などの範囲に「遺跡群」の概念を与えています。ここでは河川流域の中核をなす遺跡とその周辺の遺跡を対象とし、土器形式や墓地形成の共通化、血縁関係の濃淡を探るなど、地域からの分析を通して遺跡群の意義を詳細に見ていきます。この点で酒井氏の手法とは異なります。また、広範なネットワークや巨大集落のみに注目することは小さな遺跡を見落とす可能性も高くなるし、巨大集落といってもその実態は案外に不明瞭だということを認識しておく必要があります。

弥生時代中期の初め（およそ紀元前三〇〇年ころ）、近江の特徴を示す土器が誕生し、その特徴から、何処へ行っても近江産とわかるものとなりました。京都府、福井県、三重県、奈良県、大阪府下にも見られ、交流の範囲も拡大していることが捉えられます。

中期の中頃には、土器からみると近江に湖南（野洲川流域）、湖北（姉川流域）、湖西（安曇川流域）の大きく三つの地域が成立したと考えられるようになります。この段階では、それぞれの地域内で、緩やかなまとまりを形成していたと思われます。とくに湖南地域では、伊勢遺跡で後期の大型集落が成立したことに見るように、主殿、祭殿、楼閣などの大型建物を多数擁することが可能になるような基盤が形成されたのではないかと考えます。つまり、中期後半、およそ紀元前二世紀の初め、近江の弥生社会をリードするべき、環濠集落の集中的展開による集落間格差の発達と武器、武具等、戦いの道具の発達に見られる緊張状態の慢性化、住居間格差の発生、交流範囲の拡大、方形周溝墓の列状配置における規制の一元化などが見られ、近江だけでなく、近畿中心部にも見られない様々な事象が出現するのです。近江湖南は細部で見ると旧栗太《くりた》郡（草津川流域）から日野川流域、もう少し広く見ると大津市北部まで含む可能性がありますが、野洲川流域遺跡群から成る「国」の誕生を窺うことができます。土器特徴の共有化、方形周溝墓の列状配置など規制された特徴が日常生活面に発揮されるとともに鉄器の増加、住居の較差が顕在化し、方形周溝墓の規模差が現れ、武器武具の多量生産が認められます。

近畿中央部でも池上曽根遺跡、加茂遺跡、唐古・鍵遺跡など巨大な環濠集落が展開し、物資の集散地となり、各種の工房が内部に形成され、城砦《じょうさい》化します。居住地、墓、田んぼ、道など集落を構成する要素が最も拡大し、最も完備した時期と言えるでしょう。

野洲川流域では中期後葉に、下之郷遺跡、播磨田東遺跡、二ノ畦・横枕遺跡、山田町《やまだまち》遺跡の四遺跡でおよそ二キロ四方の空間に、環濠集落が次々と形成されます。これは近江の他の主要河川流域にはない集中状況であり、近畿地方の弥生遺跡群にも見られません。近畿地方の主要弥生遺跡は、前期末頃から後期にかけて同一場所に環濠集落を継続展開させる例が一般的です。野洲川流域では集落を同一地点で継続させるものもありますが、少しずつ地点を移動しながらしかも環濠を備えています。この点については、戦いなどの緊張状態だけではなく、他の要件を考えたいと思います。

拠点的巨大環濠集落の誕生

ここで、野洲川流域の拠点集落である下之郷遺跡を詳細に見ておきましょう。下之郷遺跡は野洲川沖積平野の中程にあり、東から西へ緩やかに傾斜した、南北界を旧河道とする微高地に立地しています。最近の発掘調査によると東西六七〇メートル、南北四六〇メートルの範囲が九本の環濠に囲まれ、さらにその内部に東西三三〇メートル、南北二五〇メートルの範囲に三条の環濠が巡っている巨大な集落遺跡です。三条の環濠区域は九条環濠区域の東側に偏在しているため、西側には空白地が存在するという二重構造になっています。

三条の環濠はおよそ一〇メートル間隔で平行した状態で周回しており、当初は三条同時に掘削していたものと考えられます。外周の六条環濠は遺跡の東部では約八〇メートルの間に一〇～一五メートル間隔で掘削されており、やはり六本同時に掘削された可能性が高いでしょう。しかしながら、三条と六条の前後関係では三条が先行するものと推定しています。遺跡が成立してしばらくすると一番内側の環濠の一部が埋められ、新たに通路（出入り口）として利用された様相があり、従って六条の外周環濠はこの内側の環濠が埋められてから掘削されたと判断されます。

内周環濠三条の内側が埋められると二本目の環濠の際まで集落遺構が拡大しますが、その際に出入り口等が設けられたと思われます。出入り口は現在までのところ、西側と北東部の二カ所が明らかです。

集落内部の遺構では、これまでの五二次調査すべてで竪穴住居が全く検出されていないことから、おそらく無いものと考えられます。市内の中期以降の弥生集落には竪穴住居が必ず検出されるのに比較すると全く奇妙な集落だと言えますが、遺跡一帯が地下水の湧水地点にあり竪穴住居のような半地下式構造の住居には不適であった可能性もあります。竪穴住居がないのに対して柱穴が円周上に配置された円形の壁立

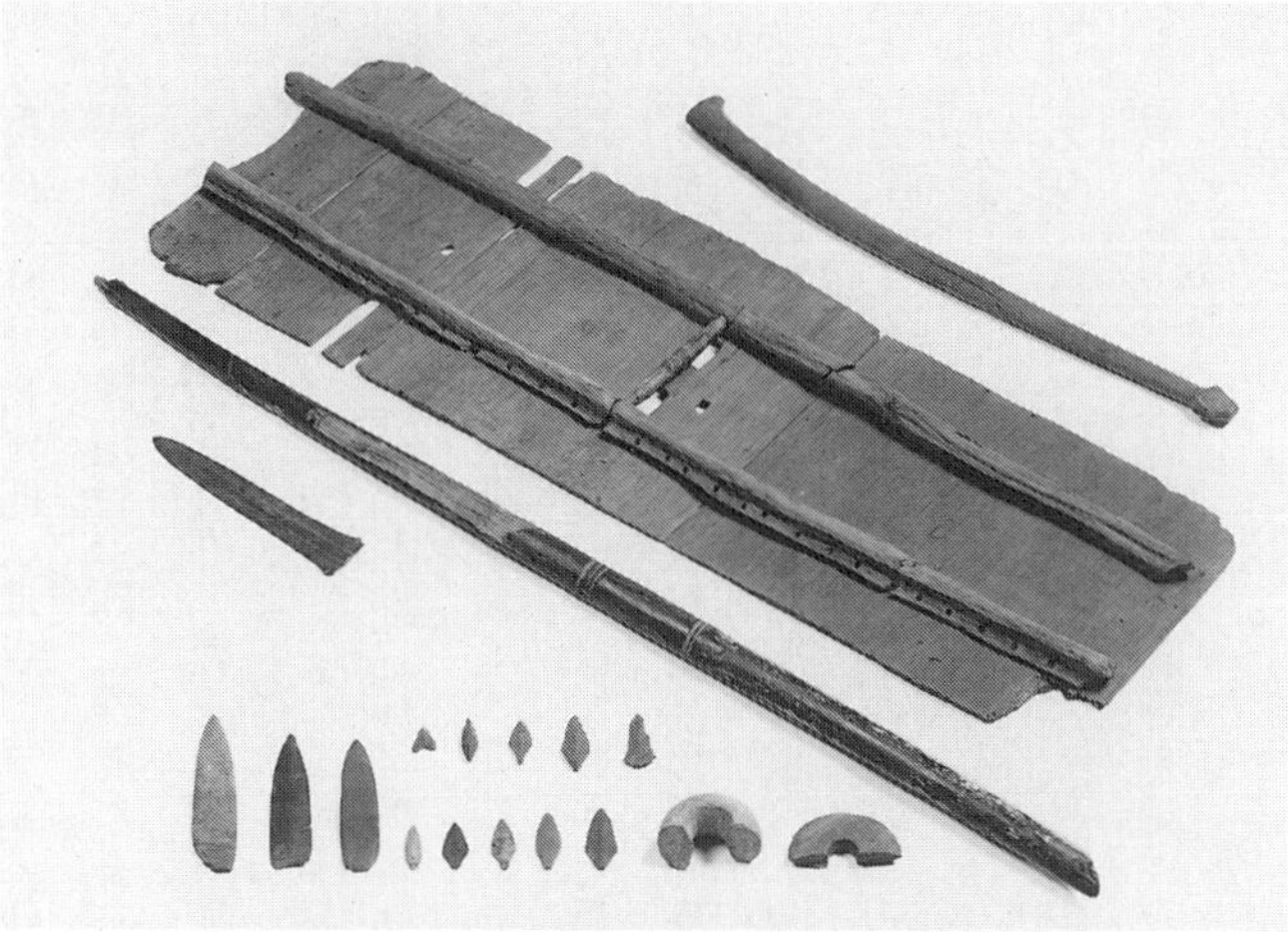
図３　下之郷遺跡出土の武器・武具

式平地住居（192ページ）や方形壁立式平地住居が検出され、また、掘立柱式建物も検出されています。掘立柱建物はともかく壁立式建物はこれまでのところ西日本の大型拠点集落でしか検出されておらず、朝鮮半島系の建物であるとされており、下之郷遺跡が西日本の大型拠点環濠集落であることを証明するものです。他には井戸跡、土坑、細い溝などが密集している状況です。細い溝は建物群を区画するものと方形壁立式建物を四角く囲うように見られます。

また、居住区には東西南北に沿った方位で幅一〜三メートルの溝が検出されており、集落内を区画した可能性が認められています。この区画については池上曽根遺跡にもあると言われ、工房や祭祀空間、首長層の住居などを区画しているのではないかと言われますが、下之郷遺跡では区画の一角に祭祀用建物と考えられる一間×六間の独立棟持柱

付大型掘立柱建物が同一地点で五回の建て替えをした状態で検出されています。（191ページ）

外周環濠と内周環濠の間に空間がありますが、そこには数棟の壁立式住居や柱穴、井戸跡も検出されているので居住空間が存在したと言えます。この空間での調査はまだ始まったばかりで今後の調査成果を待たねばなりません。

出土品では、土器、木器、石器が多量に出土しますが、圧倒的に環濠からのものです。発掘調査して感じたことですが、石鏃が多く、同時期の服部遺跡や二ノ畦遺跡の出土量と発掘面積あたりで比較すると一〇倍以上の量に達するのではないかと思われました。また石鏃では磨製が多く、打製が少ないという印象があります。石材では滋賀県高島郡高島町の山手で産出される粘板岩が磨製石鏃に用いられており、石剣もまた同様です。さらに打製、磨製の鏃の出土地点から、打製が外から射られたものだという可能性を考えました。石剣にも数種類の形態があり有柄式、無柄式、銅剣型、鉄剣型が見られました。他には石戈や、環状石斧、環石もあり武器形製品が多いといえます。木器では、農具の出土も見られますが弓、盾、戈の柄があり、石器と同様に武器、武具の出土が注目されます。土器では、圧倒的に在地産の土器が占めますが、他に紀伊、河内などの影響を受けた土器も見られることから、交流の範囲を想定できます。

野洲川流域遺跡群内の規制と較差

集落群（流域遺跡群）を維持する上で必要な要素として首長権力が増強され、領域、民、軍隊、都市的集落（城砦）が誕生していくと予想されますが、下之郷遺跡の衰退過程で二ノ畦・横枕遺跡、播磨田東遺跡が誕生することは重要です。二ノ畦・横枕遺跡は下之郷遺跡の東側約五〇〇メートルにある中期後半の環濠集落で、内部に直径約一五メートルを超える大型竪穴住居が数棟検出されていて、一方で直径約八メートルの円形住居、一辺三メートルの方形住居があるなど住居間に大きな較差のある遺跡です。同じ時期

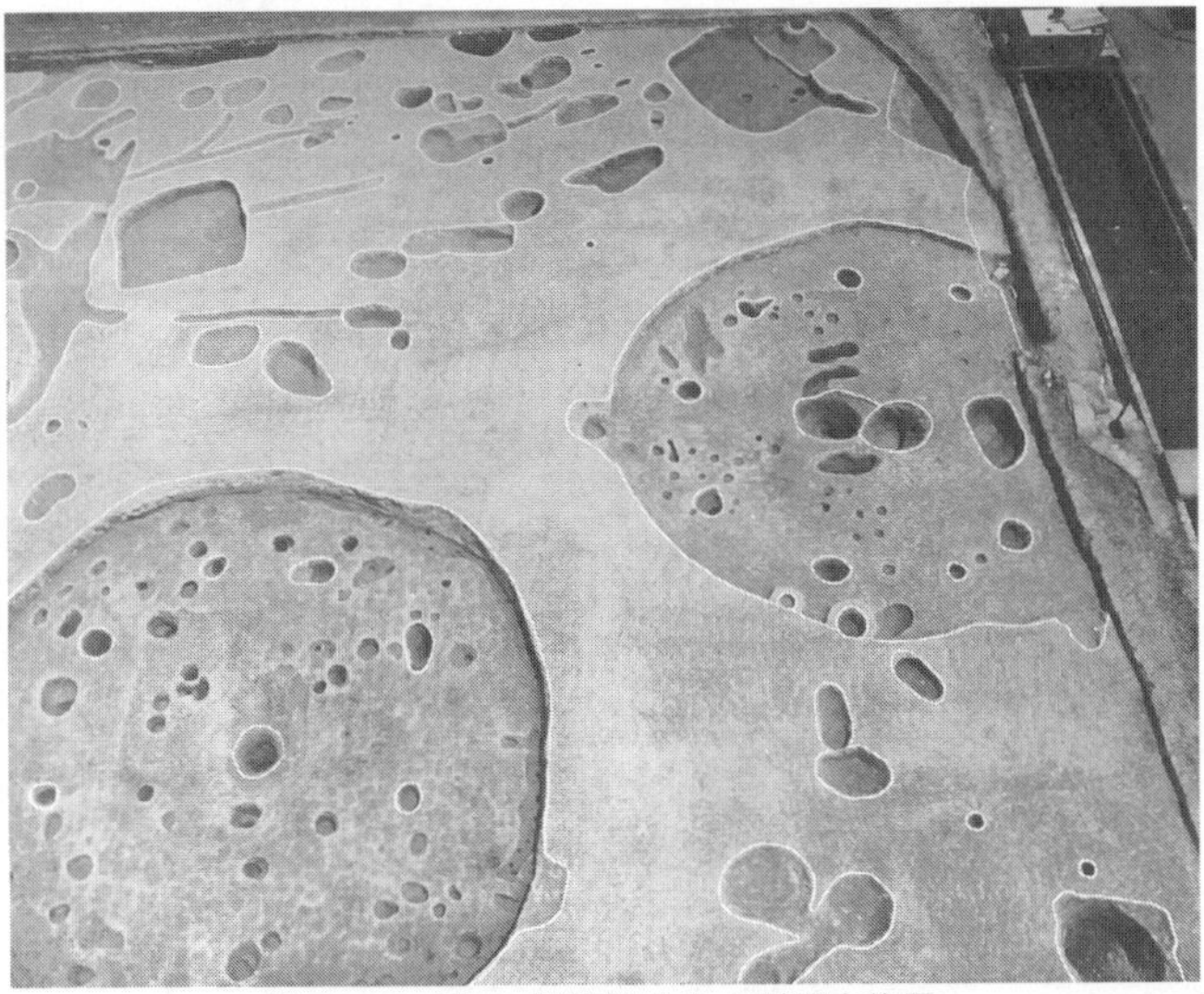

図４　二ノ畦・横枕遺跡の大型竪穴住居

の播磨田東遺跡も直径一〇メートルを越える大型竪穴住居と小型方形住居の二者があって、集落内部に格差のある遺跡です。下之郷遺跡では、明確な竪穴住居がなく、集落成員の格差を認識する要素が確認できませんが、これらの二遺跡では大小の住居が見られ、大きな格差を認識できます。また、武器・武具の出土量が下之郷遺跡と比較すると圧倒的な差が見られ、まるで戦いなどの緊張から解き放たれたような感じを受けます。つまり、一定の緊張状態にありながらも支配層が表面的に格差を表出する状況になったと考えられるのです。墓では、服部遺跡に見られるように中期末の墓域に一辺が二〇メートルを超える大型の方形周溝墓が現れるし、その他の吉身西遺跡などでは六メートルから一二メートルの差が

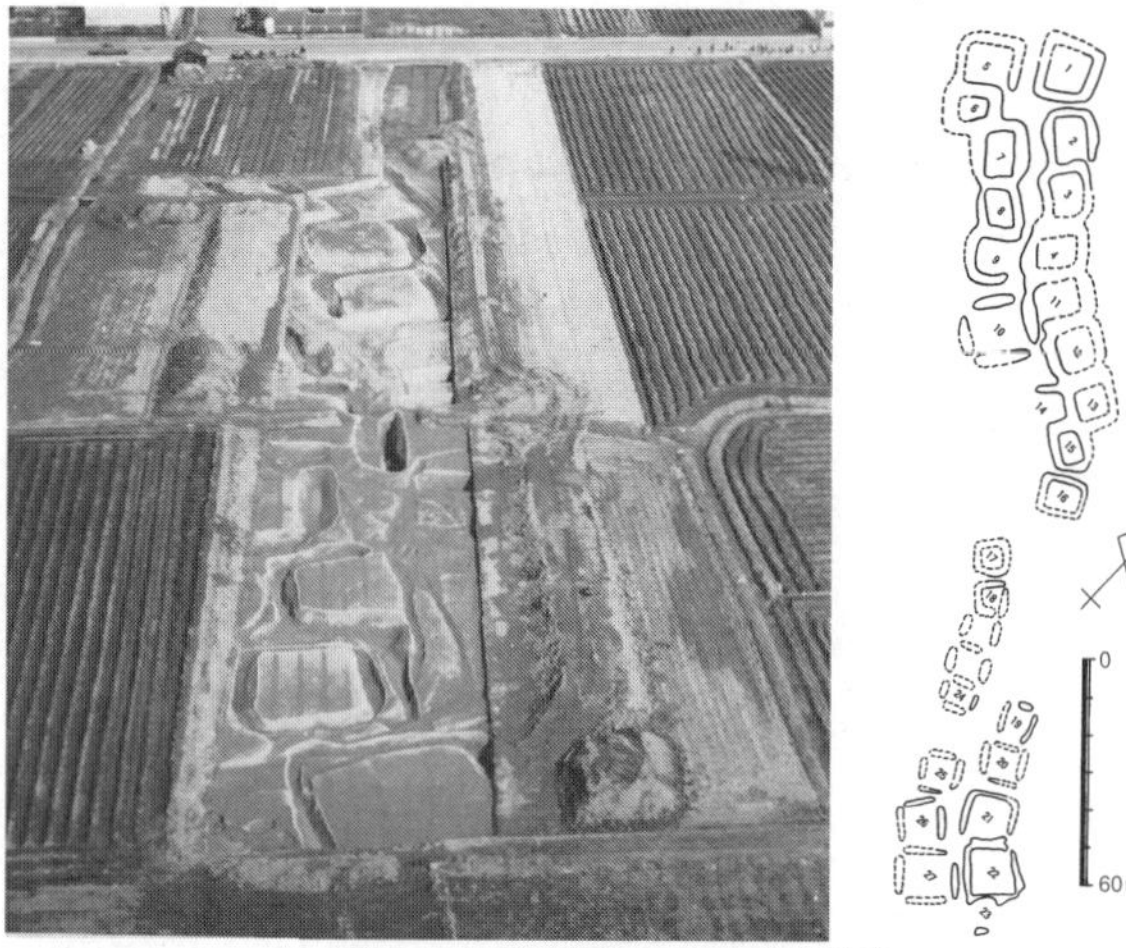

図５　吉身西遺跡の方型周溝墓

出現するようになります。また、これらの墓は二列に並んで配置される特徴があり、中主町湯ノ部《ゆのべ》遺跡、野洲町市三《いちみ》宅《やけ》東遺跡、守山市服部遺跡、吉身西遺跡など、草津市北太《きたおお》田《た》遺跡などはこれら二列配置の共通の規制事項により造成された墓です。規制のもう一つは、土器にみられます。甕に現れた受け口状口縁の表現が行われたのが、中期後半のⅣ様式です。この特徴は図６に示しましたが、凹線文土器の加入によって引き起こされた可能性があります。中期の中頃には近江型と言われながらも甕の口縁部は受け口ではなく、二段に屈曲して外上方にのびるものであり、ハケを多用するものでしたが、中期後葉には口が内傾して立つことになります。それまでの特徴からは発生の糸口が見られないもので、口縁を強く撫でるという凹線文の手法を用いることで発生したと考えられます。大阪府高槻市古曽部《こそべ》遺跡、京都府長岡京市鶏冠井《かいで》遺跡、奈良県岩室《いわむろ》平等坊遺跡、奈良県唐古・鍵遺跡など中期末から後期にかけての遺跡に近江南半の土器の特徴を持つ土器が出土し、広範な活動が窺われます（平等坊遺跡の近江型土器は近江の形のみを真似て製作していることを実見）が、これらの土器は各地でつくられたものでなく、近江の土器が搬出されたと思われることから、

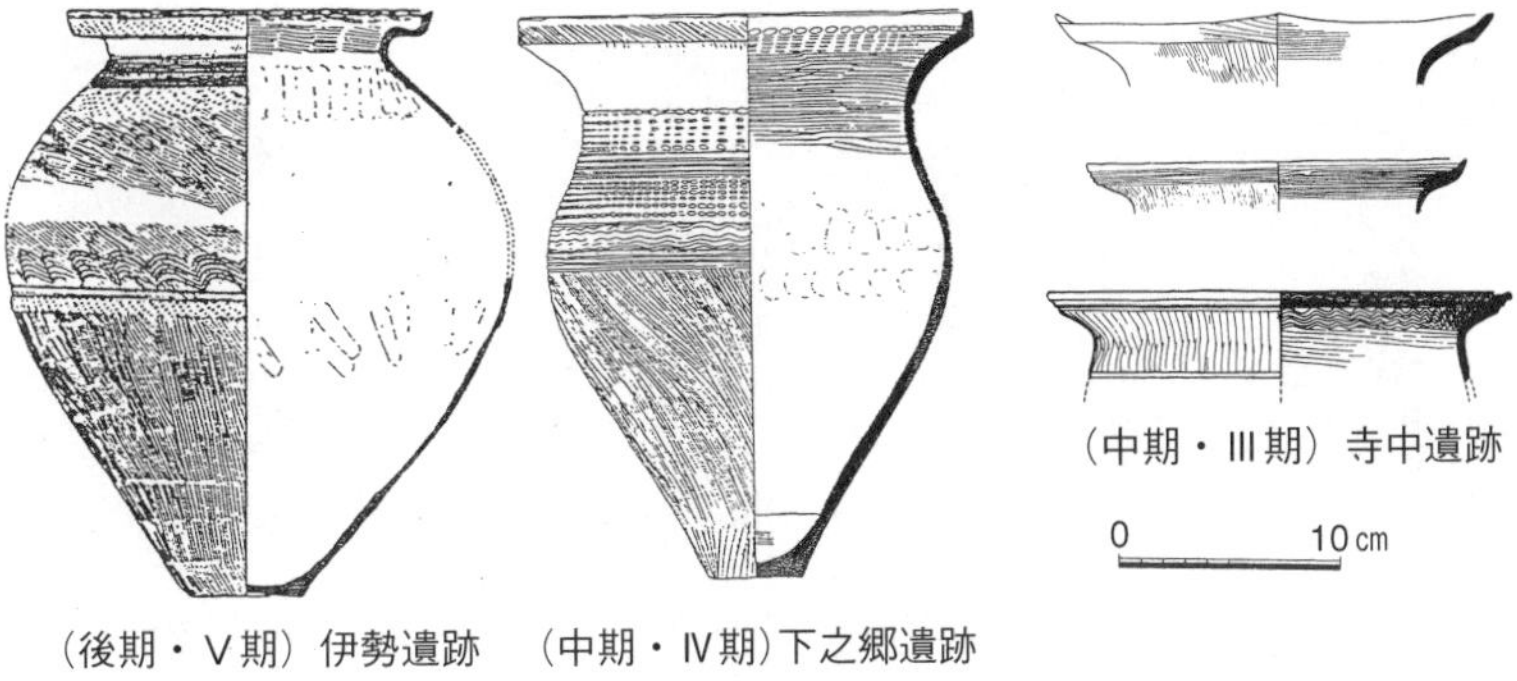

図6　近江型土器

中期末から後期初にかけて近江の人間が西や南に向かって行動した結果が現れていると言えます。

野洲川流域遺跡群の在地土器は受け口状口縁甕に代表される土器で、口縁の形態、文様などに湖南の特徴を発揮し、湖北、湖西地域とは明瞭に区分できる要素を見せます。近江型土器は口縁を二段とし、立ち上がり部は垂直に立ち、その外面に列点文、肩部から腹部にかけて列点文、平行文、波状文を繰り返し、最下部に突帯文を貼りつけるものであり、土器の厚みは三ミリ程度と薄く作られているのが特徴です。野洲川流域を離れるほど口縁の立ち上がり角度が傾斜し、外面の模様が無くなり、体腹部の模様が減少して種類も減る傾向があります。

野洲川流域の環濠集落

前記した弥生時代中期の環濠集落の中で、二ノ畦・横枕遺跡、播磨田東遺跡、山田町遺跡の概要について記述しておきましょう。

（1）二ノ畦・横枕遺跡は下之郷遺跡の東側約五〇〇メートルにあって、一～二条の環濠が検出されており、東西約五五〇メートル、南北四〇〇メートルの規模です。大型円形竪穴、円形竪穴、小型方形住居、掘立柱建物などが検出されています。

（2）播磨田東遺跡は、下之郷遺跡の東北約五〇〇メートルにあって、一条の環濠が検出されており、およそ直径三〇〇メートルの規模と推定されます。大型竪穴住居、小型竪穴住居などが検出されています。

（3）山田町遺跡は二〇〇〇年に発見された新しい遺跡で、全体の様子は不明ですが、直径三〇〇メートルを越える規模ではないかと推定されます。中期末の土器が出土しており、三つの遺跡の中では最も新しい時期に属すと考えられます。

そして後期には下之郷遺跡、播磨田東遺跡、山田町遺跡、二ノ畦・横枕遺跡の四つの環濠集落が解体し（二ノ畦・横枕遺跡、播磨田東遺跡では、環濠は埋没しますが集落は一部が継続する）、大きな集落が消滅しました。野洲川流域に限らず、西日本一帯で同じ状況が生まれたのですが、野洲川流域にのみ伊勢遺跡という巨大な集落が新たに誕生します。

これこそ、一五〇～一六〇年前後の倭の国を代表する邪馬台国が歴史上に出現する契機とよく似た状況を象徴しているといえます。古い銅鐸が埋納されるのと巨大環濠集落の解体は同じ軌道上にあったのです。

伊勢遺跡の成立

伊勢遺跡は野洲川が形成した扇状地の上流部にあって、山手側からのびる微高地の上に立地します。平成一三年度までの発掘調査で、その規模は東西七〇〇メートル、南北四五〇メートルに広がり、面積は三〇ヘクタールに達する大規模集落遺跡です。遺跡の東半には、弥生時代後期後半の大型掘立柱建物が一二棟もあり、その一部は三棟で方形区画をなし、柵で囲まれています。方形区画の東側約八〇メートルには、独立棟持柱付き建物が五棟、西側約七〇メートルには二棟と一定の間隔をおいて円周上に配置されており、聖域空間をなしていると考えられます。この独立棟持柱付建物は、一間×五間タイプで、屋内中心部に棟持柱を一ヶ所配置しており、心柱と考える説、また、この中心の柱を覆う建物（鞘堂《さやどう》）と考える説もあります。一方遺跡の西半分と大型建物が消滅した後に、竪穴住居が多数検出されており、一般集落を構成しているものと見られます。ただし方形竪穴住居の中に、やや時期の古い五角形竪穴住居が数棟分散して検出されており、単位集団首長（戸長）クラスの住居の可能性があります。また、集落の墓域は、集落外の空間に方形周溝墓が、三ヶ所程度に分散立地していることが明らかになっています。

さて伊勢遺跡の重要性は、先にも触れたように後期になって中期の大型環濠集落が解体して小規模集落に分散するのに対して、大規模な集落域を形成し、しかも内部に大型建物を多数配置していることです。中期の大型建物が同一地点で複数回重複する傾向が見られるのに対して、後期の伊勢遺跡、下長《しも》遺跡、下釣《まがり》遺跡などは大型建物が一回の建築で姿を消すことに注目しておく必要があります。つまり建築が首長の交替と無関係ではなく、首長の交替に合わせて場所を変えて建築された蓋然性が高く、首長権の確立を証するものといえます。遺跡は二世紀後半が最盛期で、三世紀前半までには衰退傾向を見せるので、集落の継続期間は比較的短期間と言えます。古墳時代前期に豪族の居館が集落外部に飛び出る直前の首長の居住空間や、祭祀、政治の場を考える上で近畿地方をはじめとする広域の列島内にはない集落構造を有しています。

まとめ

今から約二五〇〇年前、野洲川流域で弥生時代が始まりました。縄文時代から列島にあった稲とは別の稲（水稲）を導入し、集団で土地を開墾して水田開発を行い、用排水路を完備し、金属器を導入、木製農具を整えた稲作です。弥生時代の幕開けとなりました。

前二世紀初めには各地で農業用水や開墾をめぐって争いが起こり、調停役の登場が期待され、また農業祭祀の主宰者も必要となり、首長が権力を保持する代表者として登場します。この首長は鉄、玉、塩の輸入ルートを確保するため、各地の首長と交流することとなります。相対的にこれらのルートとその結びつきの強い首長は生き残り、やがて領域、農民、交易権などを確保し、政治権力を伸長させ対外交渉能力を持つ「国」を成立させます。

紀元前二世紀には一定の権力秩序が形成され、半島、大陸との交流者にその紐帯《ちゅうたい》を求めます。そのため、各地の大型集落には半島経由の文物《ぶんぶつ》が移入され、威信財《いしんざい》を保持するようになります。近江では大陸産の文物数では西日本各地の集落にやや劣りますが、銅鐸（見る銅鐸）の数では決して劣ることはありませんでした。西日本各地の有力首長とは別の文物輸入ルートを求めた近江など内陸部の首長は、日本海沿岸の津と連携を強めました。京都府奈具岡《なぐおか》遺跡、滋賀県高島郡熊野本《くまのもと》遺跡などでは中期中頃から後期にかけて多量の鉄器を保持していました。これらの遺跡では、近江の土器、山城、丹後の土器だけでなく、近畿や中国地方各地の土器が出土していることも無関係ではありません。中期後半、近江南部に日本海ルートを確保した国が成立し、大和、丹後などの国と結びつき、琵琶湖を介した物資や往来の中核となりました。その成長により、後期には伊勢遺跡を誕生させ、王の住まう大集落を形成しました。その王は、二世紀末の古墳時代になると大和で擁立され、初期大和王権を構成する氏として、また支えた豪族として、主に東日本を支配する役割を担っていました。その支配の跡は前方後方型の墓であり、近江発信の墓であると考えます。手焙形土器は二世紀の前半には登場しており、これを使った呪《まじな》いを急速に近畿一帯から九州にまで広げ、二世紀後半から三世紀にかけては東日本にも広げることとなりました。琵琶湖を擁し、東西の要衝である地理的特徴と豊かな沖積平野を背景に、初期大和王権を構成した近江の代表首長は野洲川流域を拠点にしていたのです。

〔参考文献〕

守山市教育委員会『守山市文化財調査報告書』一～六五冊
皇子山を守る会編　一九九四　シンポジウム『大型建物から考える邪馬台国の時代と近江』
奈良国立文化財研究所 一九九〇　『年輪に歴史を読む—日本における古年輪学の成立—』　奈良国立文化財研究所学報第四八冊
都出比呂志編　一九九八『古代国家はこうして生まれた』、角川書店
守山市教育委員会 一九九〇　『守山の歴史を掘る』一
守山市教育委員会 一九九七『守山の歴史を掘る』二
銅鐸博物館開館一〇周年記念事業実行委員会編 一九九八　『銅鐸サミット&シンポジウム』

弥生時代の暦年表（案）

時代	区分	様式	細分	（年輪年代測定）◎＝年輪年代測定法　◆＝紀年銘鏡　（守山の遺跡）	西暦	中国	アジアの情勢と倭国
縄文	晩期				-500		
弥生	早期	凸帯文	古	菜畑遺跡で水田遺構		戦国	
			新	板付遺跡で環濠			
	前期	I	古		-400		
			中	小津浜遺跡			
			新	・服部遺跡の水田 寺中遺跡	-300		
	中期	II	古				
			新				B.C.２４９年　楚、魯を滅ぼす。秦、東周を滅ぼす。 B.C.２２１年　秦の始皇帝が中国統一
		III	古新	◎ B.C.245（建物）		秦	
		IV	前葉	◎ B.C.180〜190（盾） 下之郷遺跡	-200 -150	前漢	B.C.２０２年　漢の高祖劉邦、帝位につく B.C.１９４年　衛満、朝鮮に亡命（衛氏朝鮮成立） B.C.１４１年　漢の武帝、即位
			中葉	唐古・鍵遺跡 池上・曽根遺跡 朝日遺跡 吉野ケ里遺跡 巨大環濠集落の登場	-100		B.C.１０８年　漢、衛氏朝鮮を滅ぼし楽浪他４郡設置 この頃、倭国、「分かれて百余国」の記事『漢書地理志』
			後葉	◎ B.C.97（井戸） ◎ B.C.60（井戸） ◎ B.C.52（建物） 播磨田東遺跡 二ノ畦・横枕遺跡 山田町遺跡 ※高地性集落が増える	-50 1		
	後期	V	古段階	原ノ辻遺跡（長崎） ※貨泉が出土 酒寺・金森東遺跡	50	新	A.D.　８年　新がおこり、前漢滅ぶ A.D.１４年　新の王莽、貨泉を鋳造 A.D.２５年　光武帝が即位し、洛陽に都をおく。 A.D.５７年　奴国王、後漢に朝貢。印綬を受ける
			V様式	◎ A.D.69+α（建物） 伊勢遺跡 下鈎遺跡 （銅鐸の終焉）	100	後漢	（北部九州のクニが発達） A.D.１０７年　倭国王帥升、後漢に生口を献じる
			亜式	三雲・平原遺跡（福岡） （手焙形土器の出現）	150		（近畿のクニが発達） A.D.178 〜 184年　倭国大いに乱る　『後漢書』
古墳	初頭	庄内式	古	纒向遺跡（奈良）	200		A.D.１８４年　黄巾の乱　（卑弥呼の共立） A.D.２０４年　楽浪郡から帯方郡分かれる A.D.２２０年　漢帝国滅ぶ
			新	◎ A.D.177 +α（纒向石塚） 下長遺跡	250	魏呉蜀	A.D.２３８年　魏、楽浪・帯方の２郡を摂収 A.D.239 〜247 女王卑弥呼の外交 A.D.240 〜248 女王、卑弥呼の死 A.D.２６６年　壱与、西晋に献使 使訳通ずる所三十国なり『魏志』
	前期	布留式	古	箸墓古墳の造営 （鏡の祭儀）（終焉） ◆A.D235年「青竜三年」銘鏡（京都府） ◆A.D239年「景初三年」銘鏡（大阪・島根）	300	西晋	A.D.３０１年　八王の乱が始まり、華北混乱 A.D.３１３年　高句麗、楽浪郡を滅ぼす
			中		350		（ 帯方郡献使 ） A.D.３６７年　百済の使者、倭に至る
			新	※須恵器生産がはじまる	400		A.D.４０４年　高句麗、倭と戦う
	中期						

私は一九五一（昭和二六）年、守山市で生まれました。小、中学校を何事もなく過ごし、高校は電車で通学することを望みました。大学で、考古学研究会なるサークルに加入し、早速、夏に穴太野添古墳群の調査に参加させてもらいました。よく勉強する先輩がいて、厳しい指導を受け、考古学へ誘惑されたのです。サークルでは二年生のときに「遺跡の発掘は遺跡を破壊することに繋がる」と考え、参加しませんでした。また、大学は学生運動の最中で、遺跡や遺物の勉強も十分にしないまま、大学を卒業する年には「近江湖北の古墳と豪族」との関係をテーマとして卒論を書きました。先輩から「課題を列挙しただけで何ら論文になっていない」と厳しく指摘されたことが、当たり前ながら大変ショックでした。

ところが昭和五〇年、偶然にも守山市に職することになり、服部遺跡で、一人の担当者が三〇年間かかっても掘ることができないほどの面積（一二万平方メートルを四面）、内容（縄文時代から鎌倉時代の住居、水田、墓など）を発掘しました。野洲川改修工事に伴う調査をとおして、数多くの人たちに出会うことができましたが、それとともに、巨大で大切な遺跡を消滅させ、工事と遺跡保存をめぐる悲しい事件もありました。調査するなかで、近江のこの地が弥生時代に果たした役割の大きさを感じ、以後、弥生遺跡の発見のため試掘に集中したことを覚えています。

過去二〇数年間、私が仕事の中で意図したのは、弥生時代の遺跡を発見して遺跡を群として捉えるとともに、多くの方々に見てもらうために現地説明会や展示の機会を設けることでした。その結果、下之郷遺跡や伊勢遺跡を代表とする遺跡が全国各地に知られるようになり、発掘に参加していただいた方々にも、遺跡をよく理解してもらえたのではないかと思っています。

幸いにして、下之郷遺跡は土地権利者の深い理解と市長の英断により、国の史跡指定を受けることができました。これからは私が行った発掘調査を振り返り、伊勢遺跡の保存に努力し、弥生遺跡の保存整備にあたりたいと思います。野洲川流域は弥生時代以後、国家形成までの遺跡を良好に残しており、重要な役割を果たした地域だと自負し、この地において仕事をし得る責任の重さと数多くの方々の指導を得ながら、少しずつ進めていきたいと思います。

（山崎　秀二）

第二部

資料編　守山の弥生遺跡

資料編　目次

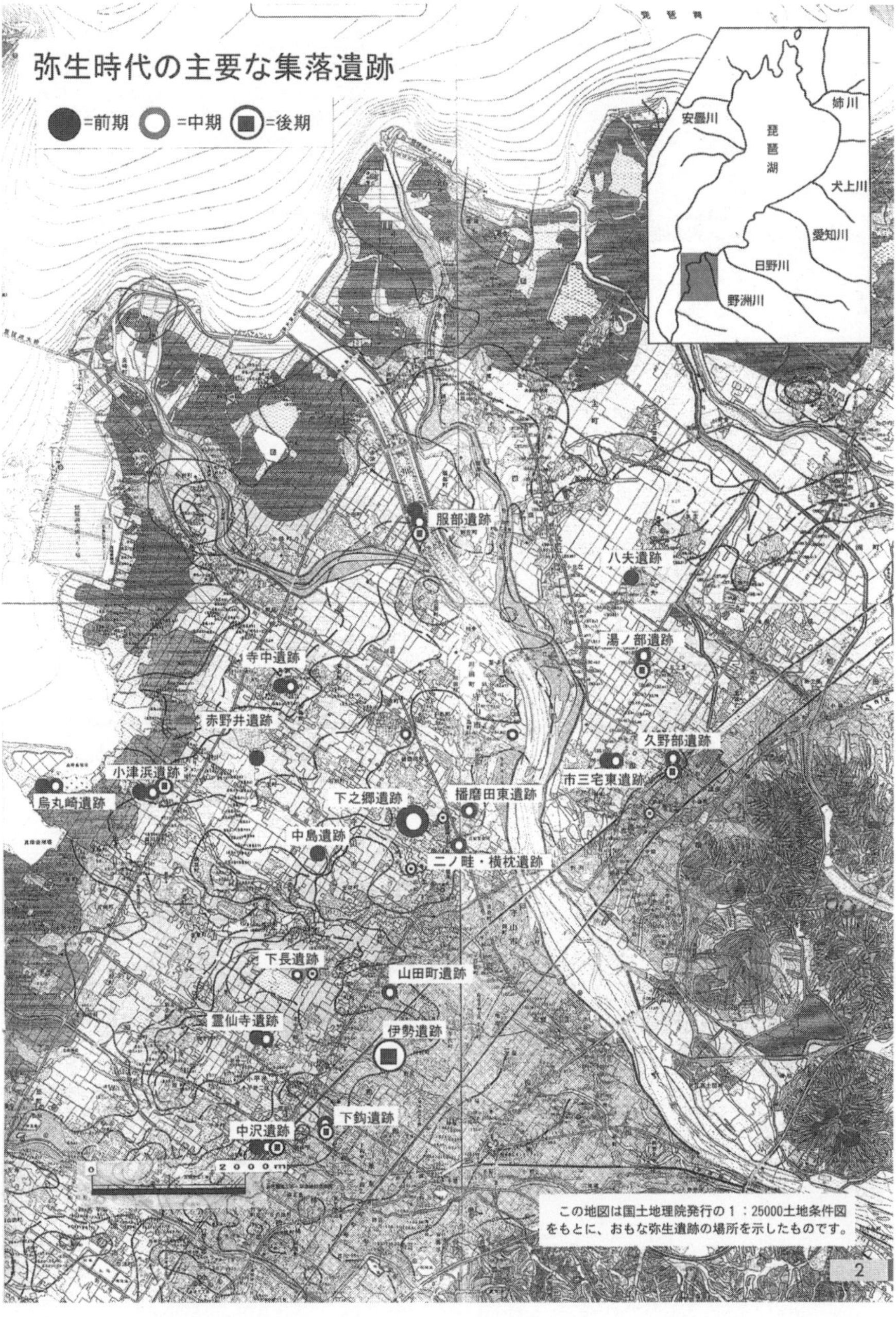
弥生時代の主要な集落遺跡
=前期
=中期
=後期
安曇川
琵琶湖
姉川
犬上川
愛知川
日野川
野洲川
服部遺跡
八夫遺跡
湯ノ部遺跡
寺中遺跡
赤野井遺跡
久野部遺跡
市三宅東遺跡
小津浜遺跡
烏丸崎遺跡
下之郷遺跡
播磨田東遺跡
中島遺跡
二ノ畦・横枕遺跡
下長遺跡
山田町遺跡
霊仙寺遺跡
伊勢遺跡
下鈎遺跡
中沢遺跡
0
2000m
この地図は国土地理院発行の1：25000土地条件図
をもとに、おもな弥生遺跡の場所を示したものです。
2

服部遺跡の水田跡（弥生時代前期）

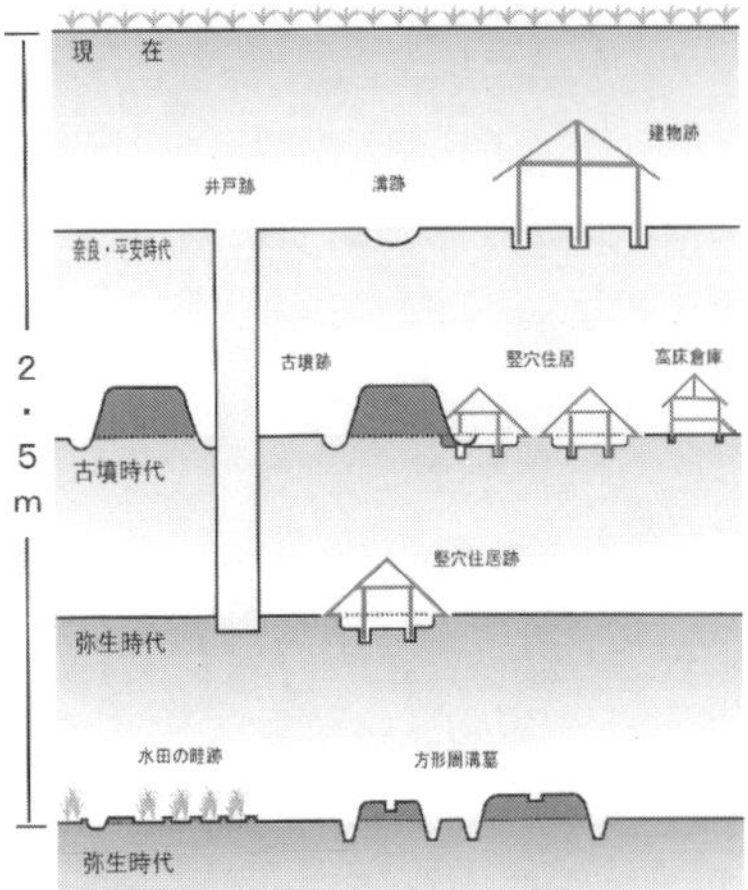

服部遺跡で水田が見つかった位置

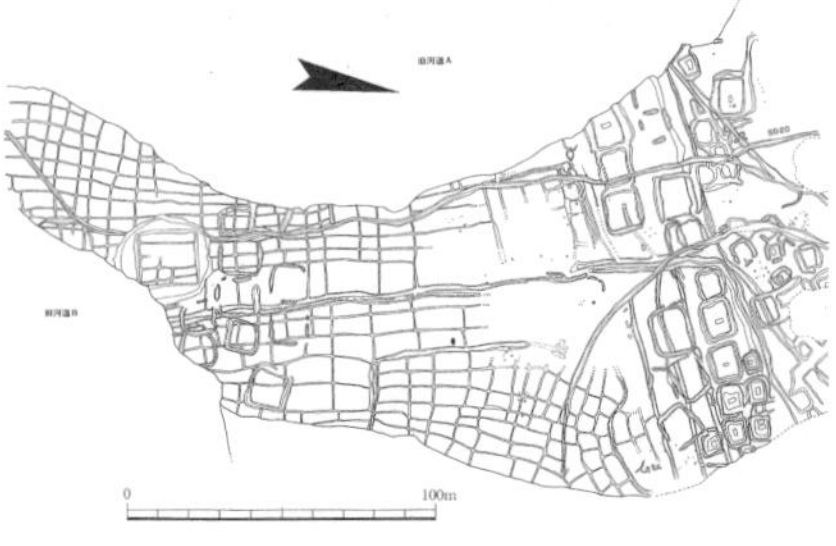

服部遺跡の水田と水路（弥生時代前期）

服部遺跡の水田跡

昭和49年から実施された服部遺跡の発掘調査では、約2.5mという地中深くから弥生時代前期にさかのぼる水田跡が発見された。見つかった260 面ほどの水田は、最も大きな区画で約280㎡、最も小さなものだと約10㎡の面積をもつ。現在の田んぼの区画に比べるとずいぶん小さいが、土地の微妙な起伏に合わせて小さな畦や大きな畦を設け、うまく水をはれるように工夫されていた。

弥生のお墓の群れ

服部遺跡からは、弥生時代中期の方形周溝墓が約360基検出された。方形周溝墓とは周りに四角い溝をめぐらせた墓で、一辺５ｍほどのものから20ｍを超えるものまで、さまざまな大きさがある。並びかたも多様で、一定の軸に沿って連接する例や、大型の周溝墓のまわりを小さな周溝墓が囲む例が確認された。

導水施設

弥生時代後期から古墳時代前期の旧河道のなかから、方形にめぐる杭列と敷石水路を溝によって連結した遺構が出土した。敷石水路には、大木を半分に割って刳りこんだ槽が置かれ、簡易な上屋がかけられていたようだ。当時の水利用の様子がしのばれる。

木棺の出土

ほとんどの周溝墓は、墓穴や盛土部分が削り取られていたが、なかには墓穴や木棺を残すものもあった。

手焙形土器

弥生時代後期後半から古墳時代前期にかけて、近畿地方で普及した土器。初源は、近江の受口状口縁鉢に求める説がある。覆部内面にススがついたり、中に炭が詰まった状態で発見されるものがあるため、火を焚くことと関連した用途があったのかもしれない。墓から出土する場合もあるため、葬祭具や宗教儀器とみる説がある。

下之郷遺跡

下之郷遺跡の環濠
環濠の中でも、最も内側のものは規模が大きく、幅は約８ｍ、深さは背丈以上もある。

多重環濠
1989年の調査では、６条の環濠が検出され、大量の土器や石器、木製品などが見つかった。

環濠内の出土状況
下之郷遺跡は、野洲川下流域平野の中央部、扇状地末端部分に位置する弥生時代中期後葉の集落跡である。これまでに52次の発掘調査が行われ、全体規模は、約25haにおよぶ巨大環濠集落であることが判明した。集落のまわりには、基本的に３条の環濠が掘られているが、北東～南東域にかけては6～9条の環濠が連続して掘られている。西側においては、３条の外側に別区として居住域が設けられ、さらに外側に２条の環濠が発見された。

下之郷遺跡全体図

集落の中心部

環濠集落の中央には、南北の溝と東西の溝で四角く囲まれた場所が確認された。囲みの中には、棟を南北方向に揃えて建てた大型掘立柱建物などが発見されており、集落内でも特に重要な場所だったとみられる。

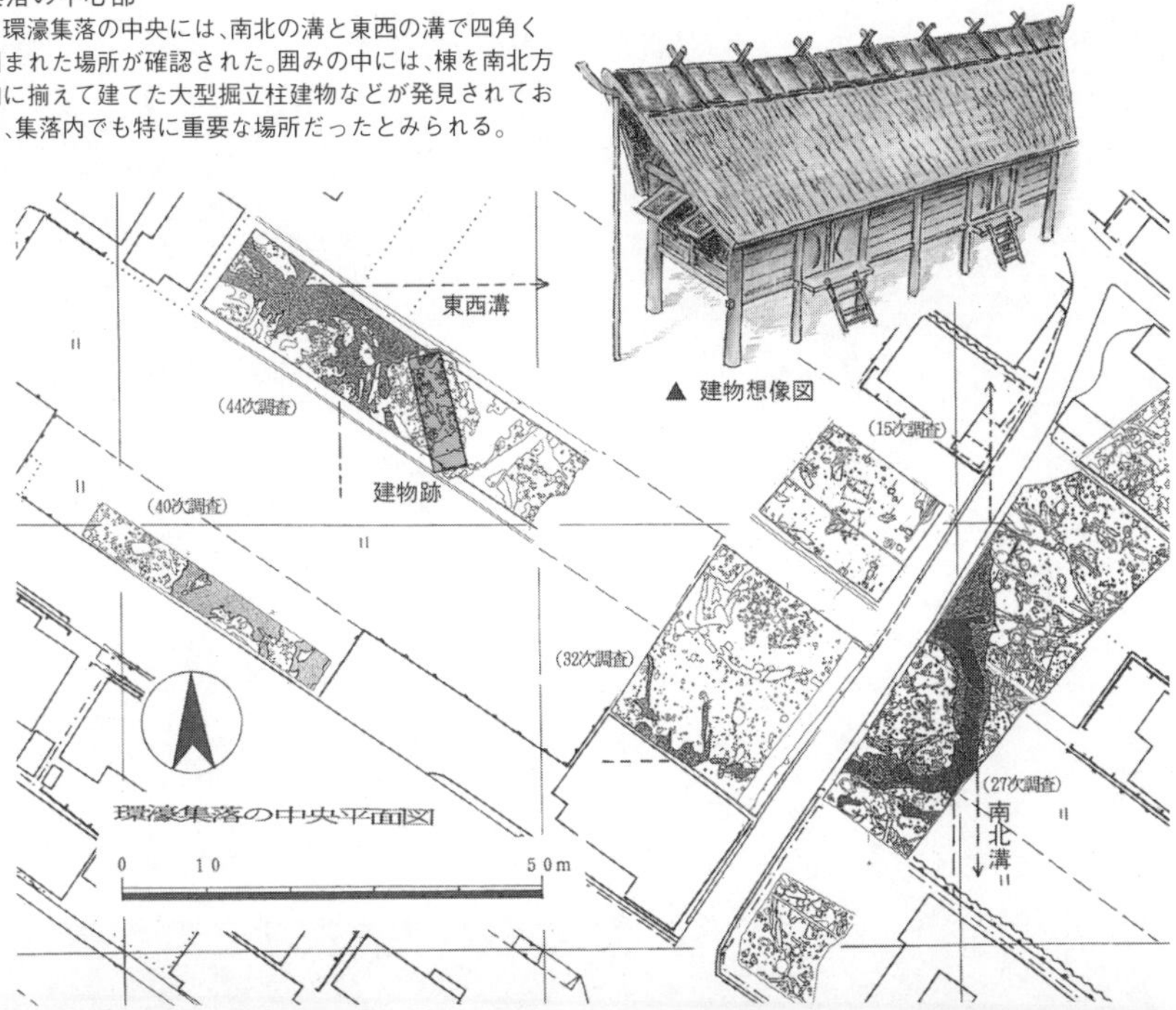

▲ 建物想像図

発見された建物跡

集落の中心区画内側の建物は、屋根の両端を柱で支える「独立棟持柱付の掘立柱建物」で建物の長辺が約14m、短辺約4m、床面積が60㎡近くあります。

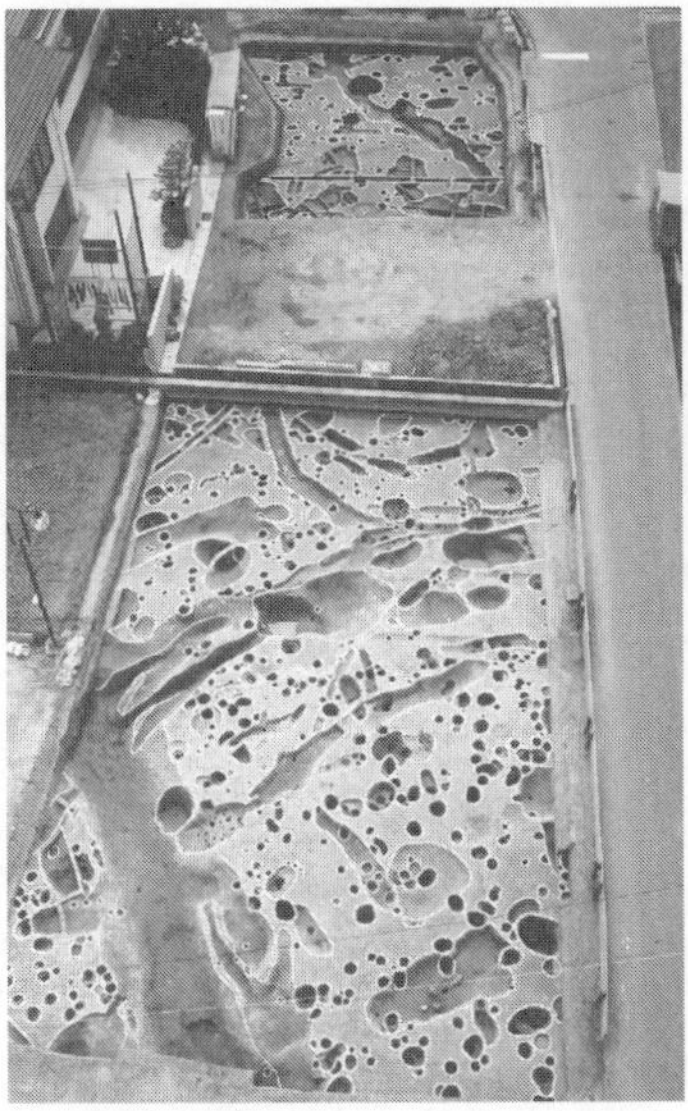

中央部に掘られた南北溝

戦いの様子

下之郷遺跡の環濠の周辺には、門柱・柵を設けた出入口や破損した銅剣、銅戈の柄、環状石斧（棍棒）、多数の石鏃・石剣が出土しており、戦いの跡とも解釈される。

環濠の底から発見された銅剣

壁立式建物の復原想像図（宮本長二郎氏による）

下之郷遺跡の内部からは、今のところ竪穴住居は一棟も見つかっていない。それに代わって壁立式建物が多く見つかった。平面プランは円形や長方形で、周囲に壁を立てその上に屋根の垂木を乗せて天井を支える。屋内の主柱は２本や４本の例があるほか、主柱を持たない場合もある。建物からはたくさんの石鏃などが出土している（右図）。

環濠を埋めて作られた出入口

環濠の内側に並ぶ柵

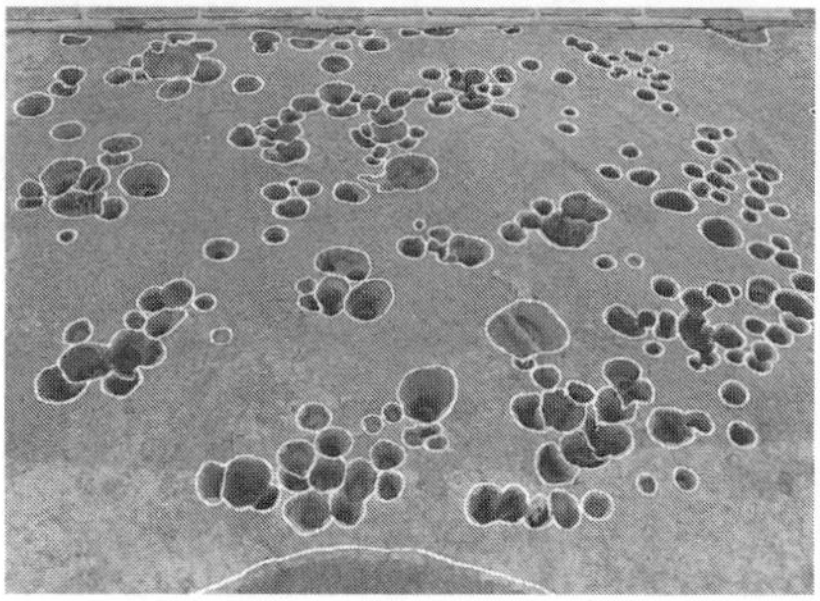

壁立式建物

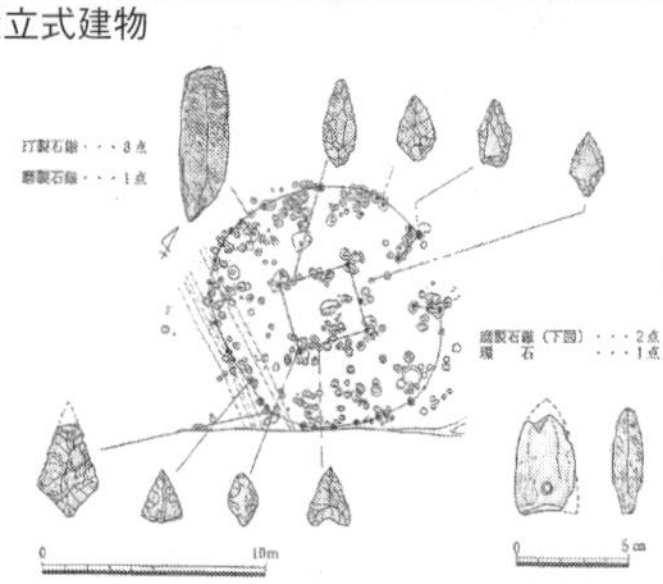

壁立式建物の周囲から出土した石器

古環境を探る

下之郷遺跡の調査では、弥生時代の景観や環境の復原を試みている。今から2100年程前、周辺にはどのような森林があったのか、川はどこに流れていたのか、田畑はどこに作られていたのか？動植物遺体の調査から、しだいに当時の生活環境が浮かび上がってきた。（参照　口絵２ページ）

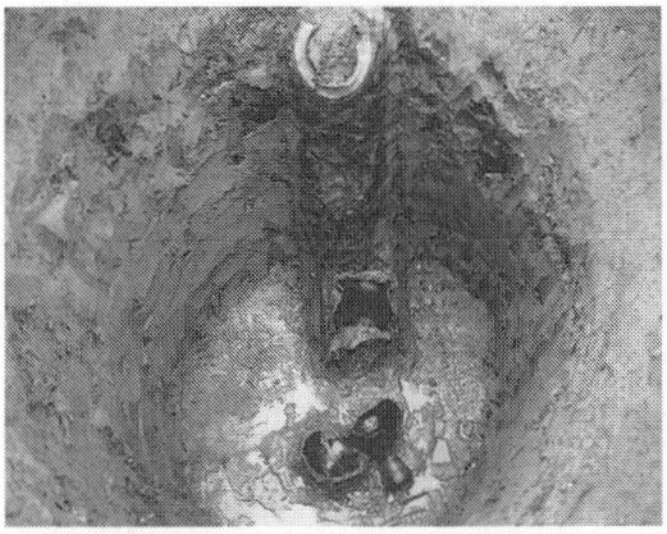

集落内の井戸
地下水に守られて植物や動物遺体がたくさん保存されている。

籠目土器
環濠や井戸からは編み籠や網代なども見つかっている。素材には、フジやガマなど身近な植物を利用する例が確認されている。

自然遺体の調査風景
井戸や環濠に積もった土を採取し持ち帰る。（写真は琵琶湖博物館　地学研究室スタッフ）

荒目・中目・細目・極細目の仕分け

写真17　土壌洗浄作業
遺跡から持ち帰った土を土層ごとに分けて洗い出す。

鑑定作業
洗い出された土の中から植物・動物・魚・貝などを取り出し鑑定する。
（写真は琵琶湖博物館　布谷知夫氏）

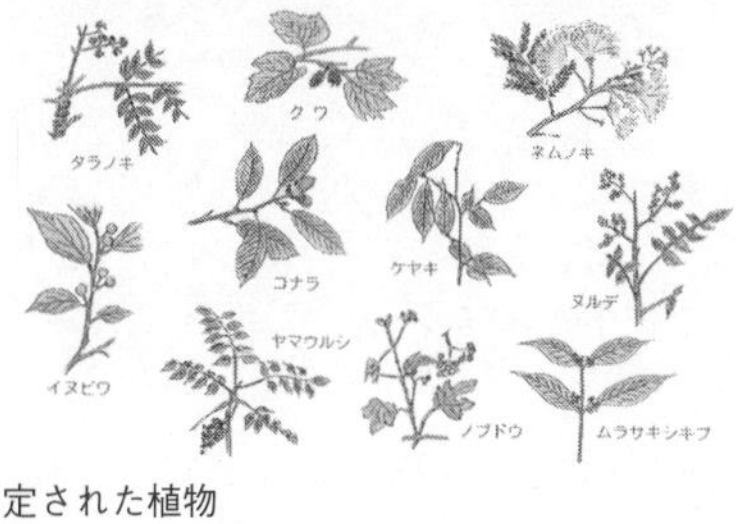

同定された植物

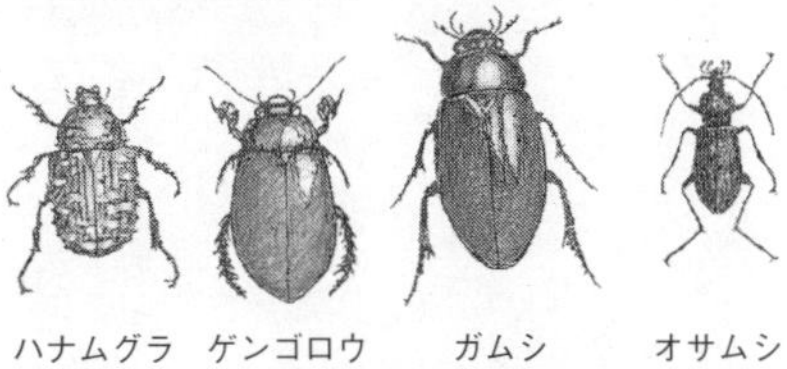

同定された昆虫

山田町遺跡

野洲川扇状地の末端に位置する弥生時代中期末の集落跡。平成10年に行われた第１次の調査では、２条の大溝と井戸、竪穴住居などが発見されている。

二ノ畦・横枕遺跡

下之郷遺跡の東側約500ｍに位置する弥生時代中期末の環濠集落跡。集落の周りには、１～２条の環濠が掘られており、内側からは、大小あわせて80棟以上の竪穴住居が見つかった。

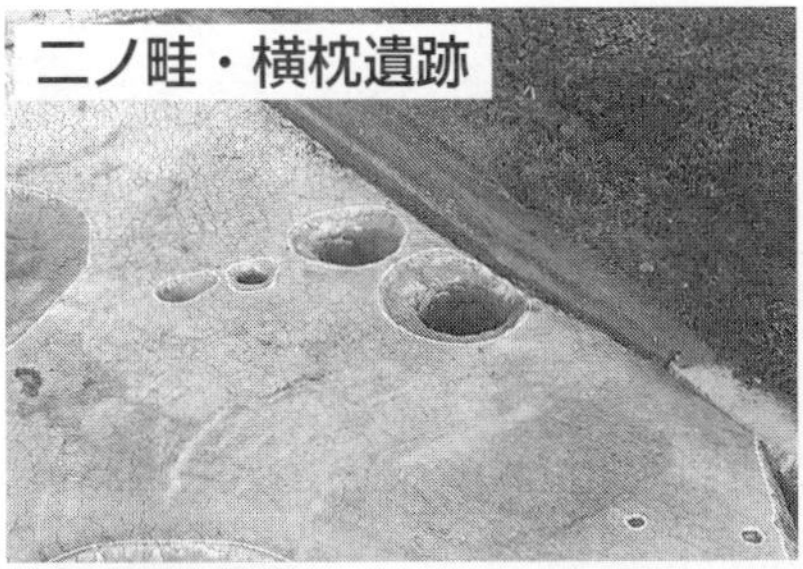

井戸Ａ周辺の状況

年代測定をした井戸Ａの縦板

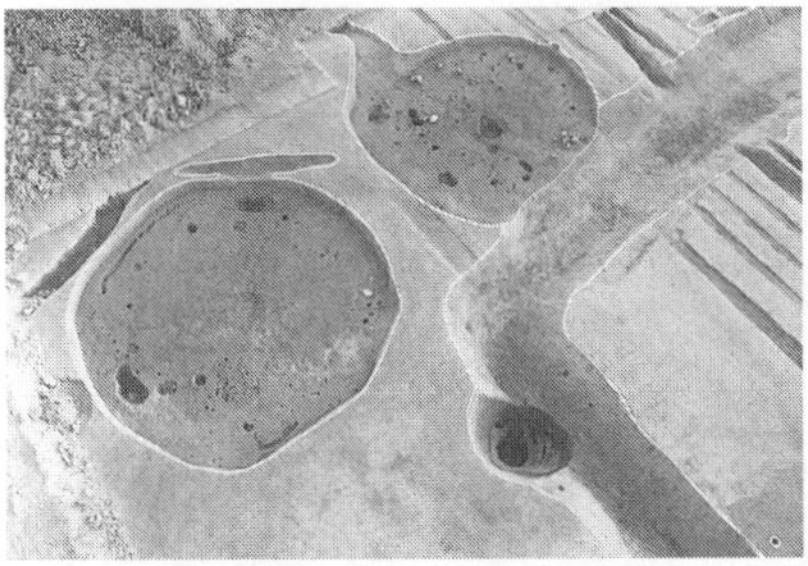

井戸Ｂ周辺の状況

年代測定をした井戸Ｂの縦板

発見された二つの井戸

1995年に行われた集落内部の調査では、弥生時代の井戸２基が見つかった。底に残った井戸枠材の年輪をもとに伐採時期が求められ、弥生時代の実年代をもとめる上で重要な発見となった。

井戸Ａの底で見つかった木枠

井戸A

直径約３m、深さ2.9mの井戸底には、４本の横桟と16枚の縦板が組み合わせてあった。縦板の樹種は、一枚がヒノキ、それ以外は全てスギである。年輪年代測定が可能な縦板２枚について分析したところ、一枚（ヒノキ：写真右）が紀元前97年、もう一枚（スギ：写真左）も紀元前97年という測定結果が出た。この井戸の底からは、少量ながら弥生時代中期後半の土器が出土している。

井戸Ｂの底で見つかった木枠

井戸B

直径約３m、深さ3.2mの井戸底から９枚の縦板材が見つかった。全てスギで作られている。その中から年輪年代測定が可能な１枚を選定し調査したところ、紀元前60年（伐採年代）という測定結果であった。井戸Ａに比べて土器の量は多く、最下層や木枠内からはⅣ様式最終末の土器が出土している。

伊勢遺跡

（守山市伊勢町・阿村町）

伊勢遺跡は、野洲川下流域平野の中央部扇状地に位置し、東西700ｍ、南北450ｍ、全体では30ha程あり、弥生時代後期の集落では最大規模を誇る。遺跡の中心部には、二重の柵によって方形に区画された特定区域があり、その中には大型掘立柱建物群が整然と配置されている。また、特定区域の外側には、独立棟持柱付き大型建物が約18ｍ間隔で円周上に配置されている。

伊勢遺跡の建物復元図（大上直樹氏　制作協力）

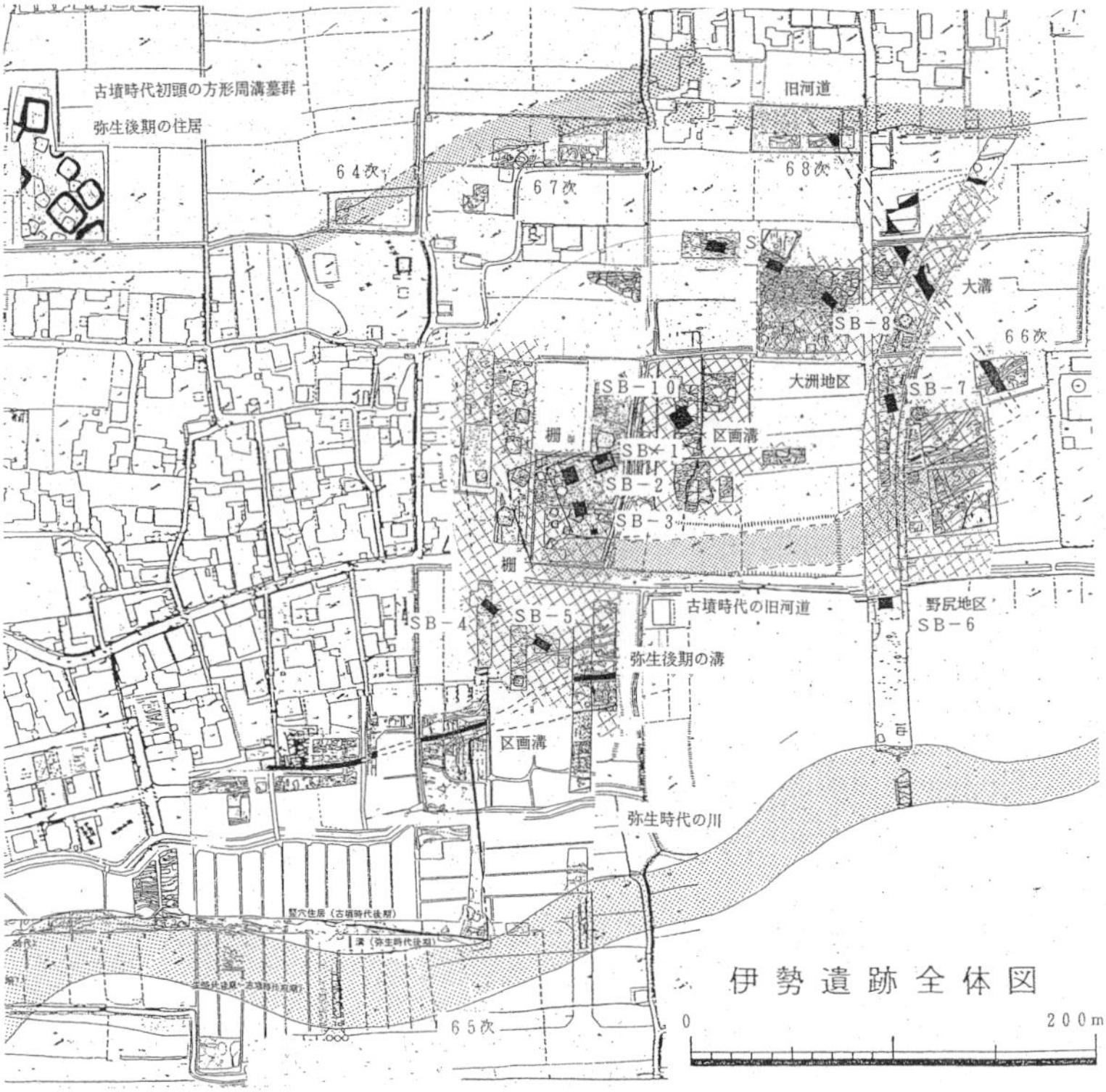

伊勢遺跡全体図

大型竪穴建物

伊勢遺跡北東側の大型建物群

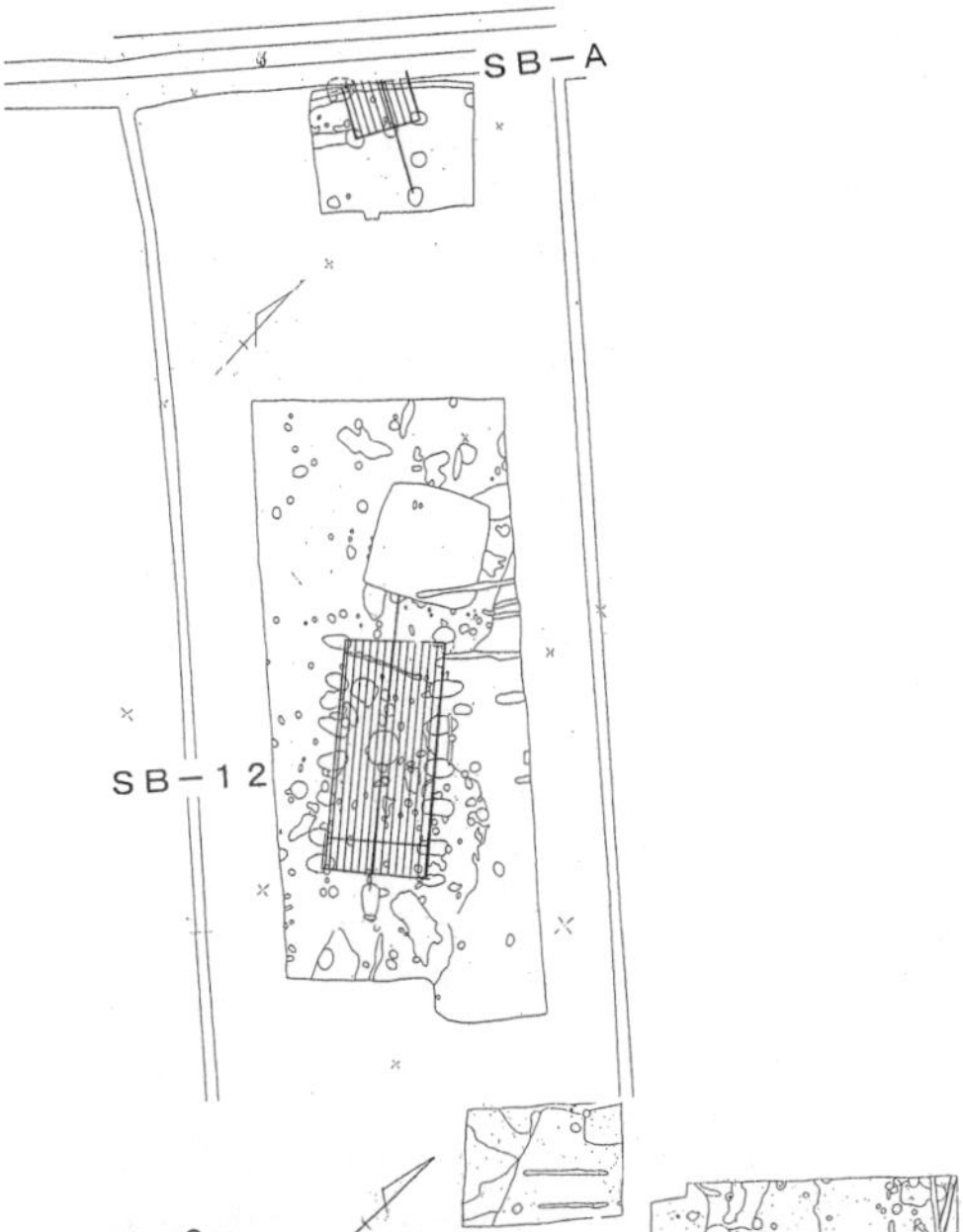

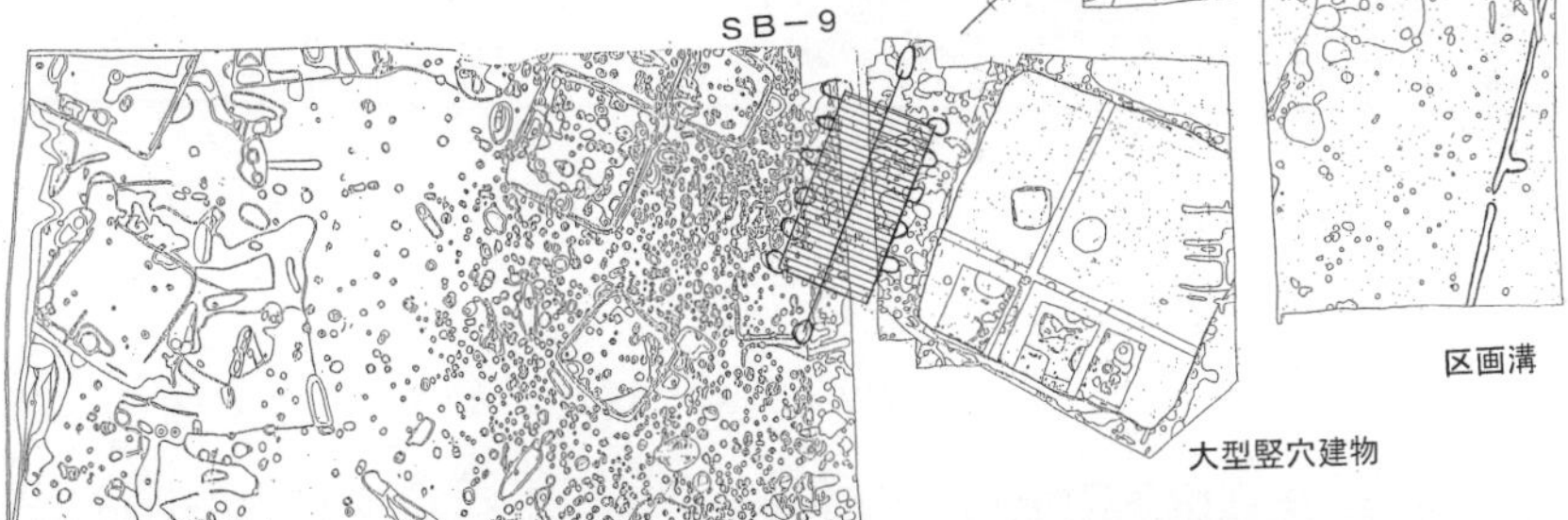

大型竪穴建物

円周上に配置された大型建物群の外側で、巨大な竪穴建物が発見された。一辺13.6mの方形プランの竪穴で、床面積は184㎡を測る大規模なものである。壁にはレンガ状のブロックを配置し、床には粘土を焼いた厚い貼り床が認められた。

楼閣状建物の復元画
（宮本長二郎氏制作協力）

楼閣状建物

円周上にめぐらされた大型建物の内側中央部には、3間×3間（9ｍ×9ｍ）、床面積81㎡を測る大型建物が検出されている。総柱式の柱穴配置から楼閣状の建物と推定される。この建物の柱穴間には布掘状の細い溝が伴っており、その断面観察から板材が柵状に巡っていたと推定される。

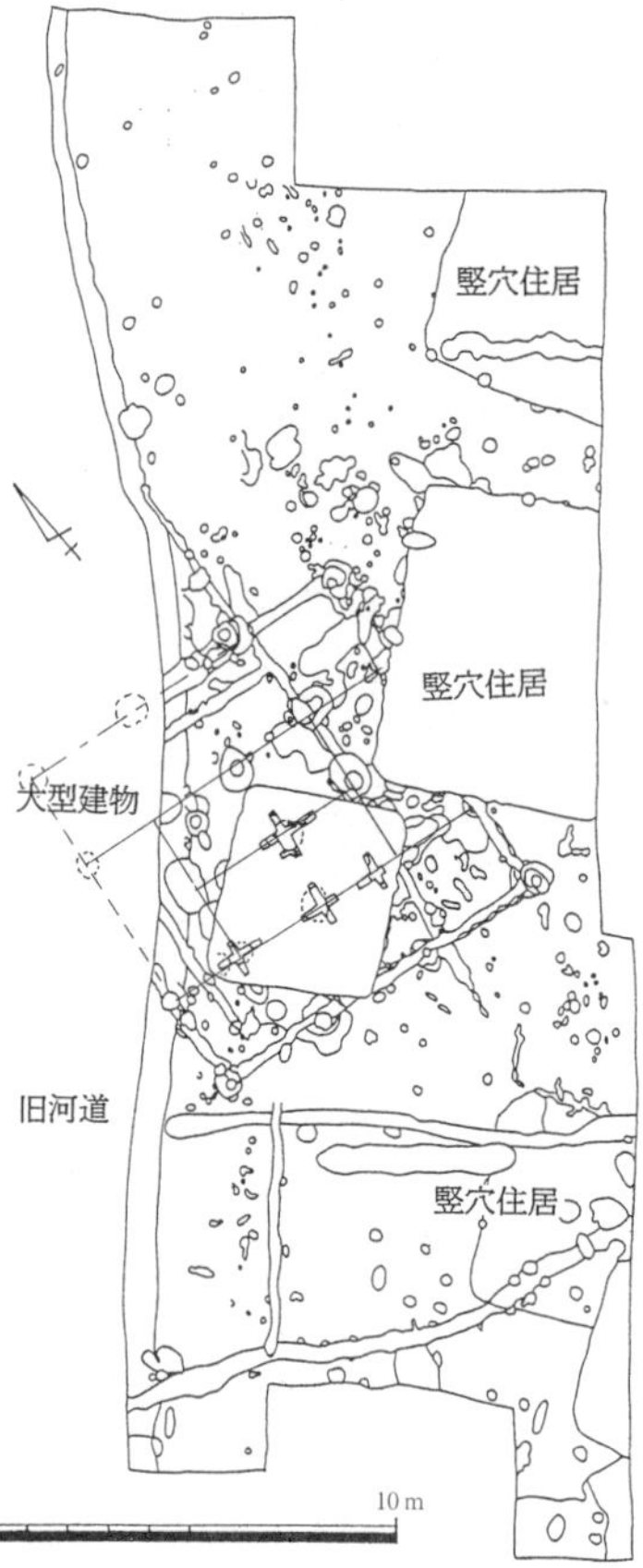

楼閣状建物の平面図

独立棟持柱付大型建物

独立棟持柱付大型建物

平成5年に実施した調査では、方形の特定区域より70ｍ西側にあたる地点で、独立棟持柱付大型建物が発見された。1間×5間で短辺4.5ｍ、長辺9ｍで床面積は約40㎡を測る。この建物の15個すべての柱穴からヒノキの柱根が出土した。

下長遺跡（守山市古高・大門町）

下長遺跡は、幅が40mもある旧河道の両岸に広がる大規模な集落遺跡である。これまでの調査で古墳時代前期の掘立柱建物群をはじめ、大量の土器や木器が出土している。土器には、東海、北陸、山陰、瀬戸内地方から運び込まれたものが多量にあり、各地との活発な交流がうかがえる。出土品の中には、儀杖、刀剣の柄頭、銅鏡、琴、石釧など豪族が所持したと思われるものが見つかっている。

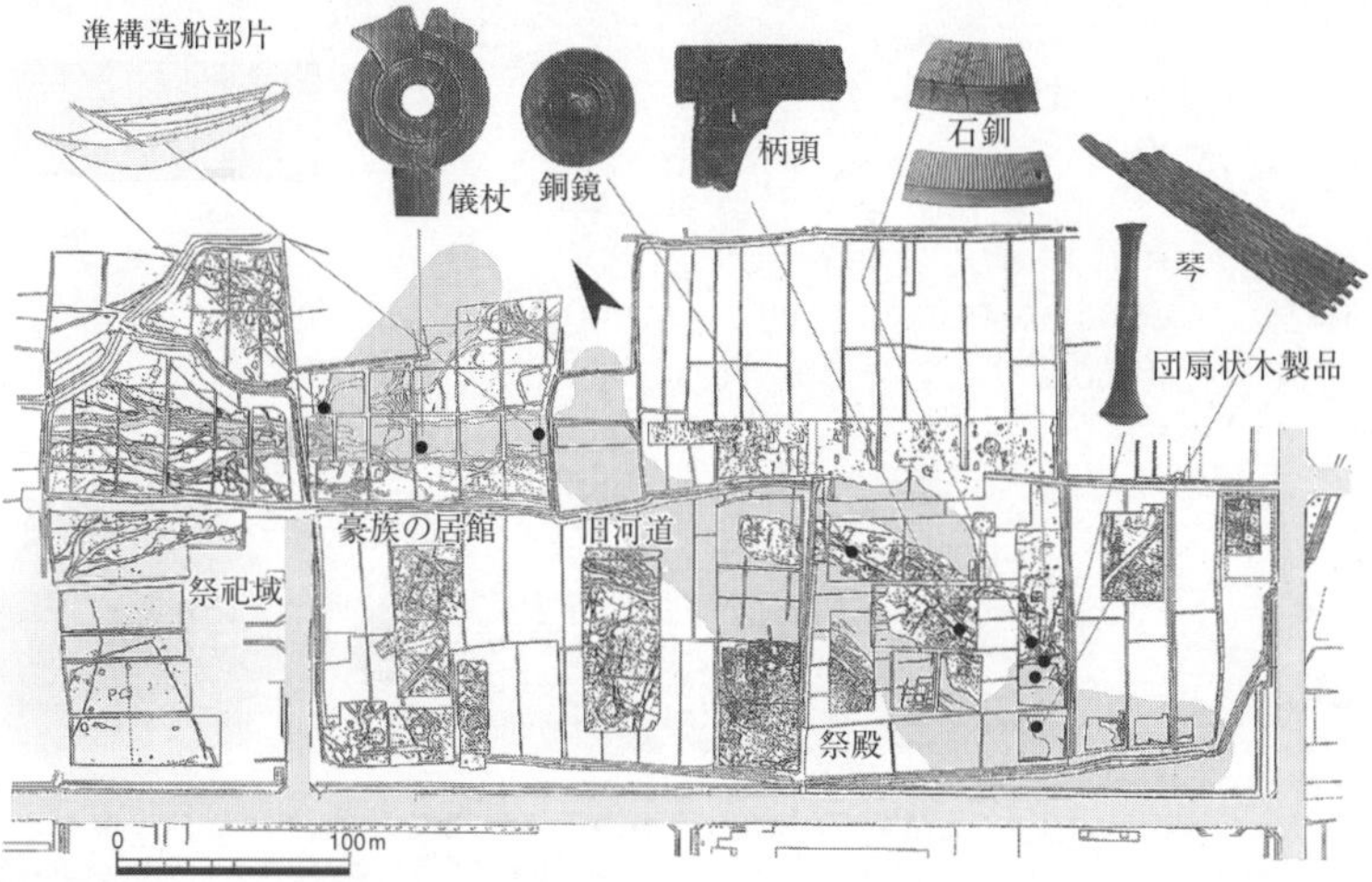

下長遺跡全体図

発見された大型建物

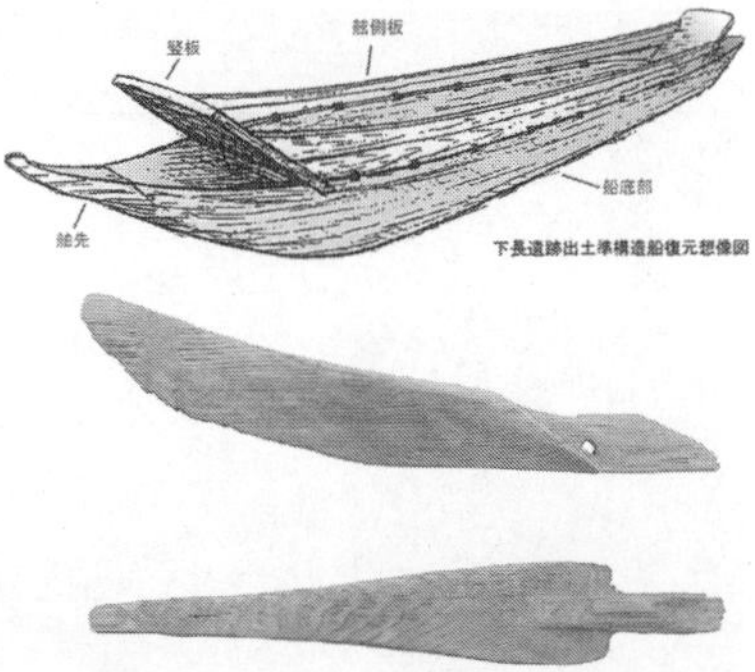

出土した準構造船

準構造船とは、丸木をくりぬいた船底に舷側板や竪板、舳先をくみ合わせて積載量を増やした船のことをいう。下長遺跡では船底部に舷側板を桜皮で結合した部材と舳先が発見された。琵琶湖の水運を背景に物流の拠点として栄えたムラの様子が浮かぶ。

傾斜棟柱柱付建物

1998年に実施した調査では、旧河道のそばから弥生時代後期末～古墳時代前期にかけての建物が４棟検出された。その内の一棟には、傾斜棟持柱付の建物があった。（大上直樹氏　制作協力）

川田遺跡の水田跡

平成４年、川田町地先で実施した発掘では、古墳時代中・後期の水田跡約2600㎡を検出した。見つかった水田跡は、埋没旧河道内に営まれており、水田一区画の面積は50～80㎡程であった。田面には、人の足跡や牛？馬？による無数の踏み込み跡が検出された。家畜を利用した農業は、この時代に遡れるのかもしれない。

播磨田東遺跡の共同墓地

1997年に実施された播磨田東遺跡の調査では、古墳時代前期の周溝墓が４基見つかっている。そのうちの一基は、全長約14mの「前方後方型周溝墓」であった。この形の墓は有力者が葬られたと考えられ、古墳の発生を探る上で貴重である。守山では、これまでに益須寺遺跡や経田遺跡・塚之越遺跡・横江遺跡などでも同じ形の周溝墓が見つかっている。

第三部

シンポジウム

『弥生のなりわいと琵琶湖
―近江の稲作漁労民―』

（主催）守山市、守山市教育委員会
（共催）滋賀県立琵琶湖博物館
（後援）滋賀県教育委員会
（協賛）水と文化研究会・水と遺跡を考える会

開催日　二〇〇〇年十一月二十五日
場　所　守山市民ホール　集会室

コーディネーター
嘉田由紀子（琵琶湖博物館・京都精華大学）

パネラー
大　沼　芳　幸（滋賀県教育委員会）
坂　井　秀　弥（文化庁）
佐藤洋一郎（静岡大学）
佐　原　　真（国立歴史民俗博物館）
高　谷　好　一（滋賀県立大学）
中　島　経　夫（琵琶湖博物館）
山　崎　秀　二（守山市教育委員会）

はじめに

琵琶湖の南東に広がる野洲川下流域平野では、これまでたくさんの遺跡が調査されました。「発掘調査をして何がわかったのか?」、「大昔の生活と私たちの生活とはどんなつながりがあるのか?」…こうした問いかけに、シンポジウムを通してひとつの答えを示していきたいと思います。

シンポジウムのねらい

論点は二つあります。まず、琵琶湖を中央に抱く近江の「地域の個性」を解き明かすことです。これは人びとの暮らしを支える大切な基盤で、地形・気候・生態系・土地柄など、地域の基礎条件といえます。今回は人と自然がかかわってきた長い歴史のうち、水稲農耕が始まった時期(弥生時代…二四〇〇~一七〇〇年前)にスポットをあててみました。そのころ近江の人びとは、どのような自然環境のもとで、どんな生業を営んでいたでしょうか?

それを解き明かす鍵は、この地の個性にあるようです。人びとが地域の個性に向き合いながら、どのようなかかわり方を築いていたかは、弥生時代だけでなく、現在や将来にもつながってくる大切な問題です。

もう一つの論点は、国(政治組織)の誕生にいたる歴史です。これについては考古学や古代史で長い論争が続いてきました。今のところ弥生時代に近江湖南平野に展開した遺跡群の動きは、次のように整理されています。

(1)湖辺の農耕集落〔弥生前期〕→(2)巨大環濠集落の登場と短期移動〔中期後半~〕→(3)集落の再編成〔後期初頭〕→(4)大型建物群をもつ巨大集落の誕生と小規模集落の分散〔後期前葉〕。

湖南平野の中央に展開した環濠集落・下之郷遺跡(中期)と大型建物群を擁した伊勢遺跡(後期)をはじめ、守山の大地には多くの弥生遺跡が眠っています。今後の調査で、紀元前後の国の姿が浮かび上がることでしょう。

ところが、なぜこのような遺跡が誕生したかは、いまだ大きな謎です。かつては社会の内部にある矛盾が歴史を動かすとして、発展段階説に基づいた国家像が描かれました。その根底には、平野の灌漑に根ざす水利社会や農業共同体の姿がイメージとしてあったようです。しかし発掘調査の成果と照らし合わせてみても、上流から下流にかけて広がる大規模な灌漑のシステムが存在したとは想定できそうにありません。かつて提唱された「農業共同体の首長=大規模な治水工事の指導者、治水施設の維持・管理の調整役」という権力者誕生のストーリーは、実状に合わないようです。それに代わる説明のしかたが求められています。

二つの論点、「生業にみる近江の個性」と「国の誕生にいたる過程」は、切り離して別次元で議論されがちですが、実は深い部分で密接なかかわりがあります。シンポジウムのキーワード「熱帯ジャポニカ」・「湿地稲作」・「稲作漁労民」・「生業複合論」をもとに地域の歴史を解き明かし、国の誕生の過程を検討できないでしょうか。なりわいをもとに、国のなりたちを支えた基盤を明らかにしたいのです。

遺跡を現在に活かすという観点で

これまでの遺跡シンポジウムでは、研究上の問題点を話し合うことが大きな目的でした。しかし「遺跡や文化財の研究は、ずっと昔のことを対象にしていて、自分たちの暮らしの感覚とはかけ離れている」という意見を耳にします。今回は、現在の私たちの生活や社会を引き合いにしながら、身近な問題を歴史の中に求めてみたいと思います。そこで、次のような課題を設けました。

1. 難しい歴史の解釈でなく、できるだけ今の生活感覚に近い話題に基づいて、身近な文化論としても十分楽しめる議論にする。
2. 国の中央から見た歴史を掘り下げるのでなく、近江の野洲川下流域平野で連綿と育まれてきた地域の個性（風土や土地柄）を大切にする。
3. 普段の暮らしや、これからの地域社会像にも通じるメッセージを発信する。

シンポジウムのパネラー、高谷好一さんは、東アジアの稲作文化圏を丹念に歩いて調査してきました。その経験をもとに、こう述べています。

近江の初期稲作は韓半島や大陸よりも、華南から東南アジアに通じるものがある。この地域には鵜飼、鮒ずし、なれずしなどの文化要素が認められるし、江戸時代から戦前にかけての水田や農法の様子にも、共通性が大きい。湖辺の水田は、よく大水で水浸しになり、琵琶湖なのか田んぼなのか、わからなくなるようなことさえあった。すると、田んぼにワタカが大群で上ってきて、稲を喰い荒らしてしまう。ところが農民は、それを逆に待ち構え、捕まえて生活の足しにする技術を知っていた。現存するエリ・ヨシマキ・モンドリ等は、いずれも南方の漁法とかかわりをもつ。水田の周辺で魚捕りをする。すなわち稲作と漁労を複合させた暮らしをしていたのである。このような生業のかたちが地域に根付いた理由には、琵琶湖を中央にかかえた土地柄や生態系にもよるのだろう。

このイメージは守山で土を耕している農家のお年寄りの感覚にとても近いものです。こうした農業・漁業のかたちは昭和三〇年代頃まで続いてきましたが、技術がすっかり変わってしまった今では、省みることも恥ずかしいほどの貧しい時代の苦労ばなしのようにしか扱われません。

しかしどうでしょう？現在の田んぼの周辺では、かつて身近だったホタルやゲンゴロウブナの姿があまり見られなくなりました。都市化が進むなかでの宿命なのでしょうが、土地柄や生態系を度外視した私たちの暮らしぶりに問題がなかったとはいえません。いま守山市では環境にやさしい政策を進めて守山ホタル条例を施行し、子どもたちへの環境教育を重視しています。昔や今の暮らしの中で何を大切にし、次の世代に伝えていくかを考えるときです。

かけがえのない地域の宝として

二〇〇〇年以上も昔の、弥生時代遺跡は現在の私たちの生活と何の関係もないような気がします。けれど、この地域の個性と向き合うヒントが隠れているとすれば、見直してみる価値はありそうです。つい少し前、昭和三〇年代まで続いていた農・漁複合文化の原点をたどると同じ風土のもと、はるか遠くに思えた弥生時代までつながるかもしれません。私たちの文化の出発点を、そこに見出せないでしょうか。そんな思いを馳せながら、パネラーのみなさんの話に耳を傾けていただきたいと思います。

遺跡や文化財は市や町を案内するパンフにもよく登場し地域の顔といえます。歴史や伝統、土地柄が織りなす豊かさに包まれながら、人びとの営みが続いてきました。

守山市にある下之郷遺跡や伊勢遺跡は、国（文化庁）が認める重要な遺跡で、地域にとってかけがえのないものです。歴史や風土を大切にする心を育みながら遺跡を守り、未来に引き継いでいくことで、全国に誇れる地域の宝ものとなるでしょう。守山の遺跡は、近くに住む人びとが親しみを感じ、地域に暮らす人の心のどこかにいつもあり続ける場所であってほしいと願っています。

嘉田　本日はいろんな専門分野の方に集まっていただいて、どんな話が展開するのかとても楽しみです。まずは、高谷さんからお願いします。守山で生まれ育って、いまは県立大学におられます。もともとは京都大学の東南アジア研究センターにおられて、世界中を歩いてこられました。

東南アジアの米づくり

高谷　みなさんこんにちは。私、守山の洲本で生まれた者です。守山市で発掘をしてきた山崎さんから「伊勢遺跡は、お伊勢さんのもとや」と聞き、「下之郷遺跡では熱帯の稲(1)を作ったらしい。今まで考古学で考えられていたことと違う」と聞いて感心しました。そんな大発見のことを知っていただきたいと思います。そして私からは、「熱帯の稲」についてお話します。

　佐藤さんは、弥生の水田について、熱帯の焼畑で作る稲を「アバウトなやり方で作っていた」と、きたない水田の絵*を見せてくれました。そして中島さんからは「魚をいっぱい捕っていた」という話がありました。私が歩いてきました東南アジアは、そんなところばかりなんです。

　アジアで米を作る所には、二つのグループがあります。中国の北の方は田んぼといっても水がない。移植せず、畑に種をバラ蒔きして稲を作りま

嘉田由紀子さん

(1) **熱帯の稲**
　これまで栽培稲の品種は日本型、ジャワ型、インド型の3類に分けられてきた。佐藤洋一郎氏はインディカとジャポニカに大別したうえで、後者を熱帯ジャポニカ・温帯ジャポニカに二分する立場をとっている。ここでいう「熱帯の稲」は熱帯ジャポニカにあたる。（↓49ページ）
（参考　佐藤洋一郎『新・イネの日本史』二〇〇二年、角川選書）

＊佐藤さんの描く弥生水田　（↓63ページ）

す。畑の周りの黄土高原には、偉大な中央集権国家ができて、男の社会が広がっている。それが朝鮮半島まで続く、大陸の姿です。

ところが東南アジアでは佐藤さんの絵の通り「これホンマに水田?」と思うほど、草だらけのきたない田んぼで稲を作っています。小さな池のようなところに魚やスッポンがいる。木が生えていて切り株もあるような、もっといいかげんな田んぼだってあります。インドネシアの東、スラウェシ島に野洲川ほどの大きさのデルタがあり、ピアラという集落の周りの土地利用を歩いて調べました。屋敷地や旧河道を利用した養魚池や、ドゥアフンシーという養魚と稲作の二重機能を持った水田があります。極めてアバウトな稲作りで、魚を飼うことと、どちらが重要か分からない。そして男ががんばる社会でなく、おばちゃんや子どもががんばっている社会です。今まで考古学で言われていた稲作とは、だいぶ様子が違います。

嘉田　現代に近いころのことを聞き取りして、琵琶湖の湖岸でも今の話のスラウェシと近い状態だったことが分かってきました。田んぼの横に魚を呼びこむ。水がついたらエリを立てて、水が引くとその場に稲を作る。琵琶湖辺には江戸時代の記憶があって、近年でも同じように野菜を植える話があります。融通《ゆうづう》無碍《むげ》に空間を利用して、水と上手くつきあう方法でした。

マングローブの生える川筋に建てられたブギス族の家

(2) **水込み** （→29ページ）
琵琶湖には大小あわせて四〇〇本以上の河川が流れ込む。しかし流れ出す河川は瀬田川一本しかない。そのため明治三八年に南郷洗堰ができる以前は、大雨が降ると湖辺域一帯が長い間水浸し状態になった。

琵琶湖の湖辺は「水込み」(2)といって水害が多いのですが、そこで暮らす人たちは「水が来たら米は取れないけど魚が捕れる、悪いことばかりじゃない」と、意外とみんな明るいんですね。今のお話に共通します。

けれど、そういう世界ばかりではない。今日は佐原・高谷論争(3)を期待していますが、佐原さんが描かれる弥生は、様子がちがうようです。

佐原　高谷さんが「お伊勢さん」と言われました。関西弁のいいところですね。まずその話をしたいと思います。

お伊勢さんの心の御柱

私のレジュメには、弥生の「神殿」「祭殿」は多目的ホールであって、神殿・祭殿はないと書いていますが、最近ちょっと考えを改めました。もしかしたらお伊勢さんのもとかもしれんね、という話です。建築の上田篤さんが書いておられます。五重塔の中心にある心柱は、建物の構造と全く関係がなく、新しいものだと上から吊り下げてある。彼はそこでお伊勢さんを持ち出します。伊勢神宮には床下に「心《しん》の御柱《みはしら》」*がある、中心の柱とは無関係に建物が建っている。その建物は心柱を覆う「鞘堂《さやどう》」ではないかと推測し、日本の五重塔も柱を覆う建物ではないかと考えました。

---

(3) 佐原・高谷論争

「考古学」vs.「生態学」という異分野交流から生まれた論争。かつて考古学では、弥生時代に田植えはなく稲は直播で作られていたという説が有力だったが、高谷さんは弥生の初めから田植えがあったと説く〔高谷一九八六〕。また、日本の稲作の系譜についても朝鮮半島経由説・東南アジアからの伝播説の双方の立場から議論が行われた。〔佐原一九八七〕。

高谷好一　一九八六「水田が拓かれるとき」『豊饒の大地』日本古代史五、集英社

佐原　真　一九八七『日本人の誕生―考古学が語る原始日本―』大系日本の歴史一、小学館

上田篤編『五重塔はなぜ倒れないか』（一九九六年、新潮選書）

＊心の御柱や鞘堂をめぐる議論は、佐原真「人はなぜ塔を建てるか」『高きを求めた昔の日本人―巨大建造物をさぐる』（国立歴史民俗博物館編、二〇〇一年、山川出版社）に詳しい。

近年発掘された出雲大社には、心の御柱があって、やはり建物の構造と関係ないんです。出雲大社の場合は屋根をおよそ受けている。出雲大社の本殿はこの柱を保護するための鞘堂としてできたのではないか、という考えも出ています。そうすると上田さんの話と全部つながって、伊勢神宮も出雲大社も五重塔も、柱の鞘堂として建ったのではないかということです。そこで伊勢遺跡の独立棟持柱付き大型建物を見ますと、建物の真中に心の御柱があるではないですか。

山崎　伊勢遺跡の祭殿は、建物の中央に柱があります。棟にのせる柱を屋内で支えると考えました。東北芸術工科大学の宮本長二郎先生は、これを心の御柱だとして、この祭殿方式が伊勢神宮の祖先の形をしていると言われます。そして佐原先生のお話から、神様が宿るような心の御柱を想定すると、柱を守るための覆屋の可能性も考える必要が出てきたわけですね。

直播きか田植えか

嘉田　高谷さんの稲の話については、どうでしょうか。

山崎　守山市服部遺跡(4)の水田跡は、田一枚が六〇～二〇〇平方メートルほどで、水田面には直径五～一〇センチメートルくらいの穴が無数に空いて

---

(4) **服部遺跡**（→188ページ）　野洲川の新放水路建設の際に調査された縄文時代から平安時代にかけての複合遺跡。地下約二・五メートルの場所で弥生時代前期の小区画水田（約二六〇面）が発見された。

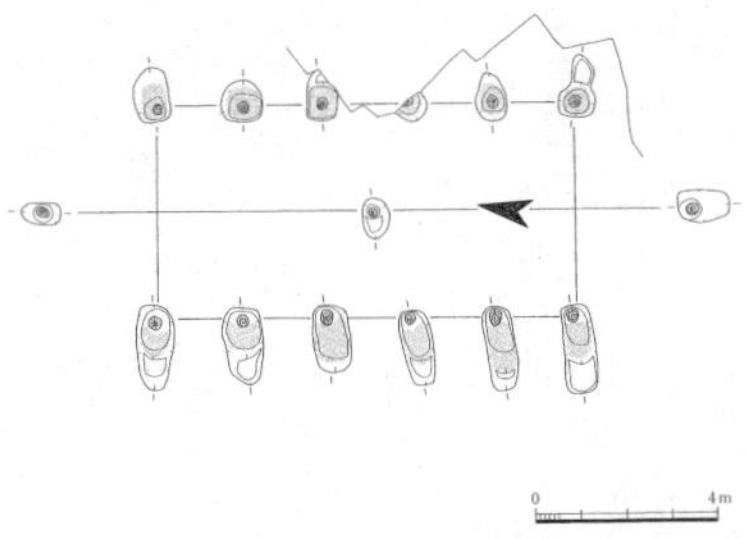

伊勢遺跡(28次調査)
独立棟持柱付大型建物

います。弥生時代前期から田植えをした、その稲株のあとでしょうか。

佐原　岡山市の百間川遺跡では、七人分の田んぼの跡が出てきました。一人が中心になって下がっていくわけですね。私も含めて弥生の研究者は、原始的な直播《じかま》きが先で、後に田植えになったと思っていましたが、二〇年ほど前に高谷さんに教わってから、田植えだと認めるようになりました。「田植えをしないと雑草に負けるから、技術的に必要だ」という高谷さんの指摘は、考古学に届いています。

嘉田　高谷効果があった、ということでしょうか。

佐原　高谷さんが言っていることで、認めていることもある（笑）。

嘉田　じゃあ、認めてないことをご紹介ください。

佐原　そう簡単に東南アジアとはつながらないと思います。「考古学としての証拠が見つからないと言えへん」わけですね。今西錦司(5)という偉い先生は「考古学はけしからん、証拠がないと『あった』と言わない」と言っています。しかし、私たちが証拠もなしに発言するわけにはいきません。東南アジアとつながっているという要素を見つけるのは、なかなか難しい。

嘉田　佐藤さんは証拠を示した上で、絵を見せてくださいました。日本の稲のもとは中国江南あたりの南と北、どちらからつながったのでしょうか。

---

(5) **今西錦司**
一九〇二年京都生まれの生物学者。棲み分け理論によって従来の進化論では説明できなかった生物の世界を明らかにするなど、サルや人間を含む生物的自然を社会進化として捉えた独創的な理論体系を世界にさきがけて提示した。

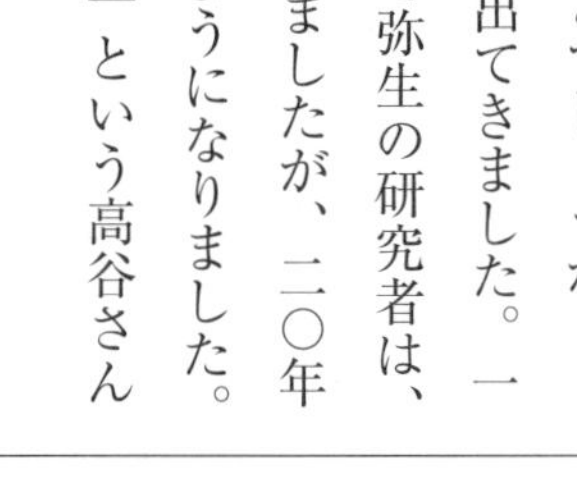

百間川原尾島遺跡の稲株跡
（岡山県教育委員会1985年『岡山県埋蔵文化財報告』56、）

中国江南との共通性

佐藤　下之郷の稲を見ていますと、南の要素の方が強い。お米の品質から言っても、焼畑の熱帯ジャポニカです。そして水を利用する技術的な点でも中国の呉の世界、南からの流れだと思うんです。

嘉田　この話には、中島さんの出した図も関わってきますね。日本列島はアジアとつながっていたという論点がありました。

中島　私が示した図は人間がまだいなかった一七〇〇万年前や五〇〜六〇万年前くらいまでの話です。西日本には、生物では長江と朝鮮半島それぞれの要素がありました。古琵琶湖の時代には長江との関連が強く、氷期だと朝鮮半島との関係が強い。生き物の場合はそうした歴史的背景があります。

魚の方からはよく分かりませんが人間のことを考えると、縄文時代から魚捕りとの関わりが続いていて、下之郷遺跡では魚捕りと米作りが密接に結びついていたと言えるでしょう。そういう視点で見ると今の江南地方の風景と似ていて、中国の北部や朝鮮半島の環境とはずいぶん違うようです。

琵琶湖周辺の米作りと魚捕りは、歴史のなかで変動してきました。人の一生のサイクルで見ても、水位が上がって米が取れない時期があっただろ

かつて日本列島は大陸の縁にあり、日本海の前身は大きな淡水湖だった。当時の化石が大陸とのつながりを示している。その後日本列島の土台は、西日本が時計回りに、東日本が反時計回りに回転して現在の形となった。

前期中新世の日本列島の古地理図と化石産地〔中島2000を一部改変〕

うし、もっと長い周期で見ると国の政策の問題もあります。中央集権的な国家だと、たいてい米で税を取ろうとします。すると米作りが奨励されて「魚捕りなんかやっちゃあかん」と言われる時代もあったのでしょうか。

そういう中で、魚捕りはレクリエーションにもなり、おかずにもなる。琵琶湖辺ではそんな生活があったと思います。民衆の力が強くなる中世は魚が銭になる時代で、漁具が発達してエリができる。琵琶湖・守山あたりでは、そうした米作りと魚捕りの変動の歴史を見ることができます。

赤野井湾遺跡から始まって下之郷、伊勢遺跡。だんだん湖岸から内陸へ遺跡が移るにつれ、為政者の力が強くなっていく時代と重なる気がします。米作りと魚捕りの原点を弥生時代に求めるとすれば、木浜《このはま》(6)あたりの昭和三〇年代の姿に行きつく、歴史の流れを持っている地域ではないでしょうか。

嘉田　高谷さんが旧住民なら、中島さんは守山の新住民なんですよね。

中央集権とか国とか、いつもの中島さんらしからぬ話が出ました。この地域は日本の国のはじまりとどう関わっているんでしょう? 佐原さんから、考古学で言われている歴史の流れを教えていただけますか。

木浜港近くの魞で投網を打つ
昭和30年代の風景（田井中善晴氏提供）

(6) **木浜（守山市木浜町）**　野洲川南流河口付近の左岸に位置し、琵琶湖の最狭部東岸にあたる。木浜町地先は、遠浅で魚種に富み、近世には魞の親郷と称されるほど魞漁が盛んであった。（地図→33ページ）

佐原　ふつう「国」は英語で"State"。"Empire"帝国、"Kingdom"王国、そして文化人類学の"Chiefdom"首長国という言葉もありますね。弥生の「国」はこの段階にあたります。歴史学では、現在でもマルクス主義の歴史観で社会をみることが多いのですが、私は若いころにこの歴史観で勉強しなかった。そして野蛮、未開、文明という順に人類は進歩したと考えるマルクス主義史観では、まるっきりダメだということがわかりました。しかし、弥生時代に地域社会がだんだん統合されていったことは確実です。その中でなぜ下之郷・伊勢が大切か触れておきましょう。

　小さな村がたくさんある。それをまとめるような形で大きな村がある。その全体が小さな国です。邪馬台国、奴国など、ひとつひとつの国はいくつかの村がまとまった形です。そのなかで内郭(7)がある村が重要なわけです。

　横浜の大塚は大きな縦穴住居、小さな縦穴住居はいくつもあるけれど、内郭はない。吉野ヶ里には内郭がある。ところが九州では、内郭は不整形をしている。近畿では大小はあるけれど、加茂、下之郷、伊勢で、有力者がいるところの囲みは四角い。四角いと建物を左右対称、南北対称にして東西方位に合わせることを考えます。九州にこれはなくて、近畿にはある。

　そして古墳時代になると内郭が外へ飛び出します。古墳に葬られるほど

佐原　真さん

(7) **内郭**
集落内部に設けられる溝や柵で囲まれた特殊な場所。首長層の館や村人たちの共同祭祀・集会を行う施設があったとされる。古墳時代の豪族居館の遡源とする意見がある。
（吉野ヶ里の内郭→141ページ）

身分の高い人は、一般の村でなく守りを固めた四角い形の邸宅（豪族居館）に住みます。これが飛鳥京、藤原京、平城宮の天皇の家と結びついてくる。

飛鳥・藤原・平城宮の建物は中国の影響では説明できない所があって、古墳時代から来たにちがいない。そのもとが下之郷と伊勢にあるわけです。

「村」から「国」になる過程で内郭ができる。日本の国家成立史を考える時、そうした発達をしていく出発点として、守山の二つの遺跡は重要です。

嘉田　信楽の紫楽宮(8)は、今のストーリーの途中に入るんでしょうか？

佐原　信楽は聖武天皇が一時的に引っ越して、また平城宮に戻るわけです。基本的に四角くて南北を向いてますよね。だから、そのもとは古墳時代の豪族居館にあり、さらにそのもとは守山にある、ということです。

嘉田　私は考古学には全くのシロウトで、丸と四角にどんな意味があるか、よく分らないのですが、佐原さんの長い経験の中で、四角を方位にあわせるのが重要だということですね。坂井さんは文化庁で全国の遺跡を見てこられます。弥生の起源についてどんな意見をお持ちですか？

坂井　学生時代から佐原先生の論文で育った者として、やはりいろいろな面で朝鮮半島とのつながりを強く感じます。考古学の資料では、南とつなぐものがどうしても少ないのが気になります。

---

(8) **紫楽宮**
奈良時代中頃（天平一七年）、聖武天皇が大仏を造立しようとして、近江国甲賀郡に建てた宮。
信楽町の宮前遺跡の調査では、南北方位にあわせた四面庇付大型掘立柱建物や木簡などが出土し、宮跡に比定されている。

東日本の水田と縄文貝塚

群馬県では榛名山、浅間山の爆発で何度も水田が壊滅的な打撃を受けてきました。古墳時代の五世紀から六世紀に広範囲に降った軽石を火山灰で、村も畑も田んぼも一気にパックされた状況が発掘されています。

ミニ水田*といって、一区画二メートル×三メートルくらいの田んぼが続きます。稲は全面に植えられていたのではなく、部分的に畔が崩れていて休耕していた状況も窺えます。私が思い浮かべる越後の水田地帯とは様子が違っていて、佐藤さんや高谷さんのお話はもっともだと感じました。

そして待ちの漁法でフナなどを捕るという、大沼さんのお話を聞くと、縄文時代の貝塚を思い起こします。大規模な縄文時代の貝塚は太平洋側に集中して、日本海にはありません。これは潮の干満の差が関係します。太平洋側は潮が引くと広大な干潟ができて、貝を採ることができるんですね。東京都北区に中里貝塚(9)という縄文時代の中期〜後期の遺跡があります。日本でも最大規模、長さ一キロメートルほど貝層が延々と続き、カキばかりの層とハマグリばかりの層が交互に、厚いところで四メートルも堆積しています。確実に人が貝をむいて捨てたもので、自然の貝ではありません。

＊スマトラ タパヌリの小区画水田（高谷好一氏 一九八〇年頃撮影）現在でも東南アジアで類似したミニ水田をみることができる

スマトラの小区画水田

(9) **中里貝塚**
縄文時代中期（約四七〇〇年前）の貝塚。丸木舟やカキを養殖した跡などが発見され、縄文人の生活の様子がよくうかがえる。

日本海側で育った私は、海に浸かってジョレンで貝を捕る風景を見てきました。東京湾の初夏の風物詩、潮干狩りは日本海側にはありません。やはり縄文時代も地域ごとの自然環境にあった生活をしていたのでしょう。海岸地帯ではカキやハマグリをむき身にして干したり、燻製にしたりして内陸へ運ぶ。そして内陸から石器の素材などの供給を受ける。文化庁（当時）の岡村さんの話ですと、宮城県里浜貝塚(10)では魚の全体の骨が出ない、頭がかなり多く出土するそうです。

下之郷ではフナの頭の骨だけが出る例もありますし、さまざまな時代で環境に適応し、しかも労力を少なくして生活に活かす知識があるんですね。

男の仕事と女の仕事

嘉田　その仕事は誰がしたんだろう？ 男性か、女性か？ 私はそんなことに興味があるんです。佐原さんは男と女の考古学にも関心をお持ちですが、当時の生活で男女の役割分担や食料獲得の貢献は、どうだったでしょう？

佐原　学問は、ほとんど男がやってきました。文献は、資料を書いた人がほとんど男なので資料自体に偏りがある。考古資料では、男のものも女のものも、身分の高い人、低い人のものも平等に残っていて、資料は平等な

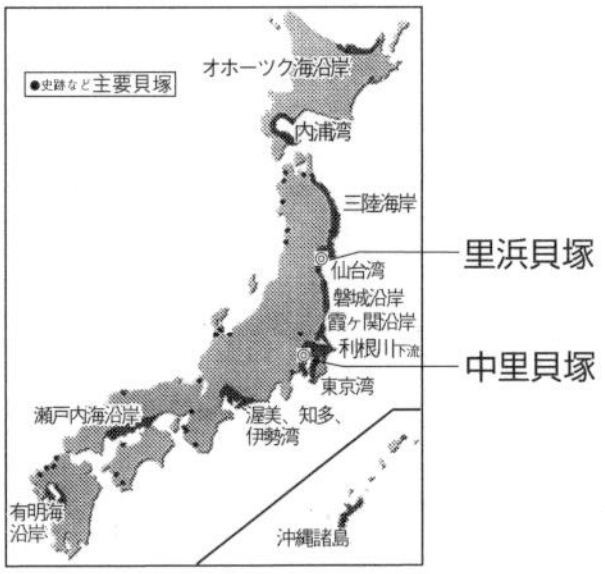

太平洋側に多い縄文貝塚

岡村道雄「貝塚とは何か」『縄文物語』朝日百科日本の歴史別冊　歴史を読みなおす一（一九九四年、朝日新聞社、原図・佐久間豊）を一部改変

(10) 里浜貝塚
宮城県鳴瀬町にある、縄文時代前期～晩期（約六〇〇〇年～三〇〇〇年前）の貝塚で、動物や人間の骨が良好な状態で出土した。多様な食生活を復元する研究が行われた。

のに、ほとんど男がやってきた。けれども欧米では女の人ががんばっていて、男がやった仕事をどんどん覆しています。例えば「狩りは男、木の実を集めるのは女がやってきた。」これは大勢としては正しいですよね。

ヨーロッパからアフリカに行って調べると、動物の子どもや小さなトカゲは男も捕るけど、女も捕る。それを、男が捕るときは〝hunt・狩り〟、女が捕ると〝collect〟と書くんです。男と女が一緒に狩りをやっていて、女が後ろから動物や鳥を追いかけて、男がとどめを刺す。「男も女も狩りをした」と書かなくてはいけないのに「男が狩りをした」としか記録しない。こういった実例を女の人が挙げて「偏っている」と指摘しています。だから男が狩りで女が集めるという大勢は正しいけれども、今まで民族誌の例を数えて出したほどの差は、実はない。そういう意味で、魚を捕るのは男の人が絶対に多いです。しかし女の人も捕ったでしょう。

嘉田　そうですね。あの下之郷の魚を集めるときはどうでしょう?

中島　証拠はないので確信はありません。でも想像すると、あのゲンゴロウブナは男も女も子どもも、総出でつかんだと思います。

嘉田　捕る時は道具も使わずほとんど手掴みですよね。昭和三〇年代ごろ琵琶湖辺で水込みの時に、ウオジマ*といって魚がにぎやかに上がってくる

*古代史からみた男女の分業については、都出比呂志・佐原真編『古代史の論点二　女と男、家と村』（二〇〇〇年、小学館）に詳しい。

手づかみで魚捕りに興じる子供たち
（2002年　守山市赤野井湾にて）

*ウオジマ（→35・95ページ）

のを捕る場合もそうでした。ただし個人の私有水田に入った魚はだれが捕っていいのか?、隣り合う村ごとで全部違います。

それぞれの地域の慣習について、まだ調べられていないことがたくさんあります。モノのところはずいぶん残っています。けれどもコト、出来事のことはなかなか分からなくて、ココロのところはもっと分からない。

水田で魚を捕る

佐原　中島さんのお魚の件に関わってのことです。十年ほど前に、岡山市教育委員会の根木修さんが、岡山市の賞田、水路がまだ土の岸のところで、天然記念物のアユモドキの産卵状態を調べました。(11)田植えの直前に代掻《しろか》きして田んぼを整えると、晴れた日だと水温が三〇度になった。そして日没後、コイ、フナ、ナマズ、ドジョウ、アユモドキの五種類が田んぼに入り、五日~七日かかって産卵した。民俗例を調べると、田植え直前には老いも若きも五~六日間はさかんに魚を捕り、重要なタンパク源にしていた。

そして二千何百年か前、西日本に深さ一〇~二〇センチメートルの水域が広がると、川で産卵していた魚が遡《さかのぼ》る。それを目指してコウノトリやサギ、カエルやスッポン、昆虫ではトンボやカマキリが来る。ぜんぶ銅鐸

(11) 根木修・湯浅卓雄・土肥直樹「水田農耕の伝来と共に開始された淡水漁撈」『考古学研究』第一五三号(一九九二年、考古学研究会)

に出てくる動物です。水田生態系がこうしてできたんじゃないかということです。琵琶湖は際《きわ》立って魚の育つ大きな場所がありますから、この生態系が発達を遂げたのではないか、という感想を持ちました。

高谷　人間の作った水田ですが、琵琶湖が広がったものと考えてもええわけですね。そうすると、人が作った環境というものの意味も問われますね。

大切なシロウトの視点

今までの話の中では証拠あるかないかという厳しい話もありましたが、我々はシロウトなりに「ここには、こんな生活があったのではないだろうか」と土地の人の感覚で言ってみることが大切です。さっきの南と北の話に例えると、中国と東南アジアの生活や文化はぜんぜん違うぞ、ということがわかってくる。稲の作り方、魚の捕まえ方も違いますが、なにより人間の住み方や感じ方が違う。東南アジアの方が「やさしい」。中国の方はやっぱり「スキがなく」「厳しくて」「タテマエ」という感じがします。

そして「われわれの先祖の生き方は何やったんやろう」ということを、ぜひシロウトなりに考えてみたいですね。嘉田さんが言うようにモノ、コト、ココロと分けて。ただし南の方はモノが木でできていて遺跡には残り

新庄の銅鐸に描かれた動物

守山市新庄町より出土した銅鐸には、狩をする人間とともに、トンボ・カニ・シカ・トカゲ・スッポンなどが描かれている。（佐原真構成『銅鐸の絵を読み解く』国立歴史民俗博物館編、一九九七年、小学館）

にくい。北の方は粘土とレンガ、石です。だから南についてはコト、ココロのへんをやらないと。

嘉田　シロウトの立場を逆手に利用することもできますよね。

佐原　シロウトって、あなたクロウトはクロウトでしょうが。

嘉田　高谷さん、ご自分でシロウトと言っておられる。

佐原　それはとても大切です。日本考古学では「一万年より前に人が住んでいない」という学のある人は旧石器を見つけることができなかった。相沢忠洋[12]さんは先入観がないから旧石器を見つけることができた。ですからシロウト、専門家以外の人が専門にしている人では気づかなかったことを見つけるのは、よくあることで、僕はそれを否定しているわけじゃない。ただ考古学では「証拠がないから言えない」と言わざるを得ないわけです。

それと僕たちも基本的には証拠がないと言えないけれど、やっぱり想像力は大切だもんね。想像力なくしては学問の推進はありえませんので。

嘉田　今日お越しのみなさんに、守山のご先祖さまの暮らしを想像していただくように、そのための刺激をさせてもらっているんですよね。

佐原さんと高谷さん

(12) **相沢忠洋**（一九二六―一九八九）群馬県岩宿遺跡から石器を発見し、日本の旧石器文化研究の端緒をつくった在野の考古学研究者。

田んぼが魚を呼び寄せた？

大沼さん、田んぼが魚を呼び、そこで人々が暮らしている。なにか心に迫るイメージはありますか？

大沼　下之郷遺跡で大量のフナが見つかったニュースを聞いて、以前から弥生時代の魚捕りの話をしていた私は喜びました。「弥生人が魚を捕っていた。網で捕っていなかっただけの話だ」と実証されて嬉しかったんです。

　水路にエリのようなものを仕掛けて、上ってきた魚を男衆が農作業の合間にタモ網で掬《すく》い取って村に持ち帰り、大漁だというので女の人たちが頭を落として燻製《くんせい》などにしたと思います。のどかなイメージですが、下之郷遺跡の場合、ちょっと生臭くて戦乱含みの感じですね。臨戦体制で、篭城《ろうじょう》に備える非常食のために魚を使ったのか？などと想像の世界ですが、わくわくしながら話を聞きました。

フナズシ作りに必要なもの

　フナズシはイメージ的には南方のものです。日本のように島嶼《とうしょ》列島だと米も魚も塩も全部自分のところで取れて、ナレズシを作る条件を満たして

フナズシ
（近江の名産物）

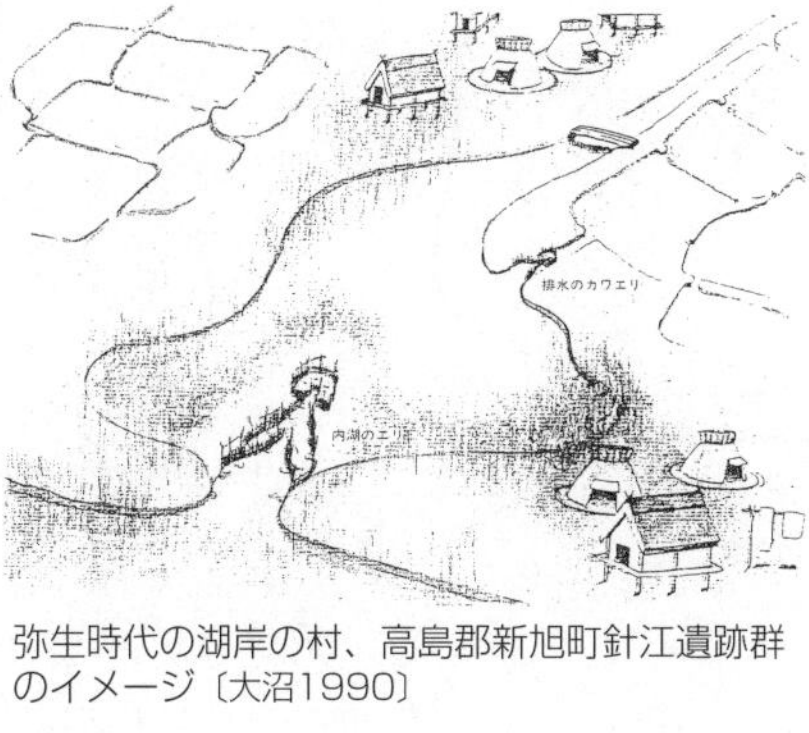

弥生時代の湖岸の村、高島郡新旭町針江遺跡群のイメージ〔大沼1990〕

います。でも近江の場合は、塩が非常に手に入りにくい。米もふんだんに食べるようになったのはごく最近です。フナズシには腐敗を押さえるための塩と、乳酸発酵させるための米、そして魚が揃わないとできません。

魚の保存法以上の深い意味が、フナズシにはあった。南方系の祖先たちが持ってきた魚と米と塩の融合という、祖先の思い出が込められていたのではないでしょうか。稲作と魚のサイクルが合うんですよ。苗を植える時に魚がやって来て卵を生み、収穫のとき大きくなった魚たちが帰って来る。稲の魂と魚が融合し、米と一緒に発酵した食品がフナズシだと思います。

けれども残念ながら、弥生時代にフナズシを作った証拠はありません。素焼きの弥生土器に魚と塩と米を入れ、重石をかけて発酵させると、グズグズに崩れそうだし、合いそうな木製容器もありません。ただし古墳時代には、おそらく須恵器という固い容器で作っている。そして平安時代には『延喜式《えんぎしき》』にスシを何壺作ったという記録もあるので間違いなく作っていた。なんとか次は弥生時代のフナズシを見つけたいと思います。

嘉田　大沼さんが予言して下さると、探せるかもしれませんね。

佐原　製塩土器[13]は塩の産地だけで出るのでなく、運ばれて来ることもあります。滋賀県で製塩土器が出るのは八世紀くらいですか?弥生時代の新し

(13) **製塩土器**
海水を煮詰めて塩をつくるための土器。関東・東北地方では縄文後期末から晩期に出現する。全国的に多くなるのは弥生時代後半以降。海に近い塩の生産遺跡だけでなく内陸部の遺跡でも見つかっており、塩の容器として持ちこまれたことがわかる。

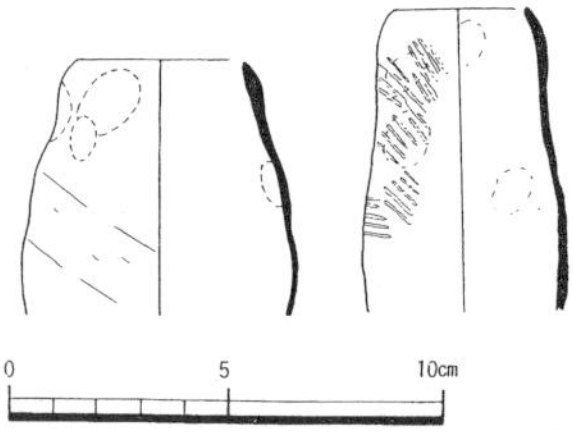

守山市横江遺跡出土の製塩土器
(古墳時代後期)

い頃には塩作りをしていますが、それは入って来ていないでしょうか?

山崎　守山で確実なのは、五世紀後半ですね。大阪湾岸と若狭湾岸からの製塩土器が大量に入って来ます。

生業複合・文化複合のたまもの

嘉田　フナズシを文化的に考えると、守山ではフナズシをお供えするスシ切り祭りがある、幸津川《さづかわ》の下新川《しもにいかわ》神社(14)の起源は、平安時代といわれます。草津市の湖岸、下寺でもお正月にフナズシをお供えしますし、少し上流の栗東市の大橋では、田んぼで捕ったドジョウをナレズシにして供えます。(15)米と魚の生業複合の結果、神様へのお供《そな》えという精神的な部分まで含めて、文化複合として大変意味が深い事例です。

佐藤　複合の話をする時に必ず抜けるのは微生物です。ナレズシはおそらく乳酸菌、味噌を作るには麹《こうじ》の仲間でしょうか。彼らは単独で生きていくことはできず、木の桶の中に寄生するとかワラなどの植物に棲《す》みつく性質があります。そして文化複合に出てくる生き物には、人間が関与します。人間の拵《こしら》えた撹乱《かくらん》環境に入ってきた植物、動物、微生物が複合する。それも地域ごとにちがう生態系が醸し出されます。微生物の意味、それに人間

---

(14) **下新川神社**（守山市幸津川町）　『延喜式』神名帳にのる社の一つで野洲川の水神とかかわりを持つと考えられている。五月五日の祭礼にはフナズシを神前に供えるスシ切り祭りがある。

スシ切り祭り

(15) **ドジョウトリ神事**（栗東市大橋）　九月の彼岸明けに、川の水をせき止めて魚を捕るカイドリ（→36ページ）を行う。捕ったナマズやドジョウを桶に漬け込み、できたナレズシは五月の三輪神社の大祭の時に振舞われる。かっては村人が総出で川に入りナマズ・ドジョウを捕まえていた。

が関わるということの意味を考えて、文化や歴史を問う必要があります。

嘉田　それにプラスして、近江の気象条件は湿度が大変高いんです。あるお医者さんが「近江盆地は非定型抗酸菌[16]が全国一多い」と言っておられますし、近江商人も醸造業を得意として、発達させてきました。そうした場所で微生物の存在も含めた生業複合というのは、かなり重要な話です。

フナズシの痕跡は遺跡に残るか？

佐原　弥生時代にフナズシを作っていたとしましょう。その容器に微生物は残るでしょうか。死んでいても、何かの形で残ることはありうるの？

佐藤　発酵食品そのもの、お酒などは絶対に残らないいんですよ。でも甕や木の桶を掘り出した時に、そのあたりを電子顕微鏡でよく見たら、胞子が残っている可能性はあると思いますね。

佐原　胞子は化石や遺体として、死んだ状態で残っているの？

佐藤　DNAは生きてます。だけど「生きもの」としては死んでるでしょう。

佐原　そうか、DNAが生きているんだから、弥生のフナズシの究明方法はないわけではないと。じゃあ、まだ希望があるよ。

嘉田　これから分析の可能性がある・・、分野の違う人がいると、いろい

---

(16) **非定型抗酸菌**
結核菌を除いた抗酸菌の総称で、数十種類が知られている。

佐藤洋一郎さん

ろ新しい発想が出てくるところが、とても楽しいですね。
それではディスカッションの後半、遺跡保存の話に移りたいと思います。

遺跡の保存にむけて

嘉田　坂井さんのお話を単純にまとめますと、三内丸山や吉野ヶ里のように大きな建物を建てて観光客を呼ぶやり方がありましたね。そうした一点豪華、観光主義なのか、それとも自分たちの隣近所、地域社会、自治体ぐらいでやっていくのか。守山だとどんなことが考えられるでしょう。

坂井　先ほどご紹介したのは、大きな遺跡が多かったですね。三内丸山遺跡は四〇ヘクタールで訪れる人が年間四〇万～五〇万人、吉野ヶ里の歴史公園が一二〇ヘクタールくらいで観光客が年間一〇〇万人という話です。そして世界遺産になった奈良の平城宮では、国が研究所を作って三〇年調査・研究を続け、大きな朱雀門《すざくもん》を復元している。

一方では、住宅地の中に児童公園のような形で保存されている遺跡も、たくさんあります。それを過去と現在、未来をつなぐような場として使っていけるのか。行政と地域の方々が十分議論して考える必要がある。

富山市郊外に北代《きただい》遺跡(17)という縄文時代中期の遺跡があります。遺跡公園

(17) 縄文時代の高床建物、竪穴住居や水場などが復元されている。地元の人たちがボランティアガイドをつとめている。

富山市北代遺跡
（富山市教育委員会提供）

として整備された、国の史跡ですが、行ってみて温かい感じがしました。地元の方を中心としたボランティアが常にそこに詰めて遺跡の説明をしているし、子どもたちが縄文時代のことだけではなく、お年寄りの技術や暮らしの知恵を体験施設・ガイダンス施設の中で一緒に体験している。ボランティアの人に話を聞くと、市から押し付けられたのでなく自らやっているという感じでした。

かつてその場所にあったさまざまなことを体験したり、一緒に考えたりする場として遺跡を利用する。お金をかけて立派な建物を復元しなくてもできることです。歴史や史跡がそういうものだと、ありがたいですよね。

山崎　守山市にはすばらしい弥生遺跡がたくさんある。川底に没した服部遺跡は難しいですが、下之郷遺跡と伊勢遺跡、どちらもいい形で活かして、弥生文化の情報を史跡公園から発信したい。伊勢町、下之郷町の方は遺跡のある街に誇りを持っておられるし、地域に密着していないと史跡公園はできません。地元のご意見をうかがっていいものができたらと思います。

旧住民から新住民へ

嘉田　今の話はこれからの希望ですね。とはいえ、シンポジウムの席に来

伊勢町民誌と立て看板

伊勢町の人々がつくった町民誌は伊勢遺跡の建物復元図が表紙を飾る。街角にはこんな看板も立っている。

てくださらない方やあまり関心のない方もおられます。高谷さんがそうした意見を一部代弁して下さるでしょうか。守山にお住まいの旧住民として、ご意見をいただきたいと思います。

高谷　もし洲本の開発《かいほつ》地域の方がいらっしゃったら「あいつええ格好して発言してけつかるけども、なんやー」と思われそうで、言いとうないんです。だけどあえて言いますと・・二段構えで発言させてください。

　下之郷・伊勢というすばらしい遺跡がある。これは旧住民がどう思おうと残さねばならない。日本の国家がここからはじまる、お伊勢さんのもと・・大変なことですよ。そして下之郷では今まで考古学で言われてきた内容に挑むような、おもしろい資料を出している。朝鮮半島でなく南方的な、女が中心の世界がある。二つの遺跡とも佐原さんの言う「全国版」として残す価値がある。こちらは学者として言えるんです。

　もう一つは新住民・旧住民のことですよね・・遺跡を残すとなると、旧住民からすればイヤなこともあるわけです。家も建てにくいし、土地を安く買われるかもしれない。だけど私のような旧住民が遺跡保存に反対しているかというとそうでもない。けれども・・ここんとこ非常に言いにくいんですが、「なーにを新住民が嬉しそうに、ほんとのことも分からんくせ

高谷　好一さん

に、言うてけつかるんや」という気持があるんですよ。

新住民の人には、そう言われるだけのマイナス点がありました。彼らは、それこそ弥生の昔から、我々が持ち続けてきた生活態度や価値観をバカにしたんですよね。例えば三世代同居、「おじいちゃんおばあちゃんと一緒に住むなんて、封建的だよ」、「核家族を作って住んで、自分の意見を主張するのが新しい生活だよ」。そう言われてきましたから「じいちゃんばあちゃんと一緒に生活する、仏さんに参る、もったいないと言って一粒の飯粒でも拾って食う。あの生活を守ってきたのは我々ではないか」と思うわけです。今ごろになって「元に戻ろう。日本はいいものを持っていた。ここに公園を作ろう」と言われても、なんとなく腑《ふ》に落ちないんですよね。

この戦後の断絶を乗り越して、懺悔《ざんげ》とはいいませんが全部整理した形で「やっぱり守山には残さなくてはならない我々の文化があるやないか」と新住民も旧住民も一緒に言えるような状況を作ることが必要だと思います。遠くから先生に来ていただいて、シンポジウムを開いてもらうのはありがたいし嬉しいんですが、一方で「お前ら、調子に乗るなよ」という思いも実際のところあるんですよね。そのへんお汲み取りいただきながら、時間をかけてじわーっとこの仕事をやっていきたい。お客様方には失礼なことを言いましたが、これは旧住民の偽らざる心であります。

嘉田　・・はい。これは守山だけではなくて、戦後の日本が辿《たど》った精神史そのものだろうと思います。二〇世紀もあとすこしと考えると、高谷さんの言葉はたいへん重たくて、一人ずつに帰ってくる。つまり私たちはどんなご先祖様をイメージしながら生活してきたんだろう。かつて歴史というのは、昨日より今日、今日より明日のほうがいい。進歩する、あるいは発展すると捉えてきたけれども、どうもそうじゃない。みんなそう感じ始めて今に至っています。そういう意味でこのシンポジウム、大変古い時代を話題にしているようで、やっぱり二一世紀のことを考えている、それも地域から考えていくんだ、そういう発言でした。ありがとうございます。

質疑応答

嘉田　会場のみなさんからいろんな質問をいただいております。まず佐藤さんに。「守山の遺跡地内の休耕田を利用して赤米を記念的に耕作しています。この赤米は学問的にはどこに位置付けられるのでしょう?」

佐藤　温帯ジャポニカ、熱帯ジャポニカ、インディカ、すべてに赤米があります。要するに玄米のままでも赤いお米のことを「赤米」と呼んでいる

下之郷遺跡での赤米づくり

下之郷遺跡での赤米づくり
小学生が地元のお年寄りに教わりながら田植えをする。（二〇〇〇年六月）

わけです。よく「古代米が赤かったというのは本当か？」と聞かれますが、実際は赤いのも白いのもあった。昔の農業だと赤だけ、白だけとか、イネだけということは、むしろなく、いろんなものがごちゃまぜだった。その多様性が、古代の稲作や農業を考えるときの重要なキーワードです。

ちょっと考えてみてください。下之郷遺跡は今から二一〇〇年前、当時農薬や化学肥料はありません。そういう環境でイネを作るには特別な知恵が必要です。その知恵が何だったかを、私は必死で調べようとしています。二一世紀、琵琶湖のそばで農業をして生活する上での大きなヒントがそこにあると思うんですね。今は洗剤を使わないとお茶碗がきれいにならない、農薬がないと虫にやられる。化学肥料をやらないと稲はろくに取れないと思っていますが、二一〇〇年前の人びとはそれなしにやっていたわけです。

私は古い時代にそういうヒントを求めたい。それこそ遺跡のあり方だと思います。赤米を植えるのがいいかどうかは、今のご質問を下さった方のように実際やってみると分かると思うんですよ。昔のやり方で赤米だけ植えてみると虫がわいてダメだった。じゃあ雑草も一緒に生やしておこう、田んぼにお魚も一緒に泳がせておこうか。そういう形で数ヘクタールある巨大な「下之郷復元・大弥生パーク」を作って、九時から五時まで実際に

赤米の花を観察している小学生

＊生態系や生物の多様性については、佐藤洋一郎著『森と田んぼの危機—植物遺伝学の視点から—』（一九九九年、朝日選書）に詳しい。

弥生の生活をしながら弥生のナレズシを作り、レストランで出して遺跡へ来た人にも食べてもらう。上手《うま》くいけば復元した生態系は、昔のものに限りなく近くなる。そういうものをぜひやってみてほしい。行政主導でなくボランティア中心でやると、すごくおもしろいものができると思います。

嘉田　次の質問です。「縄文時代にいた魚が今はいない。数千年の間に滅亡してしまうのですね。魚の大きさは復元できますか?」ということです。

中島　数千年ならいっぱい絶滅してもおかしくないですね。魚の大きさは、せいぜい一〇センチメートルくらいだと思います。明治以降でも、今の琵琶湖では絶滅した魚が二種います。一つは先ほどの岡山平野の話で出たアユモドキ。昔、琵琶湖の周辺にはいましたが、もう捕れません。そしてニッポンバラタナゴというボデジャコの仲間も今はいません。

古代の稲に多様な種類があるという佐藤さんの話は、生物の進化にも通じます。生物も最初はすごく多様なものが出る。けれどその中で最後に生き残るのは一個です。生物はそういう形で進化していきます。そして、人間の作り出した文化も一つの生物なんですが、同じように最初は多様でも次第に一つのものに収斂《しゅうれん》していく。そんなことが起こる気がします。

嘉田　大沼さんに質問です。「このシンポジウムは最初に結論ありきで稲

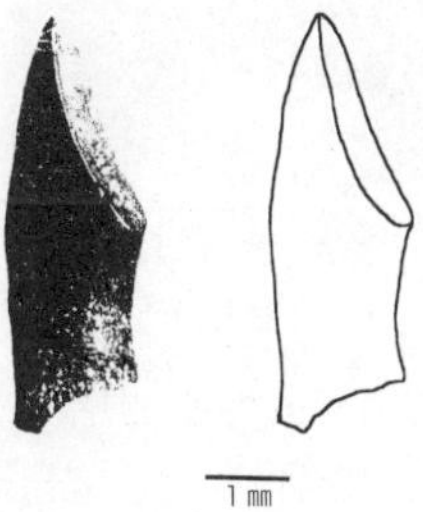

縄文時代以降に絶滅した魚（クセノキプリス亜科）の咽頭歯

明治以来に絶滅した魚
アユモドキ・ニッポンバラタナゴ
（→74ページ）

中島経夫さん

作漁労民と銘打っていますが、果たして春先にフナをとる農耕民をそう呼べるでしょうか。土錘をわざわざ作らず代用品を使った網漁もあったと考えています。その程度の位置付けの漁業なら、むしろ伊吹町起《おこ》し又《また》遺跡の方が採集漁労民と云えるのでは、と思います。」

大沼　タイトルの「稲作漁労民」は大上段に構えた用語ですが、私のイメージでは「魚も捕ってるお百姓さん」くらいの意味です。「これをやっているから稲作漁労民だ」という用語上の意図はありません。農民だから農業、漁民だから漁業しかやっていない、というわけではなく、昔は人間が生活する上でいろいろなことをやりながら生きてきた。その一環として、近江の弥生の人たちは米も作り、季節によっては魚も捕って・・という感じです。「土錘を使わずに網で魚を捕っていたんじゃないか」というご指摘は、当然そうだと思います。弥生の遺跡から出ているサデアミやタモ網の枠のようなものを使って魚を捕っていたでしょう。

起し又遺跡は伊吹山の山麓《さんろく》の谷川に沿ったところにあって、石錘が大量に出てきている変な遺跡です。その谷川で魚を捕っていたと思いますが、「採集漁労民」というと稲作漁労民と対になって大層に聞こえますね。起し又の縄文人は木の実も採り、魚も捕りながら、きっと一生懸命生きてき

大沼芳幸さん

名称	数量
石鏃	1
石匙	1
削器	2
打製石斧	3
磨製石斧	9
打欠石錘	4
切目石錘	43
磨石・叩き石	20
石皿	5
石棒	1

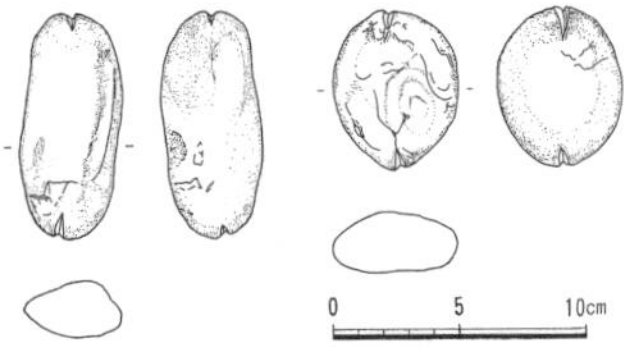

伊吹町起し又遺跡で出土した石器の種類（左）と石錘（右）
（伊吹町教育委員会1998『起し又遺跡発掘調査報告書Ⅱ』）

たんじゃないでしょうか。ひとことの用語で片付けるのは難しいですね。

嘉田　続いて佐原さんにご質問です。「『佐原先生が邪馬台国を近畿から九州へ意見を変更した』と聞きましたが、説明をほしい」

佐原　はい、私はそんなことをしていませんし、所在論にはあまり発言しません。「どちらか言え」となると「畿内だ」と言っていますが、私の関心は魏志倭人伝[18]に出てくる風俗記事と考古学の事実を付き合わせることにあって、そちらをずっとやっております。

嘉田　会場からの質問の続きです。「佐原先生が河出書房の『日本の考古学』[19]の中で示された弥生時代の年代観は、その後の弥生時代研究の中で、年代論のみならず、土器論、社会論にまで大きな影響を与えてきたと思います。ところが近年の年輪年代をはじめとする年代測定法の発達により、先生の示された年代観には見直しが迫られているように思います。そこでまず一点目は、先生の当時示された年代観の根拠を教えていただきたいこと、二点目は、現在の段階でそこから導き出された土器様式観・弥生社会観（特に畿内南部の優位性）について、どのようなお考えを持たれているのか、教えていただきたく思います。」

佐原　大変鋭い責任追及であります。この本には、滋賀県にもよく来まし

---

(18)魏志倭人伝の風俗記事については、佐原真『魏志倭人伝の考古学』（歴博ブックレット　一九九七年、歴史民俗博物館振興会）に詳しい。

(19)田辺昭三・佐原真「弥生文化の発展と地域性—近畿—」『日本の考古学』Ⅲ（和島誠一編、一九六六年、河出書房）

た、田辺昭三さん[20]（当時平安高校）と佐原（当時奈良国立文化財研究所）の連名で畿内を書きました。当時私は、九州が何でも優位であるという考えに対して、意図的に畿内優越思想を持っていました。現在は優位、劣位という考え方自体ほとんど持っていません。ただし九州と近畿を比べた場合、四角い囲みのように近畿の大和朝廷につながる要素があるという事実は言いますが、それを優位、劣位という観方で扱うことはやめています。

共同執筆ということになっていますが、資料と考えが私のもので、それを提供して文章を書いたのは田辺昭三です。考え方が当然違いますので、原稿段階で何箇所か「田辺は主張しているが、佐原はそう考えていない」というところもありましたが、出版社は「共同執筆者で考えが違うのはおかしい」と言います。田辺原稿を私もチェックし、討論して仕上げるところが、勤め先が違って私は奈良にいたので、最終的には私が見ずに彼が書いたままになってしまいました。すると彼と私の違う考えは、最終的には田辺色に統一されました。私が弥生時代の中期から後期への変革が大きいことを強調したら「じゃあ、銅鐸は弥生中期で終わりにする」と、意思に反して銅鐸は弥生中期で終わってしまいました。

その頃私が言い始めた戦いについては、倭国の乱と結びつけることを私

---

(20) 田辺昭三　一九三三年静岡県生まれの考古学者。主著には『須恵器大成』（一九八一年、角川書店）『謎の女王卑弥呼　邪馬台国とその時代』（一九七四年、徳間書店）などがある。

は遠慮していましたが、田辺さんは倭国の乱とくっつけてしまいました。共同執筆した以上、その年代観を続けざるを得ないこともありました。弥生の終りに関しては、小林行雄さんが「最も古い古墳は三世紀末を遡らない」と言っていた、それで押さえるほかありませんでした。以上の経緯で、年代観が生まれました。

現在私が書いたものをお読みいただくと、当然ですが私はとっくにこの四十年前使っていた年代観を捨てております。年輪年代[21]で年代が決まればと、しばらく控えていたこともありました。その後、年代観をまるきり変えています。

嘉田　続いての質問、「年輪年代は一人しかやっておらず追試がきかないし、例もそんなに多くない。結論を出すのは早すぎるのではないか。」

佐原　年輪年代は私が二十年ほど前にドイツから持ち帰って、奈文研の光谷さん[22]がやってくれたものです。ドイツでは徹底して測定しますね。エックシュタイン[23]というハンブルクの先生を三十三間堂に連れて行ったら「これ全部やれ」、清水の舞台に行ったら「舞台の柱を全部やれ」と言う。ドイツの教会は石づくりが基本ですが、木でできている屋根の材を全部測定するんですね。例えば「六十本やってみたうち、一〇本だけが新しい」と

---

(21) **年輪年代法**（Dendrochronology）　樹木年輪の変動変化を手がかりにその木材の伐採年代や枯死年代を正確に求めることのできる自然科学的年代測定法。

(22) **光谷拓実さん**　奈良文化財研究所　年輪年代法をわが国ではじめて確立した。特にヒノキ・スギ・コウヤマキの暦年標準パターンを作成し、弥生・古墳期の遺跡出土木材の分析を進めている。

(23) **エックシュタイン教授**（Dr.Eckstein）　ドイツ　ハンブルク大学木材生物学研究所の所長。当時は国際年輪学会会長を務めていた。

いう年代が出て「それは後から加えたものでなく、最初から使っていた」となると、「五〇本は古材を使って、一〇本の新しい材が、この教会の建築の年代である」と分かる。

日本の場合、建築文化財については残念ながらそれができない。そして弥生の遺跡から出てきた材料もまだ少ないです。幸いにして標準パターングラフはできました。これをフローニンゲン大学へ持って行って炭素一四年代測定法と比較してみると、、日本の先史時代の年代はヨーロッパとも大体対応することが分かりました。だから光谷さんが作った年輪年代の基礎になるグラフは正しいのです。問題は、法隆寺の古材を使って二一世紀に建物を建てると、年輪は七世紀だけれども建物は二〇世紀ということになりますので、今後は量を増やしていく必要があります。

嘉田　次の質問です。「縄文時代には貝塚がよく見つけられる。しかし弥生時代にはあまり貝の話が出てこない。これはどういうことですか?」

佐原　貝塚は坂井さんのお話のように、太平洋側に多いですね。その理由は潮の満ち干きの時間差ということと、入海が多いからプランクトンが発生するということです。弥生以降、新しい時代まで貝塚はあるにはありますが、数も減って小規模になる。貝塚は水辺に住んだ人々のゴミ捨て場で

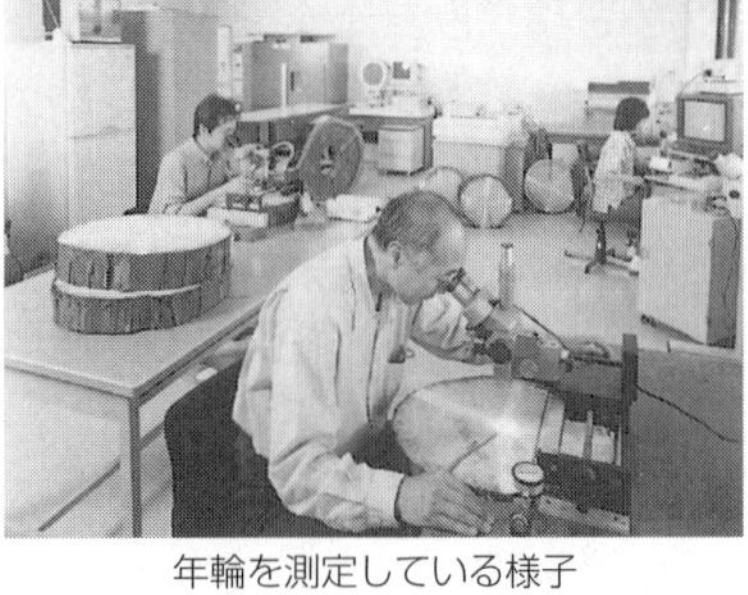

年輪を測定している様子
（奈良文化財研究所）

す。死体も埋めますから、ゴミ捨て場とは言い切れませんが、そういう場が小さくなるのは、基本的には漁労に対する依存が小さくなったからだと思います。

それから、お米についてはおもしろいですね。坂井さんや高谷さんの話を聞くと、われらが弥生人はお米をそんなに食べていないみたいです。私の答えは「それならどうしてそんなに早く、あんなにすごい古墳ができたの？」です。「縄紋から稲があったとしても、本格的な水田ができたのは弥生の初めから。ところが弥生の水田なんてもうアバウトなもので、水田が見つかっても、一斉に稲を作っているのでなく、休耕田が多くてちょぼちょぼ作っているんだよ」と言われると、それなのにどうして明らかに力の強い権力者が生まれて、その人が死ぬと人工の丘、お墓をつくる古墳時代がやってくるのか、と問い返したい。

一つには中国・朝鮮半島の影響力が強く、うっかりすると征服されてしまうという脅威もあった。けれども農耕社会に入って、絶大なる力・権威が生まれてくることが、お米なくしてありえたか？と、思います。しかしお二人とも専門の立場からおっしゃっているので、今日はあまり反論せず、じっくり考えてみようと思っています（笑）。

佐原　真さん

嘉田　今日のテーマですから、稲作漁労民に花を持たせていただきました。つづいて山崎さんに質問です。「下之郷遺跡から伊勢遺跡は、住んでいた人々は同じ部族で、継承されたものでしょうか?」

山崎　もともと私は下之郷、伊勢、服部も含めて野洲川流域にあるものは「遺跡群」全体として捉える、という考え方をしています。その中で系譜のないものはまずないだろうと。ですから下之郷、伊勢、服部も連続した人たちが場所を点々と替えながら住んでいたと考えています。

嘉田　関連の質問です。「伊勢遺跡は『魏志』倭人伝に記された国々の中でどう位置づけられますか?そして野洲町の大岩山で大量に出土した銅鐸と、伊勢遺跡や下之郷遺跡は、どういった関連がありますか?」

山崎　伊勢遺跡の評価については、邪馬台国の主要な構成員であったという考えを持っています。銅鐸との関係は、野洲には失礼ですが、守山の人たちが野洲に埋めたんではないかと思います（笑）。野洲川流域の遺跡群で二四個の銅鐸を保有していて、一〇個と一四個の二回に分けて埋めたと言われています。ですがそれ以外にも、守山の下長遺跡で銅鐸の飾耳部[24]分が出ています。野洲で展示されている二四個の銅鐸に耳が落ちたものがないか、探しに行きましたが、全部違いました。まだどこかに、銅鐸があ

山崎秀二さん

(24) **下長遺跡の銅鐸飾耳**
古墳時代前期の溝から出土した。
（幅約六・四センチメートル）

と一つは埋もれていると思います。野洲川流域遺跡群の銅鐸が、野洲の大岩山に埋められた。だから「返して下さい」と言いに行ったんですが、返してもらえなかった・・すいません（笑）。

嘉田　同じ方からもう一問あります。「伊勢遺跡の主は、後の古墳時代や律令時代にはどのような形で大和政権へ関わっていったのですか？」

山崎　承認してもらえないかもしれませんが、邪馬台国の時代は、もう大和政権とイコールだと私は捉えています。だから伊勢遺跡の王は大和政権の主要な構成メンバーにいると考えています。

嘉田　山崎さんに最後の質問です。「下之郷遺跡では、竪穴住居[25]がないということですが、それではどんな住居だったのですか？」

山崎　下之郷遺跡では竪穴住居が見つからないかわりに、円形の壁立式住居[26]を想定しています。平地式で床が地面にある住居です。そして伊勢ほど大型ではありませんが掘立柱式建物があって、それにも、平地と高床があると思われます。最低でもその四種類があります。

嘉田　つづいて坂井さんに、小学校の先生からのご質問です。「子どもたちに文化財を紹介し、大切にして欲しいと願って教育しています。苦労するのは、現代の文化に負けてしまうことです。博物館へ連れていくと、多

---

(25) **竪（縦）穴住居**
地面を掘り下げ竪穴をつくり、その底を床面とし、竪穴全面を覆って屋根を架ける建物。

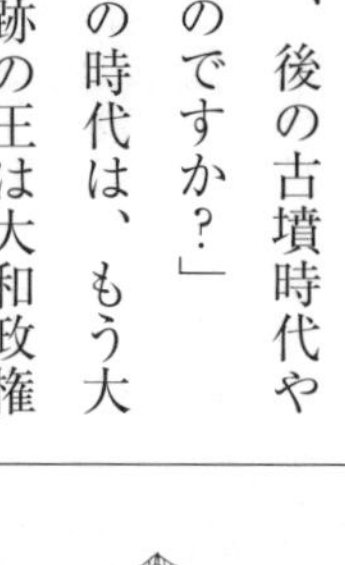

(26) **壁立式平地住居**
地上面を床面として周囲に壁柱をめぐせ、その壁柱もしくは屋内主柱によって屋根を支持する壁構造の建物。

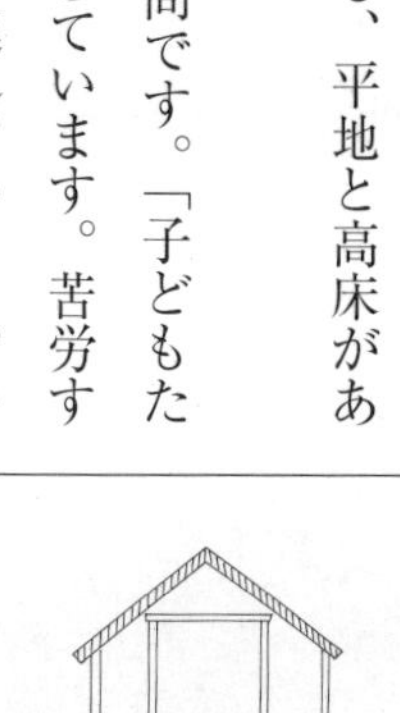

くの子どもたちは道中テレビやゲームの話をする。バスの中でビデオを見たり、カラオケやクイズをしたりする。どうも博物館や文化財との関わりを喜んでいないようで、どうしたらいいのかなと思います。」

坂井　子どもたちの姿が目に浮かぶようですね。上野の東京国立博物館へ行くと、修学旅行で来ている子どもが、たーっとケースの前を走っていって、ほとんど見ていないという場面も見ます。さまざまな教科がある中で博物館だけがそうだとしたら大変な問題です。今の博物館がどれだけ分かりやすいものになっているか？以前から佐原さんが強く主張しておられる「考古学をもっとやさしくしよう」ということが、実際どれだけ配慮されているか。子どもたちの関心を引き込み、感性に訴えるような展示になっているか。博物館を作るこちらの方としても、反省すべきだと思います。

嘉田　今度は、かなり実践的な質問です。「伊勢遺跡と下之郷遺跡の保存（土地買取り、公園化、建物の復元）に対して、政府（文化庁）と滋賀県の補助金はどれほど出るのか？もちろん前提として、守山市が最大限努力して交渉し、土地所有者が買上げに全面的に協力することがＯＫとなった場合である。」具体的には答えにくいかもしれませんが、こういう方法があるというようなところで、お教えください。

小学生の遠足風景

坂井　制度的には、国の史跡に指定された土地を買う場合には、土地代や移転費用も含めて、国が八割の補助金を出します。残りの二割を都道府県と市町村で負担をしていただき、土地の公有化をする。行政が行政の事業のために土地を取得する場合は一定の手続きがありますので、買い叩かれるということはありません。それから史跡公園を作る場合は、補助率は落ちますが半分は国が補助します。いま補助金がいろんなところで非難を受けていますが、国としては、土地は大変高いけれど重要なものなので、八割という高率の補助をするという制度です。

嘉田　関連の質問です。「現代から未来へ、いのちの共生を考える上で有効に保存されている遺跡をあげて特徴をお聞かせ下さい。大がかりな保存は地元に多大な負担となります。単に残すだけでなく人々の関心がそこへ真剣に向かなければ単なる犠牲と財政の空費に終わる。それを恐れます。」

坂井　もっともなご意見です。空費に終わらせないために、行政も地域の方も関心を持って参加し、ともに作り上げていくのでなければ、「保存してよかった」とはならないと思います。確かに、かつては史跡にすると「国の史跡の上では何もしてはいけない」と非常に強い規制を加えてきました。ただしこの方針は近年変えています。やはり遺跡の意義が感じ取れる

東京都野毛大塚古墳

大型の帆立貝式古墳。埴輪を立て、石を葺いて当時の姿を再現している。環八道路に面した騒々しい環境であるが、周辺の住民が憩う場となっている。

東京都野毛大塚古墳

ものにすべきだという考え方のもとで、復元整備をするようになりました。

有効に保存されている遺跡は、さまざまです。大きいものは大きいなりの迫力や見ごたえがあって、小さいものは小さいものなりにあったかい。子どもを連れたお母さんが来ていたり、地域の人たちに日常の中で使ってもらっている。そういう空間も非常にいいと思いますし、古墳を残して、周辺の荒れていた山を昭和三〇年代まであった里山として手入れをし、古墳だけでなく昭和まで続いた生活も一緒に体験できるところもある。あるいは自然環境によく解け込んでいる場所、福井県の一乗谷[27]などは、秋に行くと紅葉の中きれいですね。四三〇年ほど前に滅びた町のはかなさ、歴史のおもしろさを感じることができます。それぞれの遺跡で持っているものが多様ですので、これが最良だという一つの方法はない気がします。

嘉田　最後のご質問です。「遺跡保存の論理を一言で。つまり、何のために遺跡を残すのかという問いに対する答えをひとくちで言ってください。私なりの答えはあるのですが、それは琵琶湖博物館『考古学徒からみた歴史環境』コーナーを御覧下さい。（琵琶湖博物館・用田政晴さん）」

坂井　これは一番難しくて、今の仕事に二〇年ほど携わっていても、なかなかひとことでは言えません。行政でも国、都道府県、市町村それぞれの

---

(27) **一乗谷遺跡（福井市）**
戦国大名朝倉氏の居館跡。一五七三年織田信長の侵攻と内部からの放火により、灰燼に帰した。現在は、居館や当時のたたずまいが復原整備され、県立の一乗谷朝倉氏遺跡資料館が建っている。

立場で違いますし、住民の方々にも、また別の立場があります。立場による違いを、うまく複合できるといいと思います。

　私自身の最近の感想ですが、歴史が積み重なって現代に来ている。そのことを遺跡の場に立ち、遺跡から出たものを見ると肌で感じとれる。やはり遺跡には、文字で書かれた歴史と全く別の特性があると思います。昭和四〇年代の頃、私を含め多くの国民は「現代はすばらしい、長い人類の歴史の中で頂点にある」と考えていたと思う。しかしこの仕事をする中で、決してそうではないことを、いろんな場面で遺跡から教えられる。近代の社会を振り返って、二一世紀に何を伝えるか、現代にとっての歴史の意味も、遺跡に立つと考えることができる気がします。

嘉田　ありがとうございます。では最後に一言ずつメッセージをお願いします。遺跡保存を含めて、全体のご感想をお願いできますか。

山崎　長い時間ありがとうございました。今日をきっかけに、また守山から弥生文化の発信をしていきたいと思います。

大沼　弥生時代の生活が今の原風景なのではないかと言いましたが、その生活に今の人が戻ることは不可能です。せめて原風景が色濃く残る守山市内の弥生遺跡群を保存して住民の憩いの場所、昔の生活を体験できるよう

＊遺跡の復元と整備については、坂井秀弥「失なわれた歴史空間を現代に活かす―遺跡の整備と野外復元の試み―」『野外復元　日本の歴史』（別冊歴史読本九七、一九九八年、新人物往来社）に詳しい。

坂井　秀弥さん

な場をつくる。ぜひ遺跡と住民生活の共生を目指していただきたいです。

坂井　調査してこられた市の方々と支援くださった地元の方々に、遺跡を守ってきたこと、これだけの議論ができるようになったことを感謝します。

中島　遺跡を残すなら、そこで魚捕りができるような自然を残して欲しいな、と思います。

佐藤　遺跡の保存というとハードウェアの方を考えますけど、ソフトウェアを考える方が重要です。魚を捕ってナレズシを作る。旬を大事にして昔の人と同じ食べ方をする。そんなことを含めたソフトウェアの充実をぜひ考えていただきたい。必要なら、いくらかお手伝いできると思います。

高谷　二つのことを申し上げます。一つは繰り返しですが下之郷・伊勢は、ほんとうにすばらしい遺跡ですから、やっぱり残さないかんということ。もう一つは、我々地元の者が自信を持たないといけないと思うんですね。律令がやって来たとか、近代化があったとか、我々は借り物に慣れていて、外からのものがいいと考えるんですが、それはよくない。この守山にある、縄文時代から我々の固有な歴史と文化を大事にして残すこと、それが、これからの地球のうえの人の生き方です。自信を持って考え、生きていきたいと思います。

シンポジウムを聞いて

—参加者から寄せられた感想—

○学問と研究がいかに多様性に富むものか実感した。

○道具や暮らしぶりを知るにつけ、人の知恵に驚きを持つ。子供の頃の生活は、その延長線上にあることを認識した。琵琶湖辺の生活文化に基づく多方面の研究に感謝。

○どれも興味深いテーマだった。特に古代の米（DNA分析）の話、魚と人とのかかわりあい（咽頭歯）の話をおもしろく拝聴した。

○予想以上に充実した内容で嬉しい。生態系を保全し、水質や土壌の浄化・整備を進めるために、学際を越えて水田稲作の考古学的知見を結集しなければならないと思う。

○弥生時代を稲作だけでなく、稲作漁労という視点で捉えるのが新鮮。今後の弥生時代研究に新しい方向性を与えるのではないか。

○市町村のシンポは行政範囲にある遺跡の話に終わるが、古代はもっと自由で区分して生活していたわけではない。地域の全体像がつかめるシンポの開催を希望したい。

佐原　戦争の話を全くしませんでしたが、下之郷の戦争の証拠を資料にあげています。世界を見ると、人間の歴史が四五〇万年、あるいは五〇〇万年。これを四・五、あるいは五メートルに翻訳すると、最古の大量虐殺の証拠は一・四センチ、下之郷の戦争は二ミリですか。戦争の歴史を考えるときに、長い、五メートルの歴史の中で、人間はほとんど戦争をしていなかった。文明と呼んでいる我々が、戦争をますます激しくしている。

やはり進歩主義、人間は進歩してだんだんお利口さんになってきているという考え方は捨てなければいけない。弥生にあって今失ったいいものに、自然環境があります。これは少しでも取り返したい。縄紋になくて、弥生以降にできてきたいやなものがある。戦争がその最たるものです。何とか捨て去りたい。そう考えると、考古学とか歴史は過去のことに関心がある・なしと無関係に、現在、将来へつながるのではないか。つまり、戦争の問題でも環境の問題でも大昔から考えれば、より深く現代を理解できるのではないか。そういう意味で「大昔の大切さ」を考えたいと思っています。

嘉田　本日は最後までおつきあいいただいて、どうもありがとうございました。

―遺跡保存への提言―

○祖先を知る上で遺跡の保存は必要。今の暮らしと共存できる形で残してほしい。自然環境の見直しを兼ねて。

○ムダな公共工事の予算を削り、遺跡保存に振り向けるよう切望する。歴史を深く学び、未来を考える人づくりに、先人の営みの跡を目で見える形で残すのは大切なことだと思う。

○重要な遺跡・重要でない遺跡は、誰が何を基準に区別するのか。時代や技術が変わればその基準も変わっていく。記録保存だけでなく、何回も足を運びたくなる公園づくりを。

○守山には遺跡が多く出ているのに、たくさんの人に見てもらえる場所が身近にない。自動車がなくても行けるところに、博物館のようなものを建ててほしい。

○保存する側は、今なぜ遺跡保存が必要なのかを明確にするべきだし、保存する遺跡の周辺に住む人や密接に関わっている人々も積極的に問いかけをするべきだと思う。

―このほか、伊勢遺跡の緊急保存など具体的な要望もありました。いただいたご意見を今後の史跡整備に活かしたいと思います。

シンポジウムの参加者にはアンケートをお願いし、五三名の方から回答をいただきました。

質問1　「弥生時代」と聞いたときのイメージを簡単に書いてください。

―大きく三つの傾向に分かれました。（複数回答含む）

〈新しい生業〉水田・稲作・農耕（回答数36）

「水田で本格的な稲作農耕を行うようになった。」「稲作によって安定した食料を得た。」「牧畜農業より生産力が大きく、国土を荒廃させずに緑を保全できた農業社会」「まばらに実った水田、日に日に減っていく倉庫の様子を見聞きして時の移ろいを感知し、機敏に活動する人の姿が浮かぶ。」

―水田稲作と並ぶキーワードには、「竪穴住居、ムラ、環濠集落、農耕社会、渡来人・大陸文化、日本社会のルーツ、小林行雄先生の土器編年」があがりました。

〈社会の変化〉稲作→人口増→戦い、国の成立（13）

「稲作の始まり、生産性の発展、土地と水をめぐる争い」「階層社会の発展、不平等社会の出現」「集落を作って共同して住む。富が蓄積すると集落に力の差ができ、王権→国家へと様態を変える過渡的な時期」「国家成立前夜」「社会的変動の大きい時代」「稲作の拡大と組織社会や大型技術革新の始まり、水田を増成して平野を開墾、自然環境から人工環境への移行期」

〈のどかな弥生〉平和、自然との共存（8）

「小学生のとき、弥生の名前からユートピアを想像した。」「教科書に貫頭衣を着た人々が稲刈りをする絵があった。稲作・平和のイメージ」「エコ社会・平和な安定社会」「現代風にいえば持続可能で豊かな時代」

―戦後登呂遺跡を調査した頃からの「素朴な弥生」観と現代の環境問題に重ね合わせて評価する視点の二つがあり〈社会の変化〉とかなりイメージが違うようです。

ほかに「目前に広がる自然を果敢に開拓した時代、ムラ人全員が規範を保たなければ生きていけなかった時代」という意見や、「統一した国（卑弥呼の連合国家？）へのステップ前と考えていたが、今回の稲・魚の話を聞いて考え直す必要を感じた。」と従来の見方に再考を促す意見も出ました。

ユニークなところでは「佐原真先生」という回答も。

質問2 生業複合（稲作と漁労の複合文化）と聞いて、どんな暮らしを思い浮かべますか？

—答えは四つの傾向に分かれました。

豊かな食生活と文化があった　（回答数13）

「稲作りに負担ない範囲で、身近な水界で行う漁労。米が主食で魚がオカズの生活。」「季節ごとにいろいろな食物を楽しんだ。」「お米や木の実、魚を食べてのどかに暮らした。米づくりは大変だけど、木の実取りや漁は楽しそう。」「縄文生活＋α」「食べ物として稲と魚の割合はどうだったか？意外に魚の割合が高いかも。」「栄養のバランスがとれていい。」「地域生産物を中心とした地域の文化（生活密着型文化）が形成された。」

自然の中で温かい暮らしをした　（9）

「川の中洲で魚を捕り、川の水を利用して水田を営む生活」「粗放な農業をして、空いた時間にのんびり魚を捕る仕掛けをした。」「邪魔な生き物もそれなりに尊重し、いのちを見つめて緑の水辺で生き抜いた。自然と調和した暮らし」「自主的な創意工夫で漁労をし、弱者をいたわって共同作業を分担した。」「集落の人々が協力して魚を捕まえる、いきいきとした生活」

昭和三〇年代までの生活とつながる　（7）

「少し前の琵琶湖周辺の農民と同じではないか。」「昔は半農半漁の生活者が大勢いた。自然との融合文化といえる。」「明治の親たちにフナズシの作り方を聞いて作ってみた。稲づくりを手伝った昔を思い出す。」「稲作を基盤にした生活ではあったけれど、補完する漁労も不可欠だった幼い頃の暮らしを思い浮かべた。」

イメージしにくい　（4）

「これまで稲作のイメージが教育されてきたので〝生業複合〟という言葉はなじまない。しかし、特に昔には生活する上で必要だったと思う。」「今は農業と漁業をそれぞれ独立した生業とする人たちが多く、複合的な生活を思い浮かべるのは難しい。」「京都には大きな川や湖がなく、あまり漁労のイメージがわかない。」

自分の日常とも重ねながら「生業複合の暮らし」を想像した人が多いのでしょうか、回答者がそれぞれ持つ生活背景の違いが、傾向差となって表れたようです。弥生人の暮らしを思い浮かべるにしても、今の生活と切り離して考えるのは、なかなか難しそうですね。

質問3　子どものころ、身近な水辺でどんな遊びをしましたか？どんな生き物を捕りましたか？

―弥生の魚捕りの場面を知るヒントを求めた質問です。世代によって回答に大きな違いが生じました。熱心な回答を寄せた人は五〇代以上に多く、半世紀経っても色あせない、みずみずしい遊び心が伝わってきます。

「川を堰き止め、水を掻い出して魚を捕った。ビンや竹カゴでワナを仕掛けた。」「集落の船着き場にフナの稚魚の大群が押し寄せると、魚つかみをした。」「石垣の間にいる魚を手づかみで捕った。唱歌『春の小川』どおりの自然とのふれあいがあった。弥生時代の人々の生きざまを体験していたのだなあと思う。」

「子どものころ」を五～一五歳として昭和の年代に直し、回答を時期ごとに整理すると、①昭和三〇年代以前には多かったフナが減り、かわりにザリガニが増える　②遊んだ場所が石垣のある掘からコンクリートのドブ川に移る、ことがいえます。『水辺遊びの生態学』〔嘉田・遊磨二〇〇〇〕で「水系の変化と生物層の変化」と整理された内容と、同じ変化が見えてきました。

こうした世代の差は、生業を考える上で大きな問題となります。アンケートにこんなご意見がありました。

「〝昭和三〇年代は弥生時代の入り口〟（→23ページ）、シンポジウムのテーマを考えると印象に残るフレーズです。遺跡に残らない〝心〟の部分を追想する上で、充分な確証の得られる〝生き証人〟のお話を伺うには、今が貴重な歴史上の境界線のような気がしました。」

考古学の分野も、昔ながらの生業を生活体験として知らない世代が多数を占め、遺跡で出たものを実際の暮らしに即して理解する感覚は失われつつあります。〝生き証人〟の体験を通して遺跡をみると、残らないと思っていたことも見えてくるかもしれません。

同じ風土のもと伝統的に続いてきた生業であれば、どこかでつながっている可能性はないでしょうか。通史的な変遷も視野に入れて、たとえば「魚捕りにビンを使うのは明治時代より後」と整理しながら、そのつながりを生かす学問的な手続きを作る必要があります。「弥生時代の入り口」がすっかり閉じてしまう前に、今後の生業論を展開する上で大切な手がかりをつかんでおきたいと思います。

（村上由美子）

あとがき

このシンポジウムの企画が始まったころ、どのようなテーマを扱い、ねらいをどこに絞るのかという点でパネラーの方々と意見を交わすことがありました。その時に「考古学者は将来に何を伝えていこうとしているのか、現在の生活と距離がありすぎて難しい」という言葉にたじろいだことを、痛切に覚えています。

私たちが市内のあちこちで遺跡発掘調査を進めている際、地元の方々と話を交わすことがあります。「何か見つかったの？」「そんなことをして何がわかるの？」という具合です。そうした場合には、見つかったモノなどを見てもらって調査の意義を説明するようにしています。しかし史跡指定を受けて、遺跡をその場所に保存していくとなると、話はもっと切迫してきます。

特に、現在までその土地の周辺で続けられてきた農作業の厳しさや農業祭事にかかわる慣習などの話を聞いていると、地域空間の中に根ざした伝統文化の重さに気づかされます。村の田んぼの中で調査していた遺跡のことが新聞で大きく取り上げられ、説明会にあちこちから大勢の見学者たちが押し寄せてくる。地元の方にしてみれば「何事だ。遺跡がどこからかやってきた。」という感じなのでしょう。一時的にせよ、そこに地域の生活文化とはなじみの少ない特殊な空間ができてしまうのです。

今回のシンポジウムでは、地元の生活文化と遺跡の調査成果がどのように関係しているか。そのギャップ（感覚のズレ）を埋め合わせる何かを見つけたいという思いをもとに話題を組み立てました。そして遺跡が持っている可能性をより鮮明に引き出すために、考古学以外の分野の人々と同じ土俵の上で話を交わすという方法をとりました。構図で示すと次のとおりです。

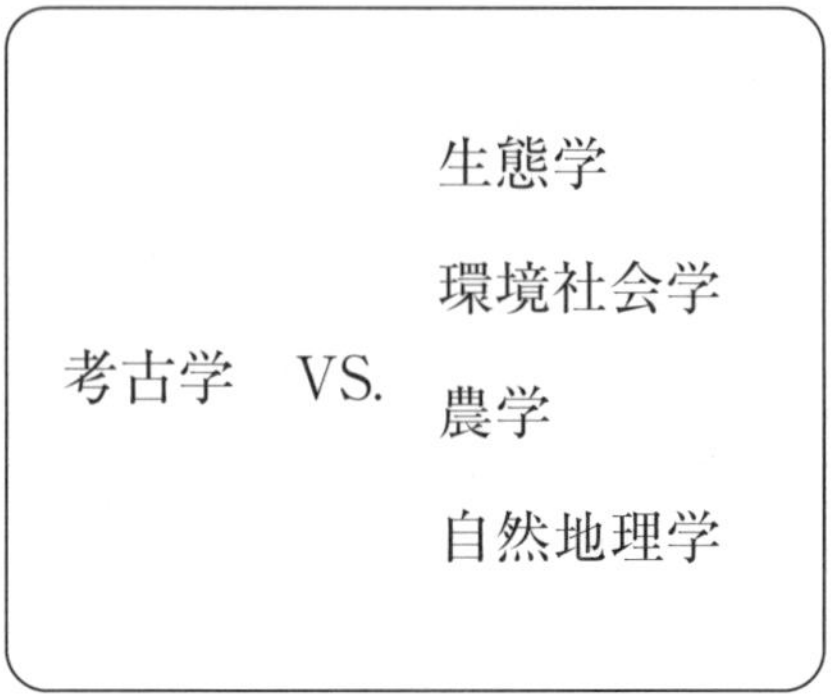

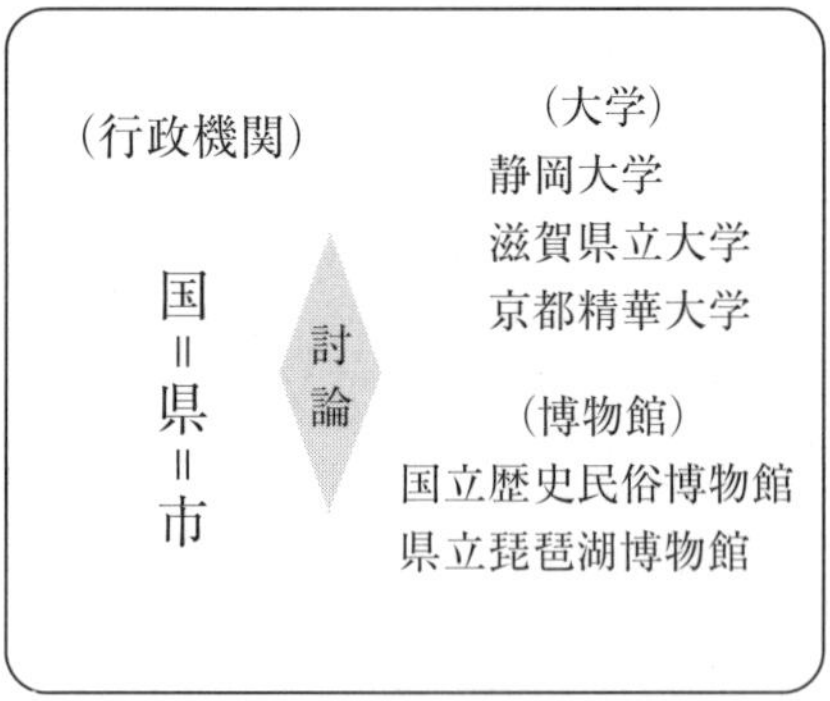

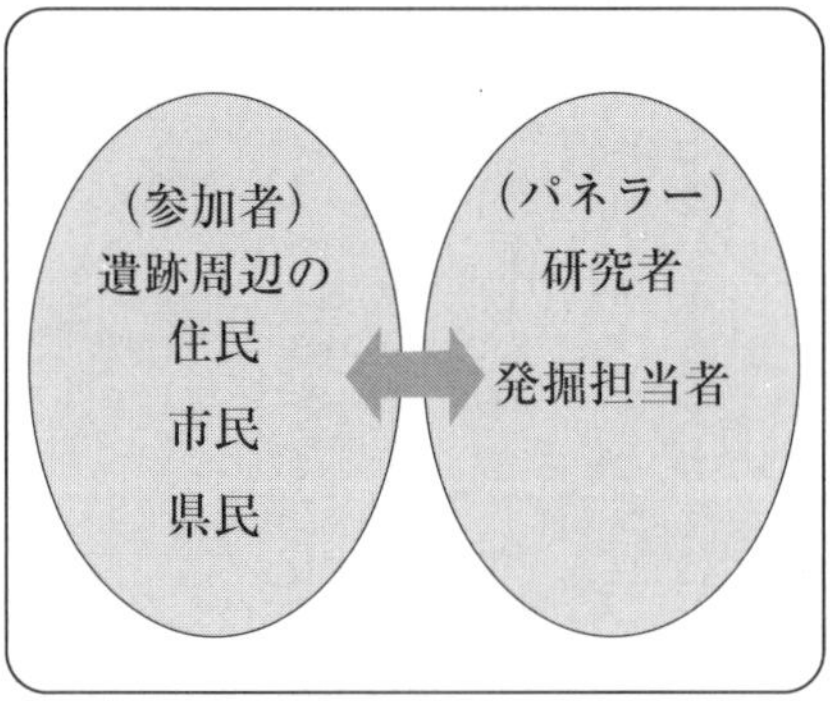

それぞれの立場から遺跡をどう捉えるのか、新しい視点や指針の提示に期待しました。学

問上の問題については、現在の生活にも通じる農・漁業のことを議論の軸としました。特に稲作をめぐって二〇年来展開されてきた佐原・高谷論争のゆくえは、今後どのように結実するのか見守りたいという強い期待もありました。

お二人の共同作業と論争は、昭和六三年の日本考古学協会設立四〇周年記念大会（『日本における稲作農耕の起源と展開』一九九一年、学生社）に遡ります。かたや日本考古学の集大成からみた稲作像、かたやアジア稲作地域をまたにかけたフィールドワークに基く稲作像。壮大なスケールで稲作農耕が吟味されました。

当日はその再燃を目論みましたが、時間切れの四つ相撲でした。そして残念なことに、二〇〇二年七月に佐原先生が急逝されるという悲しい事態になり、論争の行きつく先は見えなくなりました。しかし、佐原先生が腕まくりして再度挑むとおっしゃっていたとおり、この論争は、そう簡単に終わるものではありません。守山の弥生遺跡の調査成果が出るたびに再び湧き起こるに違いありません。「このあとは、高谷先生の指導も請いながら皆で延長戦をしてくれよ」と言う佐原先生の笑顔が浮かびます。

今回のシンポジウムでは、農学・生態学・社会学・地理学の方々の豊富な話題を取り入れ、新しい魅力を出せたかと思います。ただし、現在の生活文化と遺跡という点では、まだまだ語り合いが足りないと感じています。

そして、今後の課題も明確になりました。まず大切なのは、遺跡（史跡）の上での取り組みです。そのとき主人公となるのは、歴史を探求する研究者や見学者ではなく、間違いなく地域の生活者です。また今回の反省点には、女性や子供たち、学校の先生の顔が見えにくくなってしまったことがあげられます。これからの話題としては、遺跡を通じて自由な意見交換を行えるような仕掛けづくりをしてみたいと考えています。野洲川流域を中心に、地域に住む子供から高齢者、芸術家やものづくりの職人さん、学生たちが集える場を作れたらと思っています。

最後になりましたが、今回のシンポジウムに出席いただきました先生方や参加者のみなさん、そして発掘調査のときから見守っていただいている地元の方々に、厚くお礼申し上げます。また、本書を急逝された佐原真先生にささげたいと思います。

守山市教育委員会　文化財グループ　シンポジウム事務局　川畑　和弘

弥生のなりわいと琵琶湖―近江の稲作漁労民―

2003年3月25日　初版1刷発行

編　者／守山市教育委員会
滋賀県守山市吉身二丁目5-22
TEL 077-582-1142

発行者／岩　根　順　子
発行所／サンライズ出版
滋賀県彦根市鳥居本町655-1　〒522-0004
電話0749-22-0627　FAX 0749-23-7720
印　刷／サンライズ印刷株式会社

ISBN4-88325-229-9　C0021